Eva Hitler
geb. Braun

Jean-Michel Charlier
Jacques de Launay

Eva Hitler

geb. Braun

Die führenden
Frauen
des Dritten Reiches

Seewald Verlag
Stuttgart

Titel der französischen Originalausgabe:
»Eva Hitler, née Braun«
© Editions de la Table Ronde, Paris 1978.

Alle Rechte der deutschen Ausgabe beim Seewald
Verlag Dr. Heinrich Seewald GmbH & Co., Stuttgart-
Degerloch 1979. Schutzumschlag und Einband von
Creativ Shop München, Adolf und Angelika Bachmann.
Gesamtherstellung Hieronymus Mühlberger, Augsburg.
ISBN 3 512 00528 4   Printed in Germany

Inhalt

Heydrich – Kaltenbrunner, Schellenberg und die österreichischen Freunde – Bombardierung Bayreuths – Hitlers 56. Geburtstag – Das Leben im Bunker.

Die Begegnung

Gegen Ende der zwanziger Jahre war München die zweite deutsche Stadt und, nach Meinung der Bayern, die schönste.

Hier begegnete, an einem Spätnachmittag des Jahres 1929, eine junge Angestellte des Fotografen Hoffmann – wie in einem banalen Liebesroman – dem größten Verführer unter den Kunden ihres Chefs.

»Sie stand oben auf einer Leiter«, erzählt uns Evas Schwester Ilse Braun, »als Herr Hitler eintraf, und sie drehte sich nicht einmal um. Aber da sagte Herr Hoffmann – der alle seine Angestellten duzte: ›Komm jetzt herunter, Eva... Kennst du Herrn Hitler?‹ – ›Nein, ich kenne ihn nicht.‹«

Ilse war die älteste der drei Braun-Töchter.

»Wir interessierten uns überhaupt nicht für Politik«, stellt sie fest. »Mein Vater auch nicht. Und als Eva ihn fragte: ›Papa, kennst du Adolf Hitler?‹, antwortete er: ›Das ist gewiß genau so ein Schweinehund wie alle anderen.‹«

Erste Begegnung Adolf – Eva

Eva Braun war am 6. Februar 1912 in München geboren worden, in einem alten Haus in der Isabellastraße 45. Der Vater Fritz Braun war Lehrer in einem katholischen Technikum. Die Mutter, geborene Franziska Kronburger, war eine energische Frau, die im Jahre 1905 sogar Skimeisterin geworden war. Sie hing fest an ihrem katholischen Glauben und hatte vor ihrer Verheiratung von ihrem evangelischen Verlobten verlangt, daß er sich zum Katholizismus bekehrte und sich verpflichtete, ihre Kinder im katholischen Glauben erziehen zu lassen. Fritz wäre gern Architekt geworden, hatte aber den Beruf eines technischen Lehrers ergriffen, um schneller für den Unterhalt seiner Familie sorgen zu können.

Eva war die zweite der Braunschen Töchter, nach der 1909 geborenen Ilse. Fritz Braun wurde 1914 eingezogen und an der Flandernfront eingesetzt. Er blieb im Abschnitt von Comines, übernahm die Verwaltung des dortigen Lazaretts und wurde zum Leutnant befördert. Als 1915 eine dritte Tochter, Gretl, geboren wurde, war Franziska Brauns Glück vollkommen, wenn es für sie auch eine Belastung war. Ilse half ihr, die beiden kleinen Schwestern aufzuziehen, bis der Vater nach dem Zusammenbruch von 1918 heimkehrte.

Damals mußte sogar Kronprinz Rupprecht von Bayern, Oberbefehlshaber einer Heeresgruppe, sein Kommando niederlegen und sich nach München durchschlagen, während sein Vater, König Ludwig III., von der Revolte entthront, die Landeshauptstadt verlassen hatte.

Fritz Braun hält sich von diesen Unruhen fern. Langsam, aber beharrlich erklimmt er die Stufenleiter seines Lehrerberufes. 1925 können die Brauns in eine schöner gelegene, hellere Wohnung in der Hohenzollernstraße 93 umziehen. Ilse, Eva und Gretl besuchen das Lyzeum in der nahegelegenen Tengstraße. Eva wird dort gut beurteilt.

Sonntags machen die Eltern mit ihren Töchtern Ausflüge, z. B. an den Starnberger See, manchmal mit dem BMW, den sie sich leisten können. Die Mädchen lernen Skifahren und Schlittschuhlaufen, sie schwimmen. Eva ist in der Schule die lebhafteste und in der übrigen Zeit ein verpaßter Junge. Franziska sagte lachend: »Fritz wollte, daß unser zweites Kind ein Junge würde. Nun hat er ihn!«

Der Vater ist streng. »Wir drei Braun-Mädchen«, sagt uns Ilse, »wurden in einem sehr katholischen Geist erzogen, und wir mußten unbedingt gehorchen. Wir konnten reden, so viel wir wollten ... aber unser Vater sagte immer: ›Solange Ihr an meinem Tisch sitzt, werdet Ihr machen, was ich will. Später könnt Ihr tun, was Ihr wollt‹.«Eva liebte den Jazz, den Tanz, die amerikanischen Filme und Greta Garbos Partner John Gilbert, dessen Bilder sie sammelte. Nach Abschluß der Mittelschule pflegten die Töchter der guten bayerischen Gesellschaft ihre Ausbildung zu künftigen Damen in einem kultivierten Pensionat zu vervollständigen. So geschah es auch mit den Braunschen Mädchen, die eine nach der anderen zwei Jahre in dem katholischen Institut der englischen Damen in Simbach am Inn verbrachten, nahe der österreichischen Grenze. Am Rande bemerkt: Auf dem anderen Ufer des Inn liegt die kleine österreichische Stadt Braunau, wo Napoleon 1805 und 1809 am Stadtplatz Nr. 34 abgestiegen war.

Dieses Institut hat noch heute über die Grenzen des Landes hinaus den Ruf einer erstklassigen Schule. Eine Lehrerin Evas, die noch immer unterrichtet – sie erzählt uns, daß sie in Lyon studierte –, hat keine besonderen Erinnerungen an Eva. Große Neigung zum Studium habe sie wohl nicht gehabt: »Sie lernte nur das, was ihr Spaß machte.«

Im Juli 1929 verläßt Eva Simbach und kehrt in die elterliche Wohnung in der Münchner Hohenzollernstraße zurück. Die ältere Schwester Ilse ist seit einem Jahr wieder zu Hause und arbeitet als Arzthelferin bei dem jüdischen Chirurgen Dr. Marx.

»Ich habe immer gern mit Ärzten gearbeitet«, versichert sie: »Es sind unabhängige, aktive Menschen mit liberalen Ansichten.«

Warum sie so früh einen Beruf ergriffen habe, fragen wir sie.

»Wir hatten kein Taschengeld und wollten so schnell wie möglich Geld verdienen, um unsere Wünsche zu befriedigen. Unserem Vater wäre es lieber gewesen, wenn wir im Rathaus gearbeitet hätten, aber wir fanden das langweilig. So meldete sich Eva auf die Anzeige eines Frauenarztes, des Doktor Hoffmann. Sie war erst 17 Jahre alt, und diese Arbeit widerstrebte ihr, so daß sie die Stellung bald aufgab.

Sie war ein sehr aktiver, unternehmungslustiger und sportlicher Mensch. Sie spielte mit Kastagnetten und wollte Unterricht in klassischem Tanz nehmen. Sie träumte davon, Tänzerin zu werden oder noch lieber Schauspielerin, zum Film zu gehen. Das wünschte sie sich. Und so kam sie über eine andere Anzeige zu dem Fotografen Hoffmann.«

Das hinderte den Vater Braun nicht, seine Töchter streng zu überwachen: durch Post- und Telefonzensur, durch Lichtabschaltung um 22 Uhr.

Das Fotohaus Hoffmann in der Schellingstraße 50 hatte einen guten Ruf. »Mein Vater war Vertreter der Associated Press für Deutschland«, sagt uns Henriette Hoffmann, Heinrich Hoffmanns Tochter und spätere Gattin Baldur von Schirachs, die am 3. Februar 1912, drei Tage vor Eva, geboren worden war. »Er machte auch Luftaufnahmen, denn er war der erste Fotograf gewesen, der während des Krieges Aufklärungsbilder aus dem Flugzeug aufgenommen hatte. In England und in Paris war er schon vor 1914 ein bekannter Fotograf.«

»Aber Eva war von dieser Arbeit nicht begeistert«, fügt Ilse hinzu, »denn man hatte sie als Sekretärin, Stenotypistin und Buchhalterin eingestellt, während sie sich viel mehr für die Fotografie, für die Arbeit im Laboratorium und vor allem im Laden interessierte«.

Redakteur am »Völkischen Beobachter«

Nicht weit von dort, im Hause Nr. 39 derselben Schellingstraße, arbeitete Adolf Hitler beim »Völkischen Beobachter«.

»Er war dort Redakteur«, erklärt Henriette Hoffmann. (Tatsächlich war er der politische Direktor dieser nationalsozialistischen Parteizeitung, während Alfred Rosenberg als Chefredakteur zeichnete.) »Eines Tages erhielt mein Vater ein Telegramm von der Associated Press. Sie wollten ein Foto von diesem Hitler, und mein Vater, der ihn noch nicht kannte, wollte ihn kennenlernen. Er war es gewohnt, alle Leute, die er fotografieren sollte, nach Hause zu bringen. So brachte er auch Hitler zu uns.«

Und da das Haus Hoffmann über ein reichhaltiges Bildarchiv verfügte, hatte der Fotograf das Glück, eine Aufnahme vom 1. August 1914 zu finden, auf der man in einer Menschenmenge den jungen Hitler erkennen konnte, der mit gespannter Aufmerksamkeit den Aufruf zum freiwilligen Waffendienst vernahm.

Diese Begegnung und diese Entdeckung sollten zwischen Heinrich Hoffmann und Adolf Hitler eine Freundschaft fürs Leben begründen.

Nach seiner Rückkehr aus dem Krieg hatte Hitler das ganze Elend der Niederlage erlebt. Aber er hatte sich nicht damit abgefunden. Als er im Alter von einunddreißig Jahren am 31. März 1920 aus dem Militärverhältnis entlassen wurde, gab er in seinem Meldezettel an:

Beruf: Kunstmaler.

Wohnsitz: München, Schleißheimer Straße 14 III (bei dem Schneider Popp, wo er schon 1914 gewohnt hatte).

Nachdem er – obwohl noch immer österreichischer Staatsangehöriger – sein Leben für Deutschland eingesetzt hatte, bestand sein ganzes Vermögen aus einer Militärmütze, einer Uniform, einer Hose, einer langen Unterhose, einem Hemd, einem Mantel, einem Paar abgetragener Schuhe und 50 Mark Entlassungsgeld.

Sollte der junge Österreicher in einer Krisenzeit, in der Kunstwerke nicht gefragt waren, seinen Beruf als Kunstmaler wieder aufnehmen?

Viel stärker beschäftigte ihn die politische Lage. Seit dem 13. November 1919 betätigte er sich in der Deutschen Arbeiter-Partei (DAP), die sich ab Februar 1920 Nationalsozialistische Deutsche Arbeiterpartei (NSDAP) nannte.

Seine Rednergabe machte ihn zum Politiker in einer Stadt, in der die Kommunisten versuchten, die Diktatur des Proletariats zu errichten. Hitlers Idee war die Annäherung der radikalen Nationalisten an die breiten Massen des Volkes, und seine Reden begeisterten eine immer stärker anwachsende Menge von Zuhörern.

Die NSDAP wählte das Hakenkreuz als Symbol. Aber es war nicht ihre Erfindung, denn dieses Zeichen stammte von der DNSAP (Deutsche Nationalsozialistische Arbeiterpartei), die schon im Mai 1918 in Österreich gegründet worden war. Tatsächlich gab es bereits mehrere nationalsozialistische Parteien, zwei in Deutschland (Streicher in Nürnberg und Dickel in Augsburg) – Absplitterungen von der Sozialdemokratischen Partei – und eine in Wien (Riehl) mit einer Zweigstelle in Eger (Sudetenland). Alle kämpften gegen die Roten, gegen die Juden und für Großdeutschland.

Die Idee einer neuen *Internationale* liegt in der Luft. Am 7. und 8. August 1920 spricht Hitler in Salzburg auf dem ersten internationalen Kongreß der Nationalsozialisten. Vom 29. September bis zum 11. Oktober 1920 unternimmt er sogar eine Propagandareise durch ganz Österreich, aber dieser Versuch ist verfrüht. Man muß die Partei zuerst in Deutschland ausbauen.

Am 17. Dezember 1920 kauft die NSDAP für 120 000 Mark die Wochenzeitung »Völkischer Beobachter« mit Hilfe des in der bayerischen Gesellschaft gut eingeführten völkischen Journalisten Dietrich Eckart und mit Mitteln aus einem Geheimfonds der Reichswehr, die der General Ritter von Epp beschafft. In dem Büro Schellingstraße 39 übt Hitler den bestimmenden Einfluß auf die Redaktion aus. Am Tage der Übernahme war die Zeitung mit Schulden in Höhe von 250 000 Mark belastet, und das sollte bis 1933 ein Hemmschuh sein. Die ersten 7000 Abonnenten reichten kaum aus, um das Papier zu bezahlen, und die zum Monatsende benötigten Gelder mußte Eckart vorstrecken.

Am 29. Juli 1921 wird Hitler zum Führer der NSDAP gewählt. Er verfügt nun über alle Anteile des »Völkischen Beobachters«. Die Finanzverwaltung des Blattes überträgt er seinem alten Feldwebel und Kriegskameraden Max Amann, den Vertrieb Philipp Bouhler. Diese beiden Männer führen die Geschäfte so gut, daß der »Völkische Beobachter« ab Februar 1923 als Tageszeitung erscheinen kann.

Der »Franz-Eher-Verlag«, ein kleines Unternehmen, das ebenfalls von Hitler erworben und von Amann geleitet wird, veröffentlicht die Kampfschriften und Propagandabroschüren der Partei.

Der Putsch von 1923

In dieser Zeit bewohnt Hitler, dessen Lebenshaltung überaus bescheiden ist, ein kleines Zimmer bei einer Frau Reichert in der Thierschstraße 41. Der Boden ist mit Linoleum belegt, die alten Möbel sind abgenutzt, und der einzige Luxus des Zimmers besteht aus fünf kleinen Bücherregalen, die mit historischen und militärischen Büchern vollgestopft sind, vor allem mit den Werken von Clausewitz.

München wird immer noch von den Roten und den militärischen Gruppen, von Kommunisten und Monarchisten beunruhigt, die sich bei jeder Gelegenheit in die Haare geraten. Um die Ordnung aufrechtzuerhalten, schlägt die Regierung einmal nach links und einmal nach rechts. Am Ende dieser Kundgebungen wird Hitler am 12. Januar 1922 verhaftet und zu drei Monaten Gefängnis verurteilt. Man erwägt sogar, diesen unruhigen »Österreicher« auszuweisen. Seine Beziehungen zur Reichswehr wirken sich zu seinen Gunsten aus, und er braucht nur einen Monat in dem Gefängnis München-Stadelheim abzusitzen.

Nachdem er Verbindung zu einem legendären Führer des Ersten Weltkrieges, dem General Ludendorff, aufgenommen hat, hält Hitler den Augenblick für gekommen, einen Putsch zu versuchen und Mussolinis geglückten Marsch auf Rom nachzuahmen. Sein Angriff wird am 9. November 1923 vor der Feldherrnhalle zurückgeschlagen. Man zählt 19 Tote – 16 Nationalsozialisten und 3 Landespolizisten – sowie zahlreiche Verletzte.

Hitler bricht zusammen und hält seine politische Laufbahn für beendet. Es gelingt ihm, zu fliehen und sich bei Freunden zu verstecken, bei den Hanfstaengls in Uffing, wo er am 11. November verhaftet wird.

Landsberg

Nach einem Prozeß vom 16. Februar bis zum 1. April 1924 wird Hitler wegen Hochverrats zu fünf Jahren Festungshaft und 200 Mark Geldstrafe verurteilt. Die Partei und ihre Zeitung werden verboten.

Als Gefangener in der Festung von Landsberg erlebt er eine kurze Periode der Depression, die von April bis Mai dauert. Dann denkt er über seine vergangenen Erfolge, über sein Scheitern und über die Zukunft seiner Bewegung nach. Im Juni hat er sich wieder gefangen, hat seine Sicherheit wiedergewonnen, und ab Juli beginnt er, sein Programm zu entwickeln: *Mein Kampf*.

Der Inhalt dieses Buches ist bekannt, wenigstens einem Teil der Leser, und wir brauchen darauf nicht mehr zurückzugreifen. Aber vielleicht muß man die Überlegungen hervorheben, die Hitler darin bezüglich seiner Verbindung zu den Massen anstellt. Er hat den weiblichen Charakter der Massen sehr genau beobachtet und über die Kunst nachgedacht, dieses Verhalten bei den öffentlichen Veranstaltungen zu berücksichtigen.

Er ist ein hervorragender Psychologe, der auf allen Saiten des Gefühlslebens spielt, dem seiner Zuhörer sowohl wie seines eigenen. Er berücksichtigt die günstigste Stunde für den Redner, die äußere Aufmachung und die allmähliche Ausschaltung des freien Willens seiner Zuhörer. Er weiß, daß man eine Stunde mehr braucht, um die Deutschen des Nordens »zu haben«, die kühler sind als die des Südens. Er benutzt einfache Argumente, die er unaufhörlich wiederholt, und er hat damit immer Erfolg.

In seiner Festung empfiehlt er seinen Mitgefangenen, darunter Heß, Amann, Streicher, Schaub, Hewel, Maurice, Sport zu treiben, aber er selbst nimmt davon Abstand. Mit den Büchern, die man ihm schickt, baut er sich in seiner Zelle eine Bibliothek auf, aber sein Programm begründet er mit einer oberflächlichen Beweisführung. Er hält sich an das Wichtigste: Nietzsche, Ranke, Treitschke, Bismarck, Moltke und Clausewitz. Bezeichnend ist die Wahl »seines« Philosophen: Schopenhauer, ein Weiser, der an den Vorrang des Willens und der Kraft glaubt, an die Notwendigkeit der Enthaltsamkeit als Weg zur Weisheit, und der letztlich bezüglich der menschlichen Natur äußerst pessimistisch war – kurz: ein Stoiker.

Einen Gedanken, unter anderen, hat er bei Schopenhauer aufgelesen: »Ein Buch hat ein kurzes Leben. Nur diejenigen überleben, deren Verfasser sich mit Leib und Seele darin eingesetzt haben. Ein Schriftsteller muß der Märtyrer der Sache sein, die er vertritt, so, wie ich es gewesen bin.«

Es steckt etwas Nihilismus in diesem Philosophen, der die Geschichtsphilosophie für einen Schwindel hält, gerade gut genug für einen Scharlatan wie Hegel. Viele dieser Gedanken findet man in *Mein Kampf*. Und im ganzen Ablauf von Hitlers Kampf bis zu seinem Tode erkennt man als Wasserzeichen die Gedanken Schopenhauers, des Philosophen, den er schon während seiner Zeit an der Flandernfront von 1914 bis 1918 zum Lehrmeister erwählt hatte.

Während seines Zwangsurlaubs in Landsberg beschäftigt sich Hitler nur mit Lesen, Schreiben und Diktieren. Um sich zu entspannen, zeichnet er. Er arbeitet an einem aerodynamischen Profil der Mercedes-Karosserien. Er entwirft Baupläne für das ideale Haus eines Deutschen aus dem Mittelstand: fünf Zimmer mit Bad für einen Haushalt mit drei Kindern. Er zeichnet die ersten Entwürfe für einen billigen Volkswagen, für ein Ehepaar vorn und drei Kinder auf den Rücksitzen.

Wenn er erst die Macht ergriffen hat, wird jeder deutsche Arbeiter dieses Haus und diesen Wagen haben, und das alles wird der Volkswirtschaft einen beträchtlichen Auftrieb geben. Die Häuser sollen zu Siedlungen zusammengestellt, die Autos von den Arbeitern selbst bezahlt werden. Utopien? Wer weiß?

Um die Arbeiterstädte zu verbinden und den Autoverkehr zu erleichtern, denkt er an eine ideale Lösung: die Autobahn, für die in Deutschland seit 1921 erste, allzu zaghafte Versuche unternommen worden sind.

Tatsächlich erscheint ein großer Teil der Landsberger Überlegungen Hitlers nicht in »Mein Kampf«. Es handelt sich um die Zeichenblätter, die er bei sich behält und die man unter dem Titel zusammenfassen könnte: Motorisierung, Städtebau und öffentliche Arbeiten. Sie enthalten ein gewaltiges und geniales Programm einer Modernisierung des Landes, einer vollen Ausnutzung und Förderung der nationalen Einheit, nachdem Deutschland den Königreichen und regionalen Fürstentümern seit 1919 ein Ende bereitet hatte.

Rückkehr in die Politik

Am 20. Dezember 1924 wird Hitler aus der Festung entlassen. Mit dem fertigen Manuskript von »Mein Kampf« bezieht er wieder sein kleines Zimmer in der Thierschstraße und beginnt unverzagt mit der Eroberung der Macht. Am 20. Februar 1925 wird die NSDAP neugegründet, und der »Völkische Beobachter« erscheint wieder. Die Bayerische Regierung verbietet Hitler, öffentlich zu reden, und die Regierungen von Preußen, Baden, Hamburg, Oldenburg und Sachsen schließen sich an. Hitler hält seine Reden also in den anderen deutschen Ländern. Dann beteiligt er sich an dem Wahlkampf um den neuen Reichspräsidenten. Der Kandidat der NSDAP ist General Ludendorff, denn der Österreicher Hitler ist nicht wählbar.

Der Versuch scheitert: Der Generalfeldmarschall von Hindenburg wird gewählt, während Ludendorff nur 1,06 v. H. der Stimmen erhält. Schon am nächsten Tag beantragt Hitler bei der Stadtverwaltung von Linz, seinem letzten Wohnsitz in Österreich, seine Entlassung aus der österreichischen Staatsbürgerschaft, die ihm nach drei Tagen bewilligt wird. Hitler ist nun also staatenlos.

Er verwendet viel Zeit auf die Organisation seiner Partei. Sein Freund Hauptmann Röhm, der erste SA-Chef, der nach dem Scheitern des Putsches von 1923 als Militärberater nach Bolivien gegangen war, sollte erst 1930 zurückkehren, um die SA zu einer wirklichen Privatarmee auszubauen. Aber schon 1925 wird unter der Führung von Heiden eine Prätorianergarde, die SS, geschaffen, die Hitler später dem Befehl von Himmler unterstellt. Die Nationalsozialistische Partei hat ihre Agitation wieder aufgenommen und beteiligt sich an allen Landtagswahlen mit eigenen Listen. Aber bis zum Herbst 1929, als Hitler und Eva Braun sich begegneten, erhält die Partei niemals mehr als 5 v. H. der Stimmen und Parlamentssitze.

Hitler war also – wie Fritz Braun sagte – noch immer »ein Politiker wie alle anderen«.

Verfasser eines Bestsellers

Neu war für Hitler der Erfolg seines Buches »Mein Kampf«, den niemand erwartet hatte – nur vielleicht er selbst, denn er war noch immer seiner Sache sicher und glaubte an seinen Stern.

Dieses interessante, aber schlecht stilisierte und konzipierte, schwer verdauliche Buch verkaufte sich gut, trotz seines für damalige Verhältnisse hohen Preises von 12 Mark. Im Jahre 1925 wurden 9473 Exemplare verkauft, 1926: 6913, 1927: 5600, 1928: 3015, aber dann verdoppelte sich der Absatz und stieg durch eine Taschenbuchausgabe zu 8 Mark im Jahre 1930 auf 50 000 Exemplare an.

In seinen Personalpapieren ersetzt Hitler seine Berufsangabe als Kunstmaler durch die Bezeichnung »Schriftsteller«. Tatsächlich lebt er von seinen Autorenrechten, und seine Steuererklärungen bezeugen diese einzigen Einnahmen: 19 843 Mark im Jahre 1925, 15 903: 1926, 11 494: 1927, 11 818: 1928 und 15 448: 1929.

Ab 1925 hat Hitler einen Wagen, eine Mercedes-Sonderanfertigung im Werte von 20 000 Mark, aber er hat den Wagen zu einem ermäßigten Preis und auf Abzahlung von dem Werk, dem er seine Landsberger Entwürfe für eine Verbesserung der Karosserie zur Verfügung gestellt hatte. »Für die Schönheit der Mercedes-Wagen«, erklärte er am 3. Februar 1942, »kann ich die Vaterschaft in Anspruch nehmen. Im Laufe der Jahre 1923 bis 1927 habe ich unzählige Skizzen zur Verbesserung der Linienführung gemacht.« Wir hoffen, daß wir im Archiv von Daimler-Benz noch Spuren dieser Skizzen finden werden.

Er hatte auch einen Fahrer und einen Sekretär (Rudolf Heß), die beide Gehalt erhielten, was die Leute beeindruckte, aber dem Finanzamt Kopfzerbrechen verursachte. Er erklärte diese äußeren Zeichen von Reichtum, indem er versicherte und auch bewies, daß er Darlehen aufgenommen hatte, aber Einnahmen und Ausgaben deckten sich nicht.

Es war also klar, daß er geheime Einnahmequellen hatte. Vielleicht waren es Honorare für seine Artikel, die er teuer verkaufte und die in seinen Steuererklärungen nicht erschienen. Es steht fest, daß er aus der Kasse von Max Amann schöpfte. Seine Autorenhonorare wurden nicht regelmäßig gezahlt, er erhielt vielmehr Vorschüsse. Hitler, dem das Reden ja längere Zeit verboten war, der aber von dem Erfolg seines Buches überrascht war, dachte vorübergehend daran, freier Schriftsteller zu werden. Die Thierschstraße war aber nicht der geeignete Ort, um Bücher vorzubereiten und zu schreiben. Er zog sich also wochenlang in die Gegend von Berchtesgaden, auf den Obersalzberg, zurück, den er durch seinen Ende 1923 verstorbenen Freund Eckart kennen- und schätzen gelernt hatte.

Anfangs wohnte er in der Pension Moritz, dann im Deutschen Haus in Berchtesgaden, und dort diktierte er Amann den zweiten Band von »Mein Kampf«, der erst 1961 erscheinen sollte. Ende 1925 mietete er für 100 Mark monatlich die Villa Haus Wachenfeld, die er 1929 kaufte, um sie später zu vergrößern und in »Berghof« umzutaufen.

Der Bestseller-Verfasser bekommt jetzt offensichtlich Auftrieb. Sobald er den Kaufvertrag unterzeichnet hat, läßt er seine Halbschwester, die Witwe Angela Raubal, aus Wien kommen und beauftragt sie mit der Führung des Haushalts. Sie bringt ihre beiden Töchter, die 17jährige Angelika (Geli) und die jüngere Elfriede (Friedl) auf den Berghof mit.

Am 5. September 1929 gibt Hitler das Zimmer in der Thierschstraße auf und bezieht eine der schönsten Wohnungen von München. Sie besteht aus neun Zimmern im zweiten Stock des Hauses Nr. 16 am Prinzregentenplatz, jenseits der Isar und des Englischen Gartens. Hitlers Wohnung liegt fast genau gegenüber dem Theater, in dem alljährlich Wagner-Festspiele stattfinden.

Eine Wirtschafterin, Frau Winter, ehemalige Kammerfrau der Gräfin Törring, führt den Haushalt. Mit ihrem Mann, einem früheren Burschen des Generals von Epp, bewohnt sie einen Teil der Räume, Hitler den anderen Teil. Geli bekommt ein Zimmer auf der Rückseite, denn »Onkel Adi« hat sich entschlossen, die Erziehung dieser Nichte in die Hand zu nehmen.

Wer bezahlt alle diese Ausgaben? Die Frage ist naheliegend, denn das Land befindet sich in der großen Wirtschaftskrise. Im Jahre 1929 hat Deutschland bereits 2 Millionen Arbeitslose bei 12,5 Millionen Arbeitern. Der 25. Oktober ist der Schwarze Freitag der Wallstreet und der Beginn der Weltwirtschaftskrise, deren erste Auswirkungen Deutschland infolge seiner Bindung an amerikanische Kredite zu spüren bekommt. Die Belastung des Reiches durch die Auslandsanleihen erreicht die Höhe von 1,255 Milliarden Mark. Das Haushaltsdefizit beträgt 1,7 Milliarden Mark. Ab Oktober werden Arbeitslosigkeit und Elend in allen deutschen Städten zu einem ernsten Problem.

Während die wirtschaftliche Notlage sich bis 1933 immer weiter verschärft, erlebt die Nationalsozialistische Partei einen anhaltenden Aufstieg. Während die Spalten der Zeitungen mit Berichten über Konkurse, Skandale, Selbstmorde und

Zwangsversteigerungen angefüllt sind, gewinnen die Nationalsozialisten Anhänger.

Vom 1. bis 4. August 1929 veranstaltet Hitler in Nürnberg seinen Vierten Reichsparteitag und nimmt den Vorbeimarsch einiger 60 000 begeisterter SA-Männer ab. Die von dem glänzend begabten kleinen Dr. Goebbels geleitete Propaganda wiederholt ohne Unterlaß die gleiche Parole:

»Nur Hitler kann uns aus dem Elend führen.«

Seit dem Schwarzen Freitag der Wallstreet gewinnen die Nationalsozialisten bei jeder Wahl Stimmen: am 27. Oktober 1929 bei den badischen Landtagswahlen 6,9 v. H.; am 10. November bei den Lübecker Stadtwahlen 8,1 v. H.; am 8. Dezember bei den Thüringer Landtagswahlen 11,31 v. H.; am 22. Juni 1930 in Sachsen 14,4 v. H.; am 14. September 1930 in Braunschweig 22,2 v. H., und am gleichen Tag werden mit 18,2 v. H. der abgegebenen Stimmen 107 nationalsozialistische Abgeordnete in den Reichstag gewählt. Die Nationalsozialistische Partei ist jetzt die zweitgrößte in Deutschland. Sie zählt 176 426 Mitglieder – eine Kraft, mit der man rechnen muß.

Hitler macht jetzt einen großen Schachzug. In dem sogenannten Ulmer Reichswehrprozeß gegen zwei nationalsozialistische junge Offiziere vor dem Reichsgericht in Leipzig verpflichtet sich Hitler feierlich, sich aller illegalen Handlungen zu enthalten. Er versichert, daß er eines Tages die Macht legal ergreifen werde.

Als Ausdruck seiner Stärke kauft er im Juli 1930 in München das Palais Barlow, das künftig unter dem Namen Braunes Haus Sitz der Parteileitung wird. Mit Professor Troost entwirft er auch sogleich die Pläne für die Innenausstattung. Er zeichnet selbst die Skizzen von Sesseln, Lampen und bronzenen Türen.

Alle Parteibüros, die provisorisch in der Schellingstraße 50, neben dem Hause des Fotografen Hoffmann, untergebracht waren, werden nun in das Braune Haus verlegt.

Gewiß erhielt die Partei erhebliche Mittel von den Industriellen Kirdorf, Thyssen oder Deterding, aber das genügte nicht, und nach dem Ankauf des Palais Barlow stand auch Hitler dicht vor dem Bankerott. Nur durch die Bemühungen von Heß, der mit Hilfe von Kirdorf ein Darlehen von Thyssen beschaffte, gelang es schließlich, diese gefährliche Klippe zu umschiffen.

Theaterbesuche mit Eva

Dieser ganze gewagte Aufstieg vollzog sich in einer Atmosphäre ständiger Unruhen und Wahlkämpfe, und Hitler war allgegenwärtig. Wie Walter Görlitz und Herbert Quint feststellen, »verlangte das von Hitler eine unerhörte Nervenanspannung, auf die Tage und sogar Wochen der Depression folgten. Es kam vor, daß er verreiste, um sich wichtigen Auseinandersetzungen zu entziehen, oder daß er sich mit einigen Parteigenossen ruhig ins Café Heck setzte, während er erwartet wurde, um wichtige Entscheidungen zu treffen, oder Besucher ihm dringende Fragen vorlegen wollten. So konnte er einen, zwei oder sogar drei Tage auf sich warten lassen. Und man wartete auf ihn . . .«

Wenn er in München war, sah man ihn mit seiner braungebrannten, vergnügten Nichte Geli, die er zum Schneider oder ins Theater führte. Aber er versäumte nicht, jedesmal seinen Freund Hoffmann zu besuchen und gewiß auch mit Fräulein Braun zu plaudern, die ihre Lehre beendete. Sie beschnitt die Fotos und arbeitete an Vergrößerungen oder in der Dunkelkammer. Inzwischen blätterte er in den Fotoalben.

Wir haben über die erste Begegnung und über Hoffmanns Frage an Eva berichtet: »Kennst du Herrn Hitler?« Tatsächlich hatte er gesagt: »Kennst du Herrn Wolf?« Denn Hitler hatte dieses seltsame Pseudonym angenommen: »Herr Wolf«.

Eine sorgfältige Prüfung seiner Unterschriften aus den Jahren 1906 bis 1929 läßt ein »Adolf« in gotischen Buchstaben erkennen, das zweifellos einem »Wolf« gleicht. Gewiß ein Zufall. Aber während seines Aufstieges zur Macht ließ er sich in den Salons mit diesem Beinamen ansprechen, und mehrere Damen der Gesellschaft sagten »Wölfchen« zu ihm.

Als er Ende der dreißiger Jahre seine zweite Schwester Paula Hitler einlud, ihm auf dem Berghof behilflich zu sein, sollten Einstellungspapiere ausgefüllt werden. Als jemand meinte, man könne sie doch nicht Frau Hitler nennen, erwiderte er: »Nennt sie doch Wolf!«

Und so geschah es.

Als er später Decknamen für seine Hauptquartiere suchte, nannte er sie »Wolfsschanze«, »Wolfsschlucht« oder »Wehrwolf«. Psychologen, die wir befragten, hielten das nicht für Zufall. Sie dachten an Lycanthropie, eine Geisteskrankheit, in deren Verlauf der Kranke sich einbildet, in einen Wolf verwandelt zu sein. War es diese Krankheit oder war nur ein günstiger Nährboden für ihren Ausbruch zu erkennen? Sollen wir uns auf Zeugen berufen, die beobachtet hatten, wie er im Verlaufe von Besprechungen mechanisch Wolfsköpfe zeichnete? Sollen wir uns an seine Liebe zu seiner Wolfshündin Blondi erinnern, die von einem Hund namens Wolf stammte?

Es gibt keinen Beweis dafür, daß Hitler nach der ersten Begegnung in Eva verliebt gewesen wäre oder Eva beschlossen hätte, sich von ihm heiraten zu lassen. Es waren einfach zwei Menschen, die unter dem Zwang einer unbekannten Kraft ein unwiderstehliches Bedürfnis empfanden, sich wiederzusehen.

Die Brauns ahnten nichts. »Alles entwickelte sich so«, sagt Ilse, »ohne daß meine Eltern oder ich etwas wußten. Eva ging und kam mit Apparaten oder Fotos von Hoffmann.« Und Henriette von Schirach erinnert sich: »Jeden Morgen kaufte Hitler Theaterkarten für die Oper oder für ein Schauspiel, steckte sie ein und sagte: ›Wenn der Tag auch sehr traurig ist, so weiß man doch, daß man abends eine große Freude haben wird, einen schönen Verdi oder Mozart.‹ Er hatte immer Theaterkarten bei sich. Wenn er verhindert wurde, verschenkte er die beiden Karten – immer in der Mitte des 6. Ranges –, und es kam auch vor, daß er sie Eva gab. Ich erinnere mich, daß es eines Abends ›Die Macht des Schicksals‹ von Verdi gab. Eva ging mit ihrer Schwester hin und erzählte ihm später die Oper. So wurde ihre Verbindung enger. Manchmal ging er auch mit ihr hin. So hat sich das alles entwickelt.«

Die Macht des Schicksals, das ist ein ganzes Programm. Wir würden viel dafür geben, wenn wir eine Aufzeichnung von Evas Bericht an Hitler über dieses Thema hätten.

Immer häufiger sah man nun den erfolgreichen vierzigjährigen Schriftsteller in Begleitung dieses minderjährigen Mädchens – im Café Heck, im Staatstheater, im Schwabinger Kino Schauburg oder im Teesalon des Carlton. Er schenkte ihr Blumen oder Konfekt.

Im Kino gab man damals viele amerikanische Filme mit Greta Garbo. Ist es ein Zufall, daß Eva in Erinnerung an Weihnachten 1929 die vertrockneten Blüten einer gelben Orchidee aufbewahrt, die Hitler ihr geschenkt hat? Sie spricht von ihrer Bewunderung für John Gilbert, den Partner der Garbo. Ist es ein Zufall, wenn die neugierige Henriette Hoffmann bei einem Besuch auf dem Berghof in Hitlers Schlafzimmer auf dem Nachttisch ein Bild sieht: Greta Garbo mit einer Baskenmütze?

In München lief im Jahre 1932 auch ein bedeutender deutscher Film: »Das Testament des Dr. Mabuse« von Fritz Lang, nach einer berühmten Erzählung des übersinnlichen deutschstämmigen Luxemburgers Norbert Jacques. Ein Wahnsinniger geht aus einer dekadenten, zerstörten Gesellschaft hervor und setzt seine wesentlichen Ideen durch – es sind die Ideen von »Mein Kampf« –, aber er endet im Abgrund, er und alle seine Schüler. Sollte damals jemand Mabuse mit Hitler identifizieren? Immerhin wurde der Film nach der Machtergreifung von der Regierung verboten, während Goebbels Fritz Lang vergeblich den Posten des offiziellen Chefregisseurs des Dritten Reiches anbot.

In der großen Gesellschaft

Wenn Hitler in den Jahren 1930 bis 1932 nach München oder auf den Berghof kommt, möchte er sich nur entspannen. Wenn er abends nicht mit Eva oder Geli ins Theater oder in ein Kino geht, besucht er einige Freundeskreise, Hanfstaengls oder Hoffmanns.

»Er legte großen Wert darauf«, erinnert sich Henriette von Schirach. »Er sagte, daß man in verschiedenen Welten leben müsse, nicht nur in seiner eigenen Welt.«

Bruckmann, der mit seiner Frau, einer geborenen Prinzessin Cantacuzino, ein großes Haus führte, war ein bekannter Münchner Verleger, vor allem als Herausgeber der nationalen »Süddeutschen Monatshefte« und der Werke von Houston Stewart Chamberlain, des durch seine Rassenlehre bekannten englischen Schriftstellers, der eine Tochter Richard Wagners geheiratet hatte. Im Salon Bruckmann waren schon Nietzsche, Rilke und Spengler empfangen worden. Die bereits im reifen Alter stehende, nicht sehr hübsche und stark männliche, aber geistreiche Frau lud »Wolf« (so nannte sie ihn) regelmäßig zu ihren Tees und Abendessen ein, um ihn Industriellen, Architekten wie Troost oder Wissenschaftlern vorzustellen. Und wie benahm er sich in diesem Salon? Einer der Gäste hat einen solchen Abend im Jahre 1923 folgendermaßen beschrieben:

»Hitler hatte der Dame des Hauses mitgeteilt, daß er an einer wichtigen Besprechung teilnehmen müsse und erst sehr spät kommen würde, wohl erst gegen 11 Uhr. Er kam dann schließlich, in einem sehr dezenten blauen Anzug, und überreichte der Gastgeberin mit einem Handkuß einen riesigen Rosenstrauß. Während der Vorstellungen machte er das Gesicht eines Generalstaatsanwalts, der einer Hinrichtung beiwohnt. Ich erinnere mich, daß mich der Ton seiner Stimme überraschte, wenn er sich bei der Gastgeberin für den Tee bedankte oder für die Kuchen, von denen er, nebenbei bemerkt, eine erstaunliche Menge verzehrte. Seine Stimme klang sehr bewegt und hatte trotzdem nichts Herzliches oder Frohes, sondern wirkte eher brutal. Er sprach allerdings kaum ein Wort und schwieg über eine Stunde; offenbar war er müde. Um ihn zum Sprechen zu bringen, bedurfte es einer unvorsichtigen Bemerkung der Gastgeberin, die auf scherzhafte Art die Juden zu verteidigen begann; von diesem Augenblick an hörte Hitler nicht mehr zu sprechen auf. Er schob seinen Stuhl zurück und stand auf, während er mit lauter und durchdringender Stimme redete oder vielmehr schrie, mit einer Stimme, wie ich sie niemals von einem Menschen gehört hatte. Im Nebenzimmer wachte ein Kind auf und begann zu weinen. Über eine halbe Stunde lang hielt Hitler eine ebenso erschöpfende wie parteiische Anklagerede gegen die Juden; dann unterbrach er sich plötzlich, ging zur Dame des Hauses, entschuldigte sich, küßte ihr die Hand und verabschiedete sich. Den anderen Gästen, die anscheinend nicht das Glück hatten, ihm zu gefallen, schenkte er nur ein kurzes Kopfnicken von der Tür aus.« (Konrad Heiden, Adolf Hitler, Paris 1936)

Ob Frau Bruckmann sich noch besondere Gedanken machte? Jedenfalls, denn Hitler erinnert sich in einem Tischgespräch am 10. März 1942: »Bei Frau Bruckmann ist es mir passiert, daß eine Dame der Münchner Gesellschaft nie mehr mit mir zusammen eingeladen wurde, nachdem die Frau des Hauses einmal einen Blick aufgefangen hatte, mit dem beim Abschied im Salon Bruckmann diese Frau mir begegnet ist, während ich mich noch einmal grüßend zu ihr hin verbeugt hatte. Sie war sehr schön, und ich werde ihr interessant gewesen sein, weiter nichts. Ich kenne eine Frau, deren Stimme vor Aufregung heiser wurde, wenn ich mit einer anderen Frau auch nur ein paar Worte gesprochen habe.« (Dr. Henry Picker, Hitlers Tischgespräche im Führerhauptquartier, Seewald Verlag, Neuausgabe Stuttgart 1976.)

Man wird beachten müssen, wie die Frauen auf Hitler reagierten, wie genau und scharf er sie beobachtete und wie sicher er seiner magnetischen Macht war.

Der Mann, der ihn bei Bruckmann eingeführt hatte, war

Ernst (Putzi) Hanfstaengl, der Sohn des großen Kunstverlegers. Dieser 1,88 Meter große Koloß hatte fünfzehn Jahre in den Vereinigten Staaten gelebt, in Harvard studiert, und er kannte Franklin Roosevelt persönlich. Er war ein ausgezeichneter Pianist und die kultivierteste Persönlichkeit in Hitlers Umgebung. Wie Hitler ein Bewunderer von Clausewitz war, so bewunderte Hanfstaengl den Admiral Mahan, war von der Überlegenheit der Seemächte überzeugt und bekannte sich entschieden zu einem deutsch-englischen Bündnis. Er bemühte sich, Hitler jeden Gedanken an eine Revanche gegenüber Frankreich und an ein antisowjetisches Bündnis auszureden, für das die zahlreichen russischen Emigranten in München ihn gewinnen wollten. Die Hanfstaengls – Putzi hatte die Amerikanerin Helene Niemeyer geheiratet – empfingen Hitler oft in ihrem Landhaus in Uffing am Fuße der Alpen.

Manchmal kam Hitler auch zum Essen in ihre kleine Münchner Wohnung in der Gentzstraße 1, wo Putzi ihm Liszt oder Wagner vorspielte. Helene Hanfstaengl fand, daß er ihr platonisch, aber sehr betont, den Hof machte, doch das war vielleicht eine Wiener Angewohnheit.

Putzi war Hitlers Mentor in der oberen Münchner Gesellschaft. Er führte ihn bei den Bechsteins ein, den berühmten Berliner Klavierfabrikanten, die häufig nach München kamen und ein Appartement im Hotel Vierjahreszeiten bewohnten. Helene Bechstein – auch eine mütterliche Dame, die ihn »Wölfchen« nannte – war ebenso charmant wie autoritär und ließ sehr bald ihre Absicht erkennen: die Verheiratung ihrer Tochter Charlotte mit Hitler.

Bei all dem gab es keinerlei intime Beziehungen. Wenn Hitler abends Hoffmann besuchte, nahm er oft Eva Braun zum Essen in die Osteria Bavaria mit, die ganz in der Nähe in der Schellingstraße 62 lag.

Diese italienische Gaststätte ist heil geblieben, und der Wirt zeigt heute noch den Tisch im Hintergrund, wo Hitler neben Eva Braun gesessen hat, während zwei Männer in schwarzen Ledermänteln vor der Tür Wache standen.

Die Hoffmanns

Der einzige Ort, wo Hitler und Eva Braun zu dieser Zeit über Gespräche hinaus engere Beziehungen unterhalten konnten, war zweifellos die Privatwohnung Heinrich Hoffmanns in der Schnorrstraße.

Hier, befreit von den gesellschaftlichen Verpflichtungen in den Salons großer Damen, fühlte Hitler sich wohl. Hoffmann hatte ihm gestanden, daß auch er Maler werden wollte. Er hatte an den Lehrgängen eines bedeutenden Professors teilgenommen, aber sein Vater hinderte ihn, seiner Neigung zu folgen, und zwang ihn, in das Familiengeschäft einzusteigen.

Hoffmanns Bibliothek war voll mit Werken über Kunst, in denen Hitler gern blätterte. Im übrigen war der verwitwete Hoffmann verlobt und machte seiner Braut leidenschaftlich den Hof, so daß Hitler seinem Beispiel folgen und mit seiner Partnerin freier verkehren konnte. Aber der Flirt wurde früh am Abend beendet. Hitler brachte mit seinem Fahrer Eva bis vor die Haustür ihrer Eltern und kehrte in seine Neunzimmerwohnung zurück, wo seine Nichte Geli das Haus hütete.

Soll man annehmen, daß Hoffmann sich Vorteile für die Zukunft sichern wollte, indem er diese heimliche Liebelei deckte? Daß der Fotograf Wert darauf legte, Hitlers enger Freund zu bleiben und die Exklusivrechte an seinen Aufnahmen zu behalten, ist wahrscheinlich.

Aber diese Liebelei mit Eva gefiel ihm nicht besonders. »Er war nicht zufrieden«, versichert Frau von Schirach. »Er sagte: ›Muß er gerade bei mir mit einem Mädchen zusammensein!‹ Nein, das gefiel ihm gar nicht. Die Eltern Braun ahnten nichts.«

»Eva brachte Bilder in den Bürgerbräukeller«, berichtet Ilse Braun: »Tatsächlich machte sie sich nur nützlich, um dorthin zu gehen, wo die Reden gehalten wurden. Sie kam dann immer sehr spät nach Hause, was mein Vater nicht billigte. Er sagte: ›Wenn ein junges Mädchen täglich acht Stunden arbeitet, ist es genug!‹ Später wußte ich, daß Eva auch mit Hitler, seinem Adjutanten Schaub und Hoffmann ausging. Aber das hat sie uns immer verheimlicht. Ich war gegen Hitler und arbeitete bei meinem jüdischen Arzt. Eines Abends, im Bett, sagte mir Eva: ›Du mußt unbedingt Hitler kennenlernen. Dann wirst du ihn anders beurteilen.‹«

Es steht fest, daß Hitler damals, nach allgemeinem Urteil, eine sehr verführerische Persönlichkeit war.

Nach Ansicht von Frau von Schirach wirkte Hitler sehr jung und dabei imponierend. Er war sehr lebhaft, eine Persönlichkeit mit vielen Gesichtern.

»Jedenfalls«, stellt die geborene Ilse Braun fest, »folgte Eva ihrer fixen Idee. Meine Eltern waren dagegen, aber sie kümmerte sich nicht darum.«

»Ich habe nur eine Liebe,
und das ist Deutschland«[1]

Das Jahr 1929 bezeichnet eine Wendung in Hitlers Leben. Es verdient, genauer untersucht zu werden.

Wenn man zu diesem Zeitpunkt die Bilanz zieht, ergibt sich, daß unser Kunstmaler, dessen Berufung vom Schicksal durchkreuzt wurde, im Alter von vierzig Jahren Chef einer kleinen Partei und ein berühmter Schriftsteller ist, der über bedeutende Geldmittel verfügt. Äußere Zeichen von Reichtum sind: der Sekretär, der Fahrer, die Wirtschafterin, die Wohnung, der Kraftwagen.

Der Erfolg ist offenkundig für diesen staatenlosen Junggesellen. Nachdem er sehr früh, im Alter von 14 Jahren, seinen Vater verloren hatte, verlebte er seine weitere Kindheit bei einer jungen, mit 42 Jahren verwitweten Mutter, die er sehr liebte und die seine Liebe zärtlich erwiderte. Er verlor sie 1907, als er 18 Jahre alt war.

Als Waise führte er fünf Jahre lang ein sehr hartes Leben in Wien. Er verließ Wien im Jahre 1913 und ging nach München, wo er, wie er sagte, glücklich lebte, wenn auch immer noch ohne festen Beruf.

1914 meldete er sich als Kriegsfreiwilliger und war 44 Monate im Feld, 3 Monate im Lazarett und 2 Monate auf Urlaub. Diese Zeit vom 25. bis zum 29. Lebensjahr ist im Leben eines Mannes ein wichtiger Abschnitt, denn da festigen sich in jedem Menschen die Vorstellungen über den Beruf, den Sex, das Geld.

Es scheint sicher, daß der verwaiste junge Mann im Regiment List (dem 16. Bayerischen Reserve-Infanterie-Regi-

---

1 Aus »Rienzi« von Richard Wagner

ment) sein Zuhause gefunden hat. In diesem Eliteregiment, das aus Freiwilligen bestand, dienten viele Münchner Studenten, Intellektuelle und Künstler, begeisterte junge Leute, von denen viele auf den Schlachtfeldern im belgischen und französischen Flandern fallen sollten. Ein Besuch auf dem Friedhof von Fournes-en-Weppes, wo Tausende von ihnen ruhen, ist ebenso aufschlußreich wie erschütternd: Die Inschriften auf den Gräbern bezeugen, daß diese jungen Bayern im blühenden Alter von meist 17 bis 25 Jahren gefallen sind.

Hitlers Kriegskameraden, deren Freundschaft im Feuer erprobt wurde, der Feldwebel Amann, der Maler Schmidt und andere, erfreuen sich auch später immer seiner Gunst und seiner Nachsicht.

Frauenbekanntschaften in Frankreich 1914 bis 1918

Man weiß, daß Hitler tapfer war. Man kennt von ihm weder eine »Kriegspatin« noch eine kleine Freundin. Sein damaliger Hauptmann Wiedemann versichert es. Er lebt mit seinen Kameraden, nur ein wenig zurückgezogen, und philosophiert oder malt gern. Sein Posten als Meldegänger-Gefreiter ermöglicht ihm diese Zurückgezogenheit; er ist ein Teil der Masse und beherrscht sie schon.

Hat er in dieser Zeit Frauen gekannt? Als er am 29. Mai 1940 mit Amann und Schmidt nach Comines kommt, um seine alten Schlachtfelder zu besuchen, stellt er neben anderen Erkundigungen eine Frage: »Wo ist Madeleine?«

Wer ist diese Madeleine? Es handelt sich um Madeleine Coulie, die Tochter des Cafés Au Fossoyeur, wo die deutschen Soldaten gern verkehrten, wenn sie in Ruhestellung lagen. Die junge Frau war beliebt, gewissermaßen die »Mademoiselle von Comines«.

Madeleine verkörpert den Walkürentyp, den Hitler bevorzugt. Sie ist eine kräftige Frau mit üppigen Reizen. Es ist gewiß überraschend, daß er sich 1940, zweiundzwanzig Jahre

Eva Braun (rechts)
und ihre Schwester Ilse.

Eva Braun im Alter
von etwa 14 bis
15 Jahren.

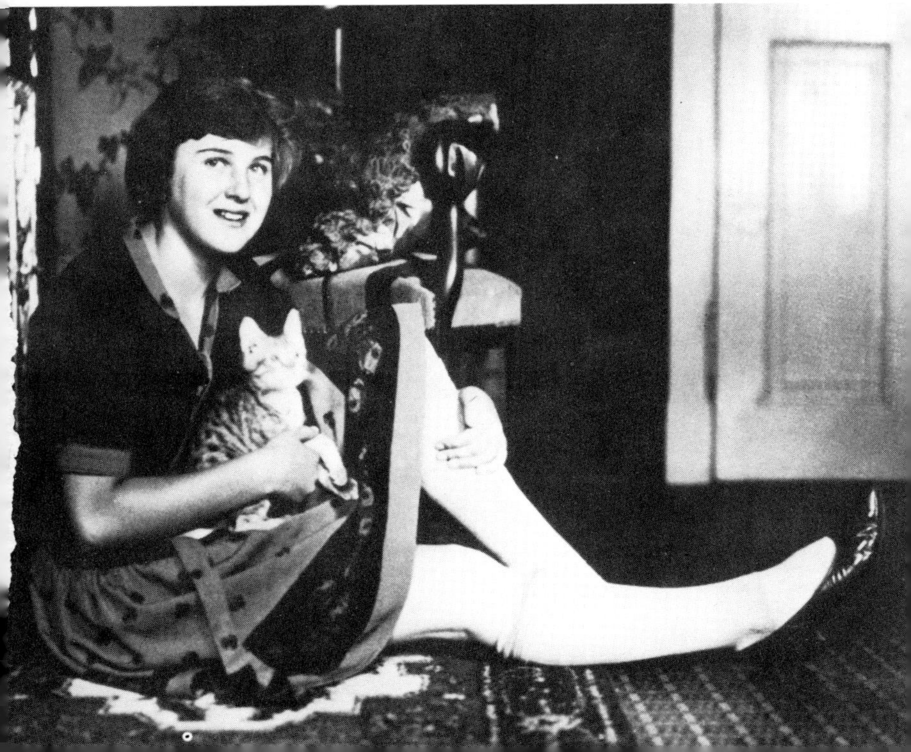

Links: Geli Raubal, die Nichte von Adolf Hitler.

Eva Braun im Alter von 21 Jahren (1933) am Schreibtisch in München, Amalienstr. 25, 1. Stock. Hier an diesem Schreibtisch lernte Hitler sie kennen.

Rechts: Eva Braun im Alter von 23 Jahren (1935).

Eva Braun, etwa im Jahre 1940, im Dirndlkleid in der Umgebung von Berchtesgaden.

Die Frauen der Familie Braun (von links nach rechts): Die Mutter von Eva Braun, Eva Braun, ihre Schwestern Margarethe und Ilse.

Die zweite Frau Hermann
Görings, die Schauspiele-
rin Emmy Sonnemann.
Porträtvorlage für einen
Maler vom März 1935.

Emmy Sonnemann zu-
sammen mit Hermann
Göring vor ihrem Land-
haus am Obersalzberg
1934. Dieses Foto war für
die Veröffentlichung ge-
sperrt.

Die tschechische Schauspielerin Lida Baarowa, 1914 in Prag geboren. Seit 1934 bei der Ufa, verheiratet mit dem Schauspieler Gustav
Fröhlich in Berlin. 1935 Skandal zwischen ihr und Joseph Goebbels,
der in sie verliebt war.

Die Regisseurin
Leni Riefenstahl bei
Filmaufnahmen auf
dem Reichsparteitag
in Nürnberg 1934.

Leni Riefenstahl
mit ihrem »Grand Prix«
für den
Reichsparteitagfilm
»Triumph des
Willens«, 1937.

Magda Goebbels, Frau von Dr. Joseph Goebbels, mit ihrer Tochter Hedda.

Im Jahr 1937: Eva Braun im Ballkleid.

Silvesterfeier im engsten privaten Kreis bei Adolf Hitler auf dem Obersalzberg im Jahre 1938/39.
Vordere Reihe (v. l. n. r.): Margarethe (Gretel) Braun, Prof. Morell, Frau Bouhler, Herr Bouhler, Frau Bormann, Adolf Hitler, Eva Braun, Martin Bormann, Frau Brandt.
Zweite Reihe (v. l. n. r.): Sekretärin Gerda Daranowski, Sekretärin Christa Schroeder, Frau Kannenberg (Frau des »Hausintendanten«), Albert Speer, Frau Speer, Frau Morell, Frau Schmundt, ?, Heinz Lorenz (Pressevertreter von Dietrich) in HJ-Uniform.
Hintere Reihe (v. l. n. r.): Heinrich Hoffmann, Albert Bormann, Adjutant Wünsche, Direktor Werlin (Daimler-Benz), Hausintendant Herr Kannenberg, Frl. Stock (Freundin von Eva Braun), Botschafter Hewel, General Schmundt, Marion Schönemann (Wiener Freundin von Eva Braun), Dr. Brandt.

Die Kinder des Reichsleiters Martin Bormann und des Prof. Albert Speer wünschen Hitler und Eva Braun (rechts neben Hitler) ein »Glückliches Neues Jahr« auf dem Obersalzberg am 1. Januar 1940. Rechts außen: Frau Speer.

Magda Goebbels, die Frau von Dr. Joseph Goebbels, in der Wohnung mit ihren Kindern. Rechts: Harald Quandt, ihr Sohn aus erster Ehe.

Hitler mit Eva Braun in Begleitung von SS-Führern vor dem Berghof auf dem Obersalzberg bei Berchtesgaden.

Auf der Hochzeitsfeier von Margarethe (Gretel) Braun mit dem SS-Gruppenführer und Ritterkreuzträger Fegelein, 1944 in Salzburg. Von links nach rechts: Heini Handschuhmacher, Eva Braun, Hermann Fegelein, Gretel Braun, SS-Kamerad von Fegelein.

Hochzeit des Ehepaars Schönemann (Freunde von Eva Braun).
Sitzend: Frau Schönemann, Herr Schönemann, Gretel Braun.
Stehend von links nach rechts: Heinrich Hoffmann, Frau Morell, Frau Hoffmann, Eva Braun, Frau Diesbach, und weitere Gäste (darunter Dr. Morell und Hitler).
Ganz rechts: Frau Almas-Dietrich (Kunsthändlerin).

Frau Bormann, die Frau des Reichsleiters Martin Bormann. Gemälde von Pitthan, ausgestellt in der Münchner Kunstausstellung 1940.

Siegfried Wagner mit Winifred Wagner in Bayreuth, etwa 1929.

Unity Mitford, eine englische junge Freundin Hitlers.

Hanna Reitsch, Flugkapitän und Testpilotin V I empfängt von Adolf
Hitler das EK 1. Klasse auf dem Berghof in Obersalzberg.

Hitler mit Eva Braun und der kleinen Uschi Schneider (Tochter von
Eva Brauns Freundin Hertha) im Jahre 1943.

später, noch an sie erinnert. Jetzt ist sie nicht in Comines. Er
fragt nicht weiter. Es ist nur eine Erinnerung ohne Bedeutung.

Es gibt eine Frau, die er näher gekannt hat: Héléna Leroy,
die in der Villa eines Dr. Capelle in Wavrin für die Offiziere
des Regiments List kochte.

Der Gefreite Hitler ist nicht weit von dort in der Fleischerei
Cardon (heute Coustenoble) in Fournes einquartiert. Jeden
Morgen kommt er mit dem Fahrrad nach Wavrin, um von
Hauptmann Wiedemann die Befehle zu empfangen, die er an
die Front bringen muß.

Er wartet in der Küche von Fräulein Leroy, die in einem
Seitengebäude der Villa liegt. Dann fährt er auf Befehl nach
Fromelles und kommt gegen Mittag zurück. Er ißt mit Fräulein Leroy und wartet dann den ganzen Nachmittag auf et-
waige neue, dringende Befehle. Abends kehrt er in sein Quartier zurück. Dieses Programm sollte sich zweiundzwanzig Monate lang, genau gesagt, vom 12. März 1915 bis zum 5. Oktober 1916 und vom 5. März bis zum 20. Mai 1917 im gleichblei-
benden Takt von zwölf Kampftagen und sechs Ruhetagen in
Haubourdin wiederholen. Während dieser Ruhezeiten wohnt
Hitler in der Fleischerei Duquesnoy an der Ecke Rue Pasteur
und Rue Carnot am Valmyplatz in Haubourdin. Wir haben
zwei von den Aquarellen gefunden, die er in Haubourdin,
zwei andere, die er in Fournes gemalt hat.

Wenn er sich von Wavrin nach Fromelles begab, kehrte er
auf dem Rückweg entweder im Café La Maladrerie in Herlies
oder im Café-tabac von Wavrin ein. Zeugen haben gesehen,
daß er dort ein Bier mit einem ortsüblichen Schnaps getrunken und mit den Gästen in einem korrekten Französisch gesprochen hat. Er half sich notfalls mit einem kleinen deutsch-
französischen Taschenwörterbuch, in dem er seltene Gräser
preßte.

Was konnte er Fräulein Leroy im Laufe der 440 Nachmit-
tage erzählen, die er mit ihr verbrachte? Dazu einige Bemerkungen voraus: Fräulein Leroy war 1888 geboren, also ein
Jahr älter als Hitler. Sie war hübsch und sehr aufrichtig, klug,

energisch und temperamentvoll, mit sicherem Gefühl in Dingen des Geschmacks. Und nun bringt Héléna Leroy am 22. Februar 1918, das heißt, 278 Tage nach dem Abmarsch des Regiments List, einen Sohn zur Welt – von einem unbekannten Vater. So wurde die Frage aufgeworfen, ob nicht Hitler dieser Vater gewesen sei.

Wir haben über diese Vermutung lange Untersuchungen durchgeführt. Wenn der Lohn Leroy auch einige Ähnlichkeiten mit Hitler aufzuweisen hat, etwa die Ohrläppchen, die Blutgruppe, den Klang der Stimme, die Haltung als Vierzigjähriger, so beweist doch nichts Hitlers Vaterschaft. Fräulein Leroy, die sich später verheiratete und 1963 starb, hat den Namen des Vaters niemals nennen wollen, aber ein Bekenntnis, das sie einer Freundin anvertraute, erlaubt uns anzunehmen, daß es sich um einen anderen bayerischen Soldaten, einen gewissen J. B. handelt, dessen Namen wir bis zu seinem Tode geheimhalten werden.

Noch ein Beweis: Am 21. Juni 1940, nach der Unterzeichnung des Waffenstillstandes von Rethondes (Wald von Compiègne), fährt Hitler nach Fournes und Wavrin, besichtigt sein altes Quartier, die Fleischerei Cardon, und hält sich eine Weile auf dem Friedhof von Fournes auf. In Wavrin besichtigt er das Schloß – wo er damals an jedem Sonntag die gesungene Messe besuchte – und die Kirche, wo er bedauerte, daß man den Säulengang nicht wiederhergestellt hatte. Aber es ist festzustellen: Er fragte nicht nach Fräulein Leroy.

Im Anschluß an unsere Nachforschungen scheint der deutsche Historiker Werner Maser, dessen Arbeiten über Hitler wir bewundern, sich bei der Suche nach Entdeckung eines anderen vermeintlichen Sohnes Hitlers auf einen Irrweg begeben zu haben. Es handelt sich um einen gewissen Jean Loret, den Sohn einer Charlotte Lobjoie und eines unbekannten Vaters.

Um seine Hypothese zu untermauern, muß Maser diese Charlotte im Gefolge des Meldegängers Hitler eine Entfernung von annähernd 100 Kilometern zurücklegen lassen. Ein

34

aufgefundenes Porträt von ihr soll diese Annahme bestätigen. Nach Angabe der Schwiegertochter des Dr. Capelle, Louise Duban, soll Hitler mit einer französischen Freundin in der Villa des Doktors gewohnt haben.

Das alles ist unwahrscheinlich. Nicht einmal in der italienischen Armee können die Soldaten sich von ihren Freundinnen begleiten lassen. Das Bild scheint trotz seiner Beurkundung durch die Galerie Sotheby kein Werk Hitlers zu sein. Und schließlich: Kann man sich vorstellen, daß ein einfacher Gefreiter im Hause seiner Stabsoffiziere mit seinem Liebchen schläft? Das bestreitet auch der bereits erwähnte Hauptmann Wiedemann, der ja in der Villa des Dr. Capelle wohnte.

Gewiß ist, daß diese Bayern bei der Bevölkerung der besetzten Gebiete recht beliebt waren. Diese Katholiken, Künstler, Musikfreunde waren freundliche Leute. »Alle Frauen und alle Mädchen weinten, als sie abzogen«, erzählt uns in seinem Dialekt ein Zeuge aus Comines.

Trotz der heftigen Zusammenstöße der ersten Tage und der Erschießung von Franktireurs ließen die jungen Mädchen sich von den Besatzern verführen. Wir schätzen die Kinder deutscher Väter, die von 1914 bis 1918 in Frankreich gezeugt wurden, auf etwa 20 000. Und da es damals nicht empfehlenswert war, davon zu sprechen, wegen der Kirche, des guten Rufes, der weiblichen Solidarität und des Ehrgefühls von Vätern und Ehemännern, ist diese Tatsache bis heute verborgen geblieben.

Kurz gesagt: Über Hitlers sexuelles Leben in der Zeit von 1914 bis 1918 gibt es nichts festzustellen. »Nur die Politik interessierte ihn, er sprach nur davon«, versichert uns ein ehemaliger Soldat des Regiments List.

Die mütterlichen Freundinnen

Als Hitler aus dem Krieg nach München zurückkommt, verkehrt er nach seinen eigenen Erklärungen vor allem mit »mütterlichen Freundinnen«, Freundinnen, die ihm beträchtliche Mittel zur Finanzierung seiner Arbeit bieten konnten.

Wir haben Elsa Bruckmann und Helene Bechstein erwähnt, aber es gab bis 1929 noch andere: Gertrud von Seydlitz, die reiche Besitzerin einer Papierfabrik in Finnland, Viktoria von Dirksen, eine reaktionäre Monarchistin, und Carola Hoffmann, die sechzigjährige, empfindsame Witwe eines Münchner Schuldirektors, deren Augen Hitler an seine Mutter erinnerten, und die glücklich war, seine Vorliebe für süßes Backwerk befriedigen zu können. Die einen und die anderen verschenkten ihre mütterliche Liebe und erfüllten so das, was Hitler suchte und was er offensichtlich vermißte. Hat er nicht in »Mein Kampf« zugegeben, daß er vor allem der Sohn seiner Mutter war?

Ab 1929 ändert sich alles. Er verkehrt mit Künstlern, die er bei Aufführungen trifft, denen er beiwohnt. Da ist zum Beispiel Sabine Offermann, eine Wagnersängerin in Bayreuth, die Wienerin Susi Liptauer in Berchtesgaden; da sind die Schwestern Inge und Lola Epp, Kabarett-Tänzerinnen, die sich ihr Brot als Aktmodelle in der Münchner Kunstakademie verdienen; da ist die Filmschauspielerin Gretl Theimer und 1930 Martha Mayerhans, eine Eiskunstläuferin, die im Prinzregentenstadion Triumphe feiert.

Es sind angenehme Begegnungen, Erinnerungen an einen schönen Abend; man tauscht Bilder und Autogramme, dann wird die junge Frau im Mercedes mit Fahrer nach Hause gebracht. Nichts anderes geschieht. Ob auf dem Obersalzberg oder am Prinzregentenplatz – zwei Erzengel, Angela Raubal und Anny Winter, wachen eifersüchtig über das Wohlverhalten ihres Chefs.

Eine Ausnahme muß vermerkt werden: Maria Reiter, Tochter eines der Gründer der Sozialdemokratischen Partei von

Berchtesgaden, hat 1927 versucht, sich aufzuhängen – wie sie versichert, wegen eines von Hitler verursachten Liebeskummers. Sie tröstet sich schnell, heiratet 1930 einen Innsbrucker Hotelier und übernimmt mit ihm die Direktion eines Hotels in Seefeld. Sie bleibt Hitler treu und sieht ihn 1933 und 1934 wieder. Die temperamentvolle junge Frau wird 1934 geschieden und heiratet den SS-Hauptsturmführer Kubisch, der im Frankreichfeldzug fällt. Nach 1945 verbringt sie ihren Lebensabend in der Gesellschaft von Hitlers Schwester Paula.

Die jungen Freundinnen von 1929 und Geli Raubals Tod

So entflieht Hitler ab 1929 den Armen seiner mütterlichen Freundinnen und beginnt, mit jungen Frauen zu verkehren. Und der Kalender zeigt, daß das mit dem Einzug von Geli Raubal in die Wohnung am Prinzregentenplatz zusammentrifft.

Hitler hatte Geli schon 1927 nach München kommen lassen. Putzi Hanfstaengl hatte ihre Mutter Angela, Hitlers Halbschwester und Witwe eines Steuerbeamten Raubal, in Wien augesucht, wo sie das jüdische Universitätsrestaurant leitete. Angela war sechs Jahre älter als Hitler und hatte ihn in seiner elternlosen Jugend sehr bemuttert. Sie lebte ziemlich ärmlich mit ihren beiden Töchtern. Die 19jährige Geli war eine heitere Blondine mit blauen Augen, dumm, aber leidenschaftlich, und Hitler hatte sich aus familiärer Solidarität entschlossen, sich um die Erziehung und Ausbildung dieser Nichte zu kümmern.

Er hatte für sie ein kleines Zimmer in der Nähe der Thierschstraße gemietet, und sie sollte angeblich an der Universität irgend etwas studieren. Da aber sein Fahrer versuchte, sie zu verführen, quartierte Hitler sie für einige Zeit bei den Bruckmanns ein. Als er dann umzog, nahm er sie mit und spielte die Rolle des väterlichen Beschützers.

Trotz der weitläufigen Verwandtschaft (Angela war nur

seine Halbschwester) haben die Beziehungen zwischen Hitler und Geli einen Beigeschmack von Blutschande, vor allem, wenn man den Stammbaum berücksichtigt, der aus zahlreichen Fällen von Blutsverwandtschaft besteht; in der bäuerlichen Umwelt ist die Blutschande noch heute nichts Außergewöhnliches. Man hat sich viel mit dieser Angelegenheit beschäftigt, Hitlers Feinde haben den schlimmsten Verdacht ausgesprochen, seine Freunde den Fall als bedeutungslos abgetan.

Versuchen wir, uns an die Aussagen unmittelbarer Zeugen zu halten.

»Er war in sie verliebt«, versichert Frau Winter, die die Wohnung betreute. »Er wollte nicht, daß sie so jung heiratete, und er wollte selbst nicht heiraten.«

»Vielleicht war Geli die einzige Frau«, meint Putzi Hanfstaengl, »die ihn hätte heilen und aus ihm einen halbwegs normalen Mann hätte machen können. Aber man wird es niemals mit Gewißheit sagen können.«

Alle Behauptungen über ein anormales oder sado-masochistisches Sexualverhalten Hitlers gegenüber seiner Nichte sind Gerüchte aus dritter Hand und daher mehr als unglaubwürdig.

Lassen wir noch einmal Hanfstaengl sprechen:

»Hitler verhielt sich wie ein verliebter Mann. Immer wieder schenkte er Geli neue und kostbare Kleider, die wahrscheinlich die Partei bezahlen mußte (man hat es ihm wenigstens oft genug vorgeworfen). In ihrer Gegenwart strahlte er wie ein Jüngling, der die ersten Liebesregungen verspürt. Sie besaß die etwas gewöhnliche Schönheit eines einfachen Bauernmädchens und schien vollkommen befriedigt zu sein, wenn sie in ihren neuen Toiletten glänzen konnte. Jedenfalls machte sie keinesfalls den Eindruck, daß sie die Gefühle Hitlers auch nur im geringsten erwiderte.«

Gelegentlich scheint unser Kunstmaler Aktbilder von Geli gezeichnet zu haben. Soll man annehmen, daß er auch das »Recht auf die erste Nacht« in Anspruch genommen hat, das einst den Gutsherren in jenen fröhlichen Landen zugestanden wurde? »Es war eine ganz andere Zeit als heute«, stellt Henriette von Schirach fest. »Der Onkel und die Nichte – nun, damals galt vieles als anstößig, was man heute duldet. Tatsächlich hat man nie etwas gewußt.«

Das alles fand ein dramatisches Ende. Am Donnerstag, dem 17. September 1931, verläßt Hitler am späten Nachmittag mit Hoffmann seine Wohnung. Als er in seinen Wagen steigen will, öffnet sich ein Fenster im zweiten Stock, und Geli fragt: »Onkel Adi, du willst mich also nicht nach Wien gehen lassen?« – »Nein.« Das hat Hoffmann gehört.

An diesem Abend wird das Oktoberfest eröffnet, und verschiedene Gruppen ziehen mit Musik über den Prinzregentenplatz. Geli verbringt den Abend mit Frau Schaub, die mit ihr ins Theater geht. Am nächsten Morgen klopft Frau Winter, wie jeden Tag, an Gelis Zimmertür, um ihr die Zeitungen zu bringen. Sie erhält keine Antwort. Die Tür ist abgeschlossen.

Nachdem Frau Winter Frau Schaub angerufen und sich vergewissert hat, daß Geli am Abend nach Hause gekommen ist, benachrichtigt sie ihren Mann. Die beiden brechen die Tür auf. Geli liegt auf dem Boden. Sie hält eine Schußwaffe in der Hand. Es ist Hitlers Revolver. Sie hat Selbstmord begangen. Frau Winter ruft den Vertrauten Rudolf Heß, der sofort kommt.

Es ist zehn Uhr. Hitler, der nach Hamburg unterwegs ist, hat in Nürnberg im Deutschen Hof übernachtet. Heß ruft dort an. Hitler ist gerade in Richtung Bayreuth abgefahren. Ein Pikkolo fährt sofort mit einer Taxe hinter dem Mercedes her. Er holt ihn bei Erlangen ein.

»Mein Herr, ein sehr dringender Anruf! Sie möchten sofort Herrn Heß in Ihrer Wohnung anrufen.«

Der Mercedes wendet. Hitler fährt zum Deutschen Haus zurück und ruft Heß an, der ihn über das Drama unterrichtet.

Hitler kehrt nach München zurück. An Gelis Selbstmord besteht kein Zweifel, aber schon versuchen Hitlers Gegner, die schlimmsten Gerüchte zu verbreiten.

Für Frau Winter bestand eine Spannung zwischen Hitler

und seiner Nichte, weil er nicht zulassen wollte, daß sie nach Wien zurückkehrte, um dort Gesangunterricht zu nehmen. Das ist ungefähr alles, was man weiß.

Hitler aber war tief erschüttert durch dieses Drama am Vorabend einer Präsidentenwahl von vielleicht entscheidender Bedeutung. Der bayerische Justizminister Dr. Gürtner und der Leiter der Kriminalpolizei Heinrich Müller, der später Chef der Gestapo werden sollte, verhinderten, daß der Fall zu einem Skandal wurde. Es gab keine Autopsie, und der Sarg wurde nach Wien überführt.

Hitler äußerte die Absicht, auf seine politische Tätigkeit zu verzichten. Er ließ Gelis Zimmer verschließen und nichts von ihren Sachen daraus entfernen. So geschah es, und bis zum Mai 1945 hat niemand dieses Zimmer betreten, mit Ausnahme von Frau Winter, die allwöchentlich Blumen brachte, und Hitler, der hier an jedem Weihnachtsabend nachdenklich verweilte, manchmal für mehrere Stunden.

Der Bildhauer Josef Thorak schuf später eine Büste von Geli, die in der Neuen Reichskanzlei aufgestellt wurde.

Ein Porträt von Geli, das der Maler Adolf Ziegler nach einer Fotografie ausgeführt hatte, war für den Berghof bestimmt. Als Hitler es zum ersten Mal sah, hatte er Tränen in den Augen. Ziegler verdankte seine Wahl in den Vorstand der Kunstakademie auch der Unterstützung Hitlers.

Heß, Göring und Gregor Strasser bemühten sich, Hitler wieder aufzurichten. Er verbrachte einige Tage der Erholung am Tegernsee in der Villa seines Druckers Müller.

Im Laufe des Oktobers hatte er sich wieder gefangen und stürzte sich mit einer Art von Besessenheit in den politischen Kampf. Man sah ihn in Hamburg, in Braunschweig und dann in Berlin, wo er am 11. Oktober 1931 zum ersten Mal von dem Reichspräsidenten Feldmarschall von Hindenburg empfangen wurde, dessen erste Amtsperiode sich ihrem Ende näherte. Unmittelbar danach wurde die »Harzburger Front« begründet, Hitlers Bündnis mit den Konservativen Schacht, Thyssen, Hugenberg und Seeckt, das für ihn ein entscheidender Schritt auf dem Wege zur Machtergreifung sein sollte. Am 18. Oktober führte Hitler seine Stärke vor, indem er auf dem Platz vor der Burg zu Braunschweig sechs Stunden lang mit erhobenem Arm den Vorbeimarsch einiger hunderttausend SA- und SS-Männer in Uniform abnahm, die in vierzig Sonderzügen eingetroffen waren.

In diesem Jahr gab es kein Weihnachtsfest auf dem Berghof. Es würde für Hitler überhaupt kein Weihnachtsfest mehr geben.

Eva Braun wußte nichts von Geli, sondern nur, daß es eine hübsche Nichte gab. Und Hitler hatte eine Vorliebe für Geheimhaltung. Zuverlässigkeit, Selbstverleugnung und Verschwiegenheit waren für ihn die wichtigsten Tugenden: »Wie oft«, meinte er im zweiten Band von »Mein Kampf«, »wurde im Kriege Klage darüber geführt, daß unser Volk so wenig *schweigen* könne! Wie schwer war es dadurch, selbst wichtige Geheimnisse der Kenntnis der Feinde zu entziehen! Allein man stelle sich doch die Frage: Was hat vor dem Kriege die deutsche Erziehung dafür getan, den einzelnen zur Verschwiegenheit zu bilden? Wurde nicht leider schon in der Schule der kleine *Angeber* manches Mal seinen verschwiegeneren Mitgefährten gegenüber vorgezogen? Wurde und wird nicht Angeberei als rühmliche ›Offenheit‹ und Verschwiegenheit als schmähliche Verstocktheit angesehen? Hat man sich überhaupt bemüht, Verschwiegenheit als männlich wertvolle Tugend hinzustellen? Nein, denn in den Augen unserer heutigen Schulerziehung sind das Lappalien. Allein diese Lappalien kosten den Staat ungezählte Millionen Gerichtskosten, denn neunzig Prozent aller Beleidigungs- und ähnlichen Prozesse entstanden nur aus Mangel an Verschwiegenheit. Verantwortungslos getane Äußerungen werden ebenso leichtsinnig weitergeratscht, unsere Volkswirtschaft wird ständig durch leichtfertige Preisgabe wichtiger Fabrikationsmethoden usw. geschädigt, ja sogar alle stillen Vorbereitungen einer Landesverteidigung werden illusorisch gemacht, da das Volk eben nicht schweigen gelernt hat, sondern alles weiterredet. Im Kriege aber kann diese Schwatzsucht bis zum Verlust von Schlachten führen und so wesentlich beitragen zum unglücklichen Ausgang des Kampfes. Man soll auch hier überzeugt sein, daß, was in der Jugend nicht geübt wurde, im Alter nicht gekonnt wird. Hierher gehört es auch, daß der Lehrer z. B. sich grundsätzlich nicht von dummen Jungenstreichen Kenntnis zu verschaffen sucht durch das Heranzüchten übler Angeberei. Die Jugend hat ihren Staat für sich, sie steht dem Erwachsenen in einer gewissen geschlossenen Solidarität gegenüber, und dies ist selbstverständlich. Die Bindung des Zehnjährigen zu seinem gleich alten Gefährten ist eine natürlichere und größere als die zu den Erwachsenen. Ein Junge, der seinen Kameraden angibt, übt *Verrat* und betätigt damit eine Gesinnung, die, schroff ausgedrückt und ins Große übertragen, der des Landesverräters genau entspricht. So ein Knabe kann keineswegs als ›braves, anständiges‹ Kind angesehen werden, sondern als ein Knabe von wenig wertvollen Charaktereigenschaften. Für den Lehrer mag es bequem sein, zur Erhöhung seiner Autorität sich derartiger Untugenden zu bedienen, allein in das jugendliche Herz wird damit der Keim einer Gesinnung gelegt, die sich später verhängnisvoll auswirken kann. Schon mehr als einmal ist aus einem kleinen Angeber ein großer Schuft geworden!«

Das Ehepaar Goebbels

Hitler sagte jeder Frau nur das, was sie wissen mußte. Später hat er durch den Führerbefehl Nr. 1 jede Weitergabe von Befehlen an dritte, nicht betroffene Personen verboten. Diesem Grundsatz blieb er auch gegenüber allen Frauen treu. Tatsächlich haben ja die Frauen in dieser Ausnutzung menschlicher Beziehungen die Männer schon längst und bei weitem übertroffen.

Wenn Hitler nach Berlin kam, wohnte er im *Hotel Kaiserhof* in der Wilhelmstraße, in dem die Partei das oberste Stockwerk für dauernd gemietet hatte, aber er war oft zu Besuch bei dem Ehepaar Goebbels. Der kleine Doktor war einer der wenigen Akademiker unter den führenden Parteileuten. Seit 1926 war er Gauleiter von Berlin, seit 1928 Reichspropagandaleiter der NSDAP und Reichstagsabgeordneter. Er verbrachte seine Mußestunden in einer vornehmen Wohnung am Reichskanzlerplatz mit einer jungen geschiedenen Frau, Magda Quandt, geb. Ritschel. Magda hatte sich Hitlers Sympathie erworben, indem sie ihm die vegetarischen Gerichte, die er bevorzugte, und die sie selbst gekocht hatte, in Thermosflaschen in den Kaiserhof schickte.

Magda war 1901 als Tochter des Ingenieurs Ritschel geboren worden, also elf Jahre älter als Eva Braun. Ihre Eltern wurden 1905 geschieden, und die Mutter heiratete den reichen jüdischen Lederhändler Friedländer. Als dieser aus beruflichen Gründen nach Brüssel übersiedelte, folgte sie ihm mit der Tochter in die belgische Hauptstadt.

So wurde Maria-Magdalena Anfang 1906 unter dem Namen ihres Stiefvaters als Magda Friedländer in dem Pensionat der Ursulinerinnen in Vilvoorde (Institut Virgo Fidelis) angemeldet. Im Juli 1914, während der Krise nach dem Attentat von Sarajewo, kehrten Mutter und Tochter nach Berlin zurück. Es sei daran erinnert, daß dieses Attentat zunächst eine heftige antiserbische Reaktion der öffentlichen Meinung, vor allem in Belgien, hervorgerufen hatte, und daß diese Stimmung sich dann von Tag zu Tag veränderte, bis sie schließlich im Laufe des Juli prorussisch und antideutsch geworden war.

»Ich erinnere mich sehr gut an Magda Friedländer«, sagt uns eine ihrer beiden Lehrerinnen im Pensionat, eine inzwischen 85jährige Nonne: »Sie war ein sehr intelligentes und lebhaftes Mädchen. Diese deutschen Schülerinnen waren meist Töchter von Kaufleuten. Viele von ihnen haben wir nach dem Ersten Weltkrieg wiedergesehen, aber Magda ist niemals zurückgekommen. Ich vermute, daß sie wohl einen deutschen Industriellen geheiratet hat.«

Ich widerspreche der Nonne nicht, die sich nur zur Hälfte

geirrt hat. Während Magdas Mutter sich zum zweiten Mal scheiden ließ, besuchte Magda ein Gymnasium in Berlin, wo sie 1919 ihr Abitur bestand. Die Mutter war so gut gestellt, daß sie ihre Tochter in dem vornehmen Pensionat Holzhausen in Goslar unterbringen konnte.

Magda verlebt ihre Ferien bei ihrer Mutter, und im Zuge nach Berlin lernt sie Ostern 1920 den Großindustriellen Günther Quandt kennen. Er ist 38 Jahre alt, verwitwet und Vater von zwei Kindern. Magda heiratet ihn im Januar 1921 in Bad Godesberg. Quandt hat den Übertritt des jungen Mädchens zum evangelischen Glauben verlangt und erreicht, so daß sie wahrscheinlich aus diesem Grunde niemals nach Vilvoorde zurückkehrte. Außerdem hat Quandt die Anerkennung ihrer Geburt durch den wirklichen Vater Oskar Ritschel gefordert, die am 15. Juli 1920 in Berlin standesamtlich registriert wurde.

Im November 1921 wird Magdas Sohn Harald Quandt geboren. Sie begleitet ihren Mann auf seinen Reisen, vor allem nach Südamerika, aber die Eheleute verstehen sich nicht und werden 1929 geschieden. Quandt überläßt seiner gewesenen Ehefrau eine große Wohnung am Reichskanzlerplatz 2 in Berlin und eine großzügige Monatsrente von 4000 Mark.

Magdas Salon wird zu einem gesellschaftlichen Treffpunkt, und sie kümmert sich ehrenamtlich um die offiziellen Beziehungen des Gaues Berlin der Nationalsozialistischen Partei. Gauleiter ist Joseph Goebbels, ein ehemaliger Jesuitenzögling, der antiklerikal geworden war. Täglich trifft sie Goebbels, und manchmal auch Hitler, der von dem Charme, der Eleganz und der Lebhaftigkeit der jungen Frau schnell gefesselt wird.

Nach Aussagen von Zeugen, besonders des Generals Otto Wagener, besteht kein Zweifel, daß Hitler für sie, ohne an eine Heirat zu denken, eine herzliche Freundschaft empfand, die ihre Zukunft bestimmen und dazu beitragen sollte, daß der kluge Goebbels sie heiratete.

General Wagener hat damals aufgezeichnet, was ihm Hitler erzählte:

»Ich glaubte, mit der Welt und mit menschlichen Beziehungen am Ende zu sein. Aber es sind nicht sogenannte irdische Kräfte, die mich bisher bewegt haben und noch beeinflussen. Es gibt da noch etwas anderes, das die Menschen zusammenführt und sie veranlaßt, sich gegenseitig zu beeinflussen . . . es muß noch etwas Übernatürliches geben, das in uns lebt. Vielleicht haben diejenigen recht, die es das Göttliche in uns nennen.

In meiner zärtlichen Freundschaft zu Geli habe ich das bei ihr gespürt, aber niemals bei einer anderen Frau. Seit ihrem Tod hat mir das gefehlt, und ich glaubte, diese Gefühle mit ihr begraben zu haben. Heute erfassen sie mich wieder auf eine ganz überraschende Art, aber mit großer Heftigkeit.

Diese Frau (Magda) könnte in meinem Leben eine große Rolle spielen, ohne daß ich mit ihr verheiratet wäre. Sie könnte in meiner Arbeit das weibliche Gegengewicht zu meinen ausschließlich männlichen Kräften bilden. Schade, daß sie nicht verheiratet ist.«

Hitler wird deutscher Staatsbürger

Hitler ist ständig mit dem Problem seiner deutschen Einbürgerung beschäftigt. Nun bietet sich eine Gelegenheit. Das Land Braunschweig hat in Berlin eine Gesandtschaft zur Vertretung seiner wirtschaftlichen Interessen. Die Einstellung als Regierungsrat in den Braunschweiger diplomatischen Dienst führt automatisch zum Besitz der deutschen Staatsangehörigkeit.

Magda wird von Goebbels beauftragt, die Kandidatur Hitlers für diesen Posten vorzuschlagen und zu unterstützen. Zu diesem Zweck fährt sie wiederholt nach Braunschweig und erreicht schließlich ihr Ziel.

General Wagener, der Magda nach Braunschweig begleitet, teilt ihr Hitlers Vorschläge mit: Warum übernimmt sie nicht die Rolle, die ihr geboten wird? Warum verheiratet sie sich nicht? Zum Beispiel mit Goebbels, der ihr eifrig den Hof macht?

Magda verspricht dem General, daß sie darüber nachdenken und ihn als ersten unterrichten wird. Zwei Wochen danach ist sie mit Goebbels offiziell verlobt. Einen Monat später, am 19. Dezember 1931, findet die Hochzeit auf dem Gut von Quandt in Severin statt, das 195 Kilometer von Berlin an der Strecke nach Rostock liegt.

Wenn man der Darstellung des Generals Wagener folgt, so müßte man annehmen, daß Frau Goebbels den Ehrgeiz hatte, die erste Dame des Dritten Reiches zu werden. Es wäre also eine Vernunftehe gewesen. Goebbels soll seiner Braut erklärt haben, daß er sich zu ehelicher Treue nicht verpflichten könne, und das würde die spätere Entwicklung verständlich machen.

Vor der Hochzeitsfeier hatte man ein Problem gelöst: Beide waren katholisch, aber sie war geschieden, und deshalb wurden sie beide evangelisch und verpflichteten sich, ihre Kinder in diesem Glauben zu erziehen. Trauzeugen waren General von Epp und Adolf Hitler, der Magdas Mutter, Frau Friedländer, am Arm führte. Aber diese entschloß sich nun auf Bitten ihres Schwiegersohnes, künftig nur noch ihren Mädchennamen Behrend zu führen.

Magda verlor ihre Monatsrente von 4000 Mark, aber Hitler erhöhte die Bezüge des Gauleiters Goebbels von 1000 auf 2000 Mark. So konnte das Ehepaar die Kosten für die Wohnung am Reichskanzlerplatz bestreiten, die bis zur Machtergreifung Hitlers privates Hauptquartier wurde.

Im Laufe dieses Winters waren Goebbels und Magda bemüht, Hitler von den Depressionen zu befreien, unter denen er seit dem Tode seiner Nichte litt, und das scheint ihnen auch gelungen zu sein. Das nächste Ziel war jetzt die Wahl des Reichspräsidenten am 13. März 1932. Deutschland zählte damals etwa 6 Millionen Arbeitslose, und die Zeit schien reif für den Griff nach der Macht. In der Parteiführung gingen die Meinungen über die einzunehmende Haltung auseinander.

46

Aber am 9. Februar 1932 verkündete Goebbels öffentlich: »Hitler muß kandidieren.«

Hanfstaengl contra Morell

Hitler war der Winkelzüge überdrüssig, selbst noch unentschlossen, und so zog er sich nach München zurück.

Ungefähr zu diesem Zeitpunkt kommt er wieder mit Eva Braun zusammen. Vielleicht am 6. Februar, Evas zwanzigstem Geburtstag, denn man muß annehmen, daß er daran gedacht hat. Seine Sekretärinnen sagen uns, daß er immer ein kleines Notizbuch in der Tasche hatte, in dem die Geburtstage seiner Freunde und Angestellten verzeichnet waren, und daß er niemals versäumte, sie mit einigen persönlichen Worten zu beglückwünschen.

Wir wissen, daß auch Hoffmann sich bemühte, Hitler von seinen Depressionen abzulenken. Er lud ihn mehrmals, zusammen mit Eva, in seine Wohnung ein. Mit ihr muß er über Geli gesprochen haben, denn sie bemühte sich, eine gewisse Ähnlichkeit mit dieser zu betonen und sich ihr auch in der Kleidung anzugleichen. Hitler ging mit ihr zum Essen in die Osteria Bavaria, dann ins Theater, und sie verbrachte eine Nacht in der Wohnung am Prinzregentenplatz. Mehr wissen wir nicht.

Eva gab sich ihm hin, weil sie ihn liebte und weil sie an die Gegenseitigkeit glaubte – das heißt an die Ehe. Und hier muß man sich vielleicht fragen, welche seelischen Triebkräfte das Verhalten dieser beiden Menschen wirklich bestimmten.

Hitler wird nur von einer Leidenschaft getrieben und zugleich verzehrt: Deutschland. Er ist kein Mann der Frauen. Die Tafel und die sexuellen Genüsse sind für ihn zweitrangig. Er ist autoritär und hart, er verlangt, daß man ihm nachgibt. Seine Aktivität steigert und beschleunigt sich in ständiger Bewegung.

Warum ist er mit 43 Jahren noch nicht verheiratet? Was

bedeuten seine halbherzigen Abenteuer ohne Zukunft? Das bleibt unklar, wenn ihn auch der Wille beherrscht, nur seine Sache zu heiraten: Deutschland. Auf Verdächtigungen durch seine Gegner (Otto Strasser, Hanfstaengl, Heiden, Lüdecke und andere) wollen wir nicht eingehen, auch nicht auf das, was die Propaganda daraus gemacht hat. Ein Buch von Dr. Walter C. Langer, »Psychoanalyse Adolf Hitlers«, enthält verführerische Erklärungen, aber so viele Irrtümer, und die Tendenz ist so offenkundig, daß die Schlußfolgerungen vollkommen unglaubwürdig sind.

Uns dagegen haben einige ganz einfache Tatsachen zu denken gegeben, die durch mehrere Zeugenaussagen belegt sind. Unter anderen erklärt Putzi Hanfstaengl: »Hitler hatte eine unüberwindliche Furcht vor dem Wasser. Er hatte sich immer geweigert, schwimmen zu lernen. Weder ich noch andere Angehörige seiner Umgebung können sich erinnern, ihn jemals im Badeanzug gesehen zu haben. Es wird berichtet – und das scheint authentisch zu sein –, seine ehemaligen Kriegskameraden hätten beim gemeinsamen Aufenthalt im Duschraum bemerkt, daß Hitlers Geschlechtsorgane etwas verkümmert gewesen seien. Das ist vielleicht der Grund, warum er sich in der Öffentlichkeit niemals anders als in voller Bekleidung zu zeigen wagte. Diese Haltung war meines Erachtens mit einer Frustration auf physischem Gebiet verbunden, die er durch eine Neigung zur Hemmungslosigkeit auf politischem Gebiet kompensierte. Seine Scheu vor Gewässern hat wahrscheinlich auch dazu beigetragen, daß er der Seestrategie und den Problemen des Meeres überhaupt vollkommen verständnislos gegenüberstand. Wenn ich heute zurückblicke, finde ich das alles bestätigt.«

Das erklärte Hanfstaengl im Jahre 1957. Die Sowjets haben aber im Jahre 1968 den Bericht des Gerichtsarztes Schkarawski bekanntgegeben, der 1945 die verkohlten Überreste Hitlers untersucht hatte. Danach hatte Hitler zwar nur einen Hoden, was man als Monorchismus bezeichnet, was aber, wie Professor Karajewski feststellte, keinesfalls ein normales Sexualleben verhindert. Könnte dieser Monorchismus durch eine Krankheit verursacht sein, zum Beispiel durch Syphilis, mit der sich Hitler in »Mein Kampf« beschäftigt? Der sowjetische Professor erwidert: »Zwischen diesen beiden Befunden gibt es keine Beziehung.«

Dr. Caenepeel, ein Arzt mit reichen Erfahrungen auf den Schlachtfeldern von Ypern, stellt eine andere Überlegung an: Als Hitler 1918 eine Gasvergiftung erlitt, versprühten die Engländer manchmal ein blasenziehendes Gas, das auf alle inneren Schleimhäute wirkte. Sollte Hitler, wie viele andere Opfer, auf diese Art verwundet worden sein?

Ein anderes Indiz könnte für diese Annahme sprechen. Als Hitler nach dem Attentat vom 20. Juli 1944 von seinen Ärzten behandelt wurde, empfahlen sie ihm Massagen. Er erklärte sich nur unter der Bedingung einverstanden, daß er während der Massage eine Unterhose anbehielt. Er lehnte jede Röntgenaufnahme ärgerlich ab und verbot seinen Schneidern, an ihm Maß zu nehmen. Für einen hochmütigen Mann wie ihn wäre die Entdeckung eines solchen Gebrechens, ob angeboren oder durch eine Verwundung erzeugt, sicher unerträglich gewesen.

Dagegen spricht die Erklärung von Dr. Morell, Hitlers Arzt von 1936 bis 1945, vor einer amerikanischen Untersuchungskommission, daß »Hitlers Sexualorgane normal waren«.

Wem soll man glauben? Dieser Klatschbase Hanfstaengl oder dem Scharlatan Morell?

Beschreibung von Eva Braun

Unsere Leser werden gemerkt haben, daß Hitler bis zum Jahre 1929 nur zu älteren Damen, seinen »mütterlichen Freundinnen«, Beziehungen unterhielt, dann aber zu jungen Mädchen wie Geli oder Eva.

Wir werden den Menschen Hitler vielleicht besser verstehen, wenn wir von einem physischen oder psychischen Komplex ausgehen, der ihn veranlaßte, zuerst die Älteren zu wählen, die alles verzeihen, und dann die Jungen, die nichts wissen und den Worten eines Kriegshelden gläubig lauschen.

Untersuchen wir jetzt den Charakter der Eva Braun.

Nach sorgfältiger Prüfung erkennen wir nachträglich eine gar nicht dynamische Frau; das zeigt auch ihre weder schwungvolle noch originelle, aber sehr gleichmäßige Schrift.

Morphologisch betrachtet, ist ihr Gesicht nicht besonders ausdrucksvoll, ein längliches, ovales Gesicht mit weichen Rundungen. Die Nase ist lang, ihre Haare sind dünn und nicht üppig. Die Haut ist sehr zart, blaß, fast durchsichtig, ihr Blick nicht faszinierend. Der Körper ist lang und wenig muskulös. Ihre Hände sind schmal und weich mit durchscheinenden Adern. Sie ist nicht aufregend, wenig aktiv, und sie lebt gern in einem begrenzten Kreis, an den sie sich schnell gewöhnt. Sie ist zurückhaltend, verschlossen, wenig mitteilsam. Eva Braun ist keine intellektuelle Frau, sie ist dazu bestimmt, übernommene Aufträge auszuführen, und sie findet Befriedigung im familiären und beruflichen Rahmen.

Tatsächlich ist sie eine sehr verschwiegene, introvertierte junge Frau mit ausgeglichener Stimmung und Abneigung gegen Veränderungen. Empfindlich bis zum Starrsinn ist sie bezüglich ihres guten Rufes und ihrer Grundsätze. Sexualität und Tafelfreuden interessieren sie wenig. Manchmal erlebt sie Zeiten der Melancholie und eigensinniger Verstocktheit.

Ihre größten Tugenden sind: Fügsamkeit, Verschwiegenheit, Aufrichtigkeit, Sparsamkeit und Sinn für Schönheit. Diese Eigenschaften waren dazu angetan, Hitler zu gefallen und seine Gefühle zu bestätigen. Er wußte aber nicht, daß Eva bei ihm die Kraft, die Spannung, den Schwung und die Anregung gefunden hatte, um bis an die Grenzen ihrer Persönlichkeit vorzustoßen und diese zu akzeptieren.

50

Bewerbung um das Amt des Reichspräsidenten

In diesem Jahre 1932 ist Hitler vom Wirbel um die Machtergreifung getrieben.

Eva bringt ihm Glück. Magda und Joseph Goebbels teilen ihm am 25. Februar mit, daß das Land Braunschweig ihn zum »Regierungsrat für kulturelle und topographische Angelegenheiten« ernannt und damit zum deutschen Staatsangehörigen gemacht hat. Man muß hinzufügen, daß der nationalsozialistische braunschweigische Innenminister Dietrich Klagges alle Hebel in Bewegung gesetzt hat, um diese Ernennung durchzudrücken.

Das ändert alles. Hitler ist wählbar geworden. Als Gegenkandidat von Hindenburg gewinnt er bei der Präsidentenwahl am 13. März mehr als 30 v. H. der Stimmen. Beim zweiten Wahlgang erreicht er 36,68 v. H. der Stimmen, das sind 13,4 Millionen gegen 19,4 Millionen für Hindenburg und 3,7 Millionen für den kommunistischen Parteiführer Thälmann. Das ist gewiß ein Triumph.

Die von allen gefürchtete Privatarmee der SA und SS wird zum Problem. Die Reichsregierung verbietet sie. Hitler läßt sie wissen, daß die NSDAP ihr jede Unterstützung verweigern wird, wenn das Verbot bestehen bleibt.

Man muß auf seine Bedingungen eingehen. Von Papen, der mit Hindenburg befreundet ist, bildet ein Minderheitskabinett, das Hitler gegen Aufhebung des SA- und SS-Verbotes tolerieren will. Aber die Ereignisse überstürzen sich. Papen ist gezwungen, den Reichstag aufzulösen, und das gibt Hitler die Möglichkeit, Deutschland wieder in Bewegung zu bringen.

Ab dem 15. Juli 1932 unternimmt er im Flugzeug eine zweiwöchige Reise durch das Reich und spricht in fünfzig Städten. Zum ersten Mal benutzt ein Politiker auf diese Art ein Flugzeug und führt einen so intensiven Wahlkampf. Bei der Wahl vom 31. Juli erhält er 36,8 v. H. der Stimmen, und die Nationalsozialistische Partei zieht mit 230 von 608 Abgeordneten in den Reichstag ein (bis dahin hatte sie 210 Sitze).

Am 13. August wird Hitler wieder vom Reichspräsidenten von Hindenburg empfangen. Es ist ein Gespräch mit tauben Ohren: Hitler beansprucht den Kanzlerposten, der Feldmarschall bietet ihm nur den Vizekanzler. Es ist eine Sackgasse. In einem allgemeinen Chaos wird der Reichstag wieder aufgelöst. Obwohl das Land müde geworden ist, muß wieder gekämpft werden. Hitler verwandelt sich abermals in den fliegenden Volkstribun.

Winifred Wagner

Man kann sich vorstellen, in welcher Spannung Hitler während dieser aufreibenden Monate lebte. Nach jeder übermäßigen Anstrengung mußten seine Freunde ihm helfen, drohende Depressionen zu überwinden.

Im Frühjahr hatte er mit Eva Braun mehrere Abende in seiner Wohnung am Prinzregentenplatz verbracht. Er liebte sie wohl, aber er dachte nicht daran, sich zu verheiraten: »Meine Ehefrau ist Deutschland.«

Eva war beharrlich, sie sagte nichts, aber sie gab ihr Ziel nicht auf: die Ehe mit ihm, früher oder später. Während seiner Reisen empfing Hitler Briefe von ihr. Man weiß nicht, ob und wie oft er sie beantwortete.

Wir wissen, daß es für Hitler in diesem Jahr harter Kämpfe zwei Häfen des Friedens gab: in Berlin die Wohnung des Ehepaars Goebbels, in Bayreuth das Haus der Familie Wagner. Es ist zu einfach, es mit Hitlers Vorliebe für Wagners Musik zu erklären. Bayreuth war die Residenz des großen Komponisten. Nach seinem Tod im Jahre 1883 führte seine Witwe Cosima (1837 bis 1930), die der stürmischen Liebe von Franz Liszt und Marie d'Agoult entstammte, sein Werk fort, indem sie bis 1905 die alljährlichen Festspiele leitete.

Wagners und Cosimas Sohn Siegfried nahm die Fackel auf und leitete die Festspiele von 1905 bis 1914. Er heiratete 1915 die Engländerin Winifred Klindworth, die er bei den Festspielen des Jahres 1914 kennengelernt hatte. Winifred war die Tochter des walisischen Schriftstellers John Williams, der 1898, ein Jahr nach ihrer Geburt, starb. Die Mutter, eine Schauspielerin, starb 1899. Die Waise wurde von dem Pianisten Klindworth, einem Liszt-Schüler, adoptiert, der in der Nähe von Berlin wohnte. Klindworth, einer der ersten Interpreten der »Walküre«, starb 1914.

Die Festspiele wurden 1924 wieder eröffnet und von Siegfried Wagner bis zu seinem Tod im Jahre 1930 geleitet. Hitler war zum ersten Mal 1923 nach Bayreuth gewallfahrtet und hatte sich sehr schnell mit Winifred angefreundet, die ihn dann im Landsberger Gefängnis besuchte. 1924 kam er wieder zu den Festspielen und versäumte bis 1940 kein einziges mehr.

Er half Winifred bei ihren Bemühungen um die Unterstützung offizieller Stellen, und sie stellte ihm ab 1931 die neben dem berühmten historischen Haus Wahnfried gelegene Villa ihres verstorbenen Mannes zur Verfügung.

Es war im Sommer 1932, auf dem Höhepunkt seines Kampfes um die Macht, als er zum ersten Mal die Villa Siegfrieds in Anspruch nahm. Die damals 39jährige Witwe Winifred ließ es sich nicht nehmen, ihn persönlich zu empfangen. Diese Freundschaft entwickelte sich zu einer sehr herzlichen Beziehung, und es ist schwer, die Grenze zwischen Hitlers Wiener Höflichkeit und Winifreds Eheplänen zu ziehen. Sie hatten vieles gemeinsam: die Verehrung für Wagner, die Erinnerung an die schwere Jugend eines Waisenkindes, die Freundschaft von Winifreds Schwager, des Historikers der Rassenlehre Houston Stewart Chamberlain, die Hoffnung auf ein deutsch-englisches Bündnis und schließlich große kulturelle und vaterländische Pläne.

Hitler bewunderte Winifred, eine neue Walküre mit üppigen Formen, die ihn »Wolf« nannte und deren Kinder ihn mit »Onkel Wolf« ansprachen. Winifred, die eine geschickte Unternehmerin war, wollte sich mit einem Mann von überdurchschnittlichem Format verheiraten. Daraus wurde nichts. Und wenn man nicht gewissen Gerüchtemachern glauben will, die durch die Schlüssellöcher sehen, dann muß man annehmen, daß es bei rein freundschaftlichen Beziehungen blieb. Noch jetzt, im Jahre 1978, bewahrt Winifred Hitler eine unerschütterliche Treue.

Es gab noch eine Nebenwirkung: Hitlers Freunde, die nur ungern sahen, daß ihr Chef nach der Affäre Geli mit dieser jungen Eva ein Verhältnis anknüpfte, freuten sich auf eine mögliche Ehe Hitler-Wagner, die vom Standpunkt der Propaganda reichen Gewinn versprach. Daß gute Freunde Eva darüber unterrichteten, soll nicht verschwiegen werden.

Leni Riefenstahl und Gretl Slezak

In Berlin hätte Magda Goebbels auch gewollt, daß Hitler sich verheiratete.

Nicht alle Abende konnten der Partei gewidmet sein. Oft wurden die nächsten Kameraden eingeladen: Göring, seit August 1932 Reichstagspräsident, der SA-Chef Röhm, der SS-Führer Himmler, Sepp Dietrich und andere.

Goebbels und seine Frau sind glücklich. Am 1. September 1932 ist ihr erstes Kind geboren worden. Und noch wenige Tage vor Magdas Entbindung dehnen sich die Abende bis zum Morgengrauen aus. Sie sind ausgefüllt mit endlosen Monologen Hitlers, der immer wieder die gleichen Gedanken entwickkelt, die ihn damals beherrschen: die Macht nur auf legalem Wege erobern; trotz der Schulden der Partei (8 Millionen Reichsmark) bis zum Siege durchhalten; wenn die Partei ihn im Stich ließe, würde er sich erschießen, usw.

Um ihn trotz allem abzulenken, spielt Hanfstaengl Wagner-Melodien auf dem Klavier, und Goebbels schaltet seinen Plattenspieler oder Rundfunkmusik ein. Manchmal sind auch hübsche Frauen unter den Gästen – an einem Abend die Schauspielerin Leni Riefenstahl, an einem anderen die Operettensängerin Gretl Slezak.

»Leni Riefenstahl«, berichtet Hanfstaengl, »war eine sehr

verführerische und sehr dynamische Frau. Es fiel ihr nicht schwer, Hitler und Goebbels zu überreden, den Abend bei ihr zu beenden. Ich wurde eingeladen, mich ihrer kleinen Gruppe anzuschließen. Ihr mit viel Geschmack eingerichtetes Studio war trotz riesiger Spiegel recht gemütlich. Ich setzte mich an ein Klavier, während Goebbels und Magda in der Absicht, Hitler freie Bahn zu lassen, sich auf das Klavier stützten und eine lebhafte Unterhaltung begannen. Der dadurch sich selbst überlassene Hitler war offensichtlich bestürzt. Ich beobachtete ihn unauffällig. Er schien sich ganz auf die Betrachtung der Bücher ihrer Bibliothek zu konzentrieren. Aber Leni Riefenstahl war offenbar zu einem großen Spiel entschlossen: Sie begann, zu meiner Musik zu tanzen, und jedesmal, wenn Hitler sich umdrehte, befand sie sich wie durch Zufall neben ihm und warf ihm zwischen zwei Tanzfiguren vielsagende Blicke zu. Ich konnte mir über diese kaum verhüllte Annäherung das Lachen nicht verbeißen und zwinkerte dem Ehepaar Goebbels zu; es sollte bedeuten: ›Ich lasse mich aufhängen, wenn die Riefenstahl ihr Ziel nicht erreicht. Wir können nur noch diskret verschwinden.‹ Wir zogen uns also zurück und ließen Hitler unter Mißachtung der zu seiner Sicherheit vorgesehenen Maßnahmen mit Leni Riefenstahl allein. Aber wir sollten wieder einmal grausam enttäuscht werden. Zwei oder drei Tage später benutzte ich dasselbe Flugzeug wie die Riefenstahl und fragte sie, wie der Abend ausgegangen sei. Die einzige Antwort der schönen Schauspielerin war ein bezeichnendes Achselzucken. Aber sie hatte auf Hitler doch einen starken Eindruck gemacht.«

Mit Gretl Slezak, der Tochter des berühmten Wiener Operntenors, spielte sich – auch nach der Aussage der Klatschbase Hanfstaengl – ungefähr das gleiche ab: »Diese temperamentvolle Blondine spielte, obwohl sie damals immerhin siebenundzwanzig oder achtundzwanzig Jahre alt war, die kindliche Naive und stellte Hitler märchenhaft dumme Fragen: Wofür er sich eigentlich einsetze? Ob er wirklich die Absicht habe, den Juden ›Schwierigkeiten‹ zu bereiten? usw.

(Diese letzte Frage war übrigens weniger abwegig, als es schien, denn Gretl hatte eine jüdische Großmutter.) Hitler, der für die Reize der Hübschen sehr empfänglich war, wich diesen Fragen amüsiert aus, indem er ihr empfahl, sich darüber keine Gedanken zu machen. Man wolle doch einen angenehmen Abend verbringen. Goebbels schaltete nun seine Rundfunkübertragung ab und schob mich ans Klavier. Ich hatte das Gefühl, zum Klavierspieler eines Absteigequartiers degradiert zu sein, der die Kunden durch zarte Musik zerstreuen muß. Ich spielte trotzdem, weil ich glaubte, damit der guten Sache zu dienen. Hitler und Gretl hatten sich in einen Nebensalon zurückgezogen, den das Ehepaar Goebbels vorsorglich im Dämmerlicht gelassen hatte. Ich schloß daraus, daß sich alles bestens anließ, und setzte mein gedämpftes Spiel fort, von dem Wunsch erfüllt, daß diese Annäherungsmanöver das Vorspiel zu einem Liebesidyll sein möchten. Ungefähr eine Dreiviertelstunde später verabschiedeten wir uns von unseren Gastgebern (Brückner und seine Schutztruppe kamen natürlich mit uns mit) und fuhren in Richtung Kaiserhof. Es war ungefähr ein Uhr früh. Unterwegs erklärte uns Hitler, daß er Gretl nach Hause begleiten wolle. ›Wenn es ihr gelingt, aus ihm einen halbwegs normalen Mann zu machen, können wir uns bei ihr bedanken‹, dachte ich. Nachdem das Paar fortgefahren war, tranken wir im Hotel noch ein letztes Glas, um das schlechte Gewissen zu beruhigen, das uns bedrückte, weil wir Hitler ohne Wache gelassen hatten. Als ich dann auf mein Zimmer ging, das neben Hitlers lag, stellte ich befriedigt fest, daß unter den vor den Türen aufgereihten Schuhen nur Hitlers Stiefel fehlten. Ich glaube, daß er in dieser Nacht tatsächlich sehr spät nach Hause kam; aber am nächsten Morgen ließ nichts in seinem Verhalten erkennen, ob etwas geschehen war oder nicht.

Gretl Slezak bewegte sich weiter in der Nähe unserer Gruppe, und ich lernte sie schließlich recht gut kennen. Eines Tages, als sie in mitteilsamer Stimmung war, erlaubte ich mir, eine indiskrete Frage bezüglich ihrer Beziehungen zu Hitler an sie zu richten. Statt einer Antwort hob sie nur die Augen zum Himmel und zuckte mit den Schultern. Diese Geste sagte mir mehr als eine lange Erklärung.«

Dazu ist noch festzustellen, daß Hitler gegen Ende Dezember 1932 von Gretl Slezak ein Bild mit folgender Widmung erhielt: »Meinem lieben und guten Freund Adolf Hitler ein zärtlicher Weihnachtskuß, 24. Dezember 1932.«

Das ist alles.

Eva hat offenbar bei Hoffmann verschiedene Fotos gesehen, auf denen er von jungen Frauen – eine hübscher als die andere – umgeben ist, und Henriette Hoffmann scheint sie mit einem gewissen boshaften Vergnügen darauf aufmerksam gemacht zu haben.

Evas Selbstmordversuch

Seit Wochen hatte Eva Nachrichten von Hitler nur durch die Zeitungen.

»Eva hatte keine unmittelbare Verbindung zu Hitler«, sagt Ilse Braun. »Alles lief stets über den Adjutanten Schaub oder über Hoffmann. Sie beförderten die Briefe, und es kam vor, daß ein Brief in der Tasche des einen oder anderen hängenblieb.

Ein Brief blieb unbeantwortet, und sie zog daraus ihre Folgerungen. Es war Allerheiligen, Dienstag, der 1. November 1932. Meine Eltern waren auf dem Friedhof von Geiselhöring in der Oberpfalz, und ich hatte Nachtwache bei meinem Arzt.

Eva schoß sich mit meines Vaters Revolver, der im Nachttisch lag, eine Kugel in den Hals, dicht an der Schlagader. Dann stieg sie noch in den oberen Stock und rief den Arzt Dr. Plate, Hoffmanns Schwager, an. Der Arzt kam und ließ sie ins Krankenhaus bringen.

Hitler schickte ihr Blumen ins Krankenhaus, hat sie aber nicht einmal besucht. Er schickte seine Adjutanten und ließ sich von ihnen über ihr Befinden berichten.«

Warum unternahm sie diesen Selbstmordversuch? Wollte sie ein Ende machen, war es Verzweiflung?

»Sie wollte vielleicht seine Aufmerksamkeit auf sich lenken«, meint Frau von Schirach. »Und dann war es erledigt. Man sprach nicht mehr darüber, aber vielleicht hat es Hitler veranlaßt, seine Beziehungen mit ihr fortzusetzen. Er wollte nicht, daß eine Frau sich seinetwegen umbringt. Das ärgerte ihn, es störte ihn ...«

Eva wußte, daß er manchmal auf den Berghof fuhr, ohne sie zu benachrichtigen oder einzuladen. Vielleicht hatte sie sich darüber geärgert. Vielleicht wußte sie nicht, warum er sich so verhielt. Frau Raubal, Gelis Mutter, führte den Haushalt auf dem Berghof, und Hitler wollte ein Zusammentreffen der beiden Frauen vermeiden.

Daß Eva Hoffmanns Schwager als Arzt wählte, über den Hitler schnell alles erfuhr, könnte vielleicht für eine Simulation sprechen. Sie hätte sich ja an den nächsten Arzt wenden können. Wenn sie aber nur Aufmerksamkeit erregen wollte, so hat sie immerhin sehr viel riskiert. Wer kann schon wissen, was junge Mädchen denken? Wir wissen es jedenfalls nicht. Aber sie hatte Glück. Die Verletzung hinterließ keine Spuren.

Das unheilvolle Jahr 1932

Für Hitler war dieses Jahr 1932 wirklich unheilvoll. Nach Geli hatte nun auch Eva zum Revolver gegriffen. Und dann kam eine schlechte Nachricht nach der anderen. Vier Tage nach dem Vorfall mit Eva, am 6. November, erlebte die NSDAP bei neuen Reichstagswahlen einen spürbaren Rückschlag: sie erreichte nur 31,1 v. H. der Stimmen gegenüber 38,3 im Juli. Zwei Millionen Wähler waren abgesprungen. Die Partei bildete zwar immer noch die stärkste Fraktion im Parlament, und Göring blieb Reichstagspräsident, aber die Lage war aussichtslos.

Die Radikalen um Goebbels schlugen einen Gewaltstreich

vor, die Sozialisten um Gregor Strasser eine neue Oppositionstaktik. Jedenfalls waren die Parteikassen leer.

Man mußte die Partei reorganisieren – Hitler unternahm es mit Goebbels und Dr. Ley – und eine neue Taktik ausarbeiten. Hitler wollte auf dem Berghof darüber nachdenken.

Am 23. Dezember wird Magda plötzlich krank. Man muß sie in eine Klinik bringen. Goebbels schreibt in sein Tagebuch: »Das Jahr 1932 war ein Jahr unaufhörlichen Mißgeschicks. Man muß es begraben. Draußen, auf den Straßen, herrscht weihnachtlicher Frieden. Ich bin allein zu Hause und denke über viele Dinge nach. Die Vergangenheit war schwierig, die Zukunft ist dunkel und verhangen; alle Aussichten und Hoffnungen sind vollkommen geschwunden.«

Nach einem Besuch bei Magda fährt Goebbels am 25. Dezember abends zu Hitler nach Berchtesgaden. Magda soll zu Silvester nachkommen. Am 30. Dezember kommt ein Anruf aus Berlin: Magda geht es schlecht. Goebbels versucht zurückzurufen. Es ist vergeblich – Schneefälle haben die Leitung unterbrochen. Ein Flugzeug kann nicht starten, und so fährt er mit der Bahn, aber die Fahrt nach Berlin dauert 36 Stunden. Auf dieser langen Bahnfahrt wird dem Paulus Joseph Goebbels eine Erleuchtung zuteil: Man muß die Entscheidungsschlacht bei einer Regionalwahl schlagen, die am 15. Januar 1933 in Lippe stattfindet, dem kleinsten deutschen Land mit 16 unbedeutenden Städten. Wenn man hier einen glänzenden psychologischen Erfolg erzielt, ist es möglich, das Kabinett Schleicher zu stürzen und das Spiel mit neuen Karten fortsetzen.

Am 1. Januar 1933 kommt Hitler aus seinem Schlupfwinkel hervor. An diesem Tage haben sich folgende Personen in Hanfstaengls Gästebuch eingetragen: Heinrich Hoffmann, seine künftige zweite Frau Erna Gröbke (die erste war 1928 gestorben), Rudolf Heß mit seiner Frau Ilse, Adolf Hitler und . . . Eva Braun.

»Sie waren alle gekommen«, erzählt Putzi, »um nach einer Aufführung der ›Meistersinger‹ im Hoftheater bei mir noch einen Kaffee zu trinken. Vielleicht hatten wir zuvor noch im Hotel Vierjahreszeiten zu Abend gegessen. Ich traf Eva Braun nicht zum ersten Mal; schon einige Monate zuvor war sie mir im Fotogeschäft Heinrich Hoffmann aufgefallen, wo sie arbeitete. Sie war eine gutaussehende Blondine mit blauen Augen, schüchtern und zurückhaltend, und sie gehörte zu den Frauen, die immer schutz- und hilfebedürftig zu sein scheinen. Ihre strahlende Liebenswürdigkeit war Ausdruck eines freundlichen Charakters.« So zeigte Hitler seine Eroberung Eva Braun allmählich seinen Freunden und der Münchner Öffentlichkeit.

Am 2. Januar 1933 verläßt er München schon zu früher Morgenstunde. Er begibt sich nach Köln, wo er bei dem Bankier von Schroeder mit Papen zusammentrifft und sich mit ihm verbündet, um Schleicher zu stürzen. Dann bezieht er wieder sein Hauptquartier im Berliner Kaiserhof. Er besucht Magda, und man sagt ihm, daß ihr Zustand hoffnungslos sei, aber er hütet sich, mit Goebbels darüber zu sprechen, der durch den Wahlkampf in Lippe voll beansprucht ist. Von Stadt zu Stadt, von einem Versammlungslokal zum anderen wird dieser Kampf geführt. Göring, Goebbels und Hitler sind die Hauptredner, und dieser Großeinsatz macht sich bezahlt: Am 15. Januar erhält die NSDAP 40 v. H. der Stimmen und 9 von 21 Sitzen im lippischen Landtag. Die von Goebbels gut vorbereitete Auswirkung ist beträchtlich.

Der Wind ist umgeschlagen. An diesem 15. Januar 1933 hat auch Magda die Krise überstanden und ist außer Gefahr. Hitler kann nun Goebbels die Wahrheit sagen. Am 22. Januar organisiert Papen in Ribbentrops Wohnung eine Aussprache zwischen Hindenburgs Sohn und Hitler mit dem Ergebnis, daß die Umgebung des alten Präsidenten für Hitler gewonnen wird. Sechs Tage danach ist Schleicher isoliert und tritt zurück. Am 30. Januar wird Hitler zum Reichskanzler ernannt.

In München hat sich Eva Braun von ihrer Verletzung erholt und verfolgt die Ereignisse durch die Zeitungen. Ihre Schwestern sprechen mit ihr über Hitlers wachsenden Erfolg.

»Aber als Hitler Reichskanzler wurde«, erklärt Ilse, »war sie sehr traurig. Wiederholt sagte sie uns: ›Was habe ich davon, wenn er Reichskanzler ist? Ich werde ihn noch weniger sehen.‹« Daß sie nicht an persönliche Vorteile dachte, muß Eva Braun hoch angerechnet werden.

Die Entscheidung

Eva täuschte sich. Vielleicht soll man daran erinnern, daß sie Oscar Wilde liebte. Sie las nicht viel, aber in diesem Schriftsteller fand sie sich selbst wieder; er war für sie gewissermaßen ein Spiegel, so wie Schopenhauer für Hitler.

Eine grüblerische Schwärmerei, der Sinn für Humor und für das Paradoxe – diese Eigenschaften verbanden Eva Braun mit Wilde:

– Man kann einen Mann nach dem Einfluß beurteilen, den er auf seine Freunde ausübt.

– Eine Sache braucht nicht richtig zu sein, weil ein Mann dafür stirbt.

– Eine Frau wehrt sich anfangs gegen die Annäherungsversuche eines Mannes; dann hält sie ihn fest, wenn er sie verlassen will.

– In dieser Welt gibt es nur zwei Tragödien: die erste besteht darin, daß man nicht erhält, was man sich wünscht – die zweite, daß man es erhält. Die zweite ist die viel schlimmere.

Humor, gute Laune, kurzfristiger Optimismus, langfristiger Pessimismus – das sind die Begriffe von Wilde, die auch für Eva Braun bestimmend sein sollten.

Hitler Reichskanzler

Wir wissen nichts über ihre erste Begegnung mit Hitler nach seiner Ernennung zum Reichskanzler. Zweifellos wurde sein Privatleben wesentlich verändert.

Bei Neuwahlen nach dem Reichstagsbrand erhält die

NSDAP am 5. März 1933 43,9 v. H. der Stimmen. Am 20. Juli 1933 wird ein Konkordat mit dem Heiligen Stuhl unterzeichnet. Am 30. Juni 1934 wird Röhm mit einer Anzahl hoher SA-Führer beseitigt. Am 2. August 1934 stirbt Hindenburg, und Hitler übernimmt als Führer und Reichskanzler auch das Amt des Reichspräsidenten. Am 19. August wird er durch eine Volksabstimmung mit 90 v. H. der abgegebenen Stimmen bestätigt.

Man kann sich vorstellen, daß Hitlers Tage reichlich ausgefüllt waren. Die Prüfung der allabendlich in der Reichskanzlei aufgestellten Tagespläne läßt erkennen, daß darin für ein Privatleben kein Platz mehr war.

Wenn er es ermöglichen kann, entflieht er diesem Wirbel und gönnt sich etwas Erholung auf dem Berghof, wo Eva Braun jetzt Zutritt hat. »Wenn Hitler in sein Landhaus fuhr«, berichtet Henriette von Schirach, »waren es immer zwei oder drei Wagen, denn er pflegte viele Freunde mitzunehmen. Er liebte es, Gesellschaft zu haben. Eva kam natürlich auch, aber es blieb unbemerkt.«

Man mußte immer den Vorwürfen der Frau Raubal ausweichen. Aber diese hatte Eva bald entdeckt und versäumte keine Gelegenheit, sie zu schikanieren, wenn Hitler nicht zugegen war. Eva erträgt dieses Spiel zwei Jahre lang, ohne sich zu wehren oder zu beklagen. Hitler, der durch seine amtlichen Aufgaben voll in Anspruch genommen ist, merkt nichts davon. Durch eine Art von Verschwörung beginnt seine Umgebung damit, einen Teil der Wahrheit vor ihm zu verbergen.

Hermann Göring und Emmy Sonnemann

In dem 1933 gebildeten Reichskabinett befanden sich unter elf Ministern nur drei Nationalsozialisten: Göring als Reichsminister ohne Geschäftsbereich und gleichzeitig preußischer Innenminister, Frick als Reichsinnenminister und ab März 1933 Goebbels als Reichspropagandaminister.

Göring, der so zum zweiten Mann des Reiches wurde, ist eine erstaunliche Persönlichkeit. Als Sohn eines ehemaligen Gouverneurs der deutschen Kolonie Südwestafrika und späteren Generalkonsuls in Haiti wurde er am 12. Januar 1893 in Rosenheim geboren.

Seine Eltern lebten von 1898 bis 1913 im Schloß Veldenstein und im Sommer in dem österreichischen Schloß Mauterdorf, dem Besitz eines jüdischen Freundes, des Oberstabsarztes Hermann Epstein, der sein Vermögen mit den Diamanten von Südwestafrika gemacht hatte. Dieser Herr war so reich, daß er es sich leisten konnte, den Titel eines »Ritters von« zu erwerben und damit in den Adelsstand aufzusteigen. Das am 29. November 1897 erworbene Schloß Veldenstein verschlang bis 1914 eine Million Mark für Renovierungskosten. Der Ritter von Epstein interessierte sich auch für den Charme von Görings Mutter, die mit ihm im ersten Stock des Schlosses wohnte, während der Gouverneur in das Erdgeschoß verbannt wurde. Der kleine Hermann erlebte diese Posse bis zu seinem zwanzigsten Lebensjahr, und er hat gewiß nicht immer darüber gelacht.

Der Veldensteiner Wald, der das Schloß umgibt, ist heute Naturschutzgebiet. Er hat einen reichen Wildbestand, und man kann verstehen, daß in dem jungen Göring die Liebe zur Natur und zu den Tieren frühzeitig erwachte und daß er später den Wald und die Jagd liebte. So lebte der junge Göring in einem Schloß, vollkommen ungezwungen, zwischen einem gehörnten Vater und einem triumphierenden Emporkömmling als Hauswirt. Es war gewiß kein besonders guter Scherz, als Epstein sich im Alter von 74 Jahren entschloß, eine um vierzig Jahre jüngere Frau zu heiraten und die Görings fortzuschicken. Es ist ein Wunder, daß Hermann dadurch nicht zum Judenhasser wurde.

Im Ersten Weltkrieg glänzte er als erfolgreicher Jagdflieger. Nach 21 Luftsiegen wurde er am 3. Juli 1918 der dritte und letzte Kommandeur des berühmten Richthofen-Geschwaders. Nach Kriegsende fiel es ihm schwer, sich den neuen Verhältnissen anzupassen. Dann lernte er in München Hitler kennen. Am 9. November 1923 nahm er an dem berühmten Putsch teil, der im Feuer der Landespolizei zusammenbrach. Die Polizisten, die befürchten mußten, von dieser entschlossenen Masse überrannt zu werden, an deren Spitze der General Ludendorff marschierte, schossen zunächst auf den Boden. Göring wurde durch zwei Abpraller in der Leistengegend verletzt. Kameraden brachten ihn in ein Versteck, wo er aber nicht richtig behandelt werden konnte, so daß seine Wunden sich entzündeten. Dann gelang es seiner Frau Karin, geborene von Fook, einer fünf Jahre älteren geschiedenen schwedischen Aristokratin, ihn über die Grenze nach Österreich in ein Innsbrucker Krankenhaus zu bringen. Dort mußte man seine Schmerzen mit Morphium betäuben. Göring wurde geheilt und flüchtete nach Schweden. Aber wenn seine Schmerzen wiederkehrten, griff er zum Morphium, und das sollte sich auf seine Gesundheit verheerend auswirken.

Die Stockholmer Polizei besitzt noch eine Akte Göring, in der festgehalten ist, daß er ab 1925 heftige Anfälle hatte, wenn man ihm das Morphium verweigerte. Das wurde so schlimm, daß er am 1. September 1925 für einige Wochen in die Entwöhnungsanstalt von Langbro eingewiesen werden mußte. Dort wurde er entwöhnt, aber das hinderte ihn nicht, von Zeit zu Zeit wieder zur Morphiumspritze zu greifen, und zwar bis 1945. Alljährlich machte er eine Entziehungskur in der Kölner Klinik von Professor Kahle.

Die Spezialisten, die ihn behandelt haben, versichern, daß dieses Morphium die Ursache einer überstarken Drüsenfunktion mit Schweißausbrüchen, seiner Fettleibigkeit und schließlich auch seiner Kraftmeierei und seiner krankhaften Eitelkeit gewesen ist.

Karin war am 17. Oktober 1931 an Schwindsucht gestorben, als Görings politischer Aufstieg gerade begann. Im August 1932 wurde er zum Reichstagspräsidenten gewählt, im Januar 1933 zum Reichsminister und preußischen Innenminister ernannt. Im April 1933 wird er preußischer Ministerpräsident und Reichsluftfahrtminister; er bleibt es zwölf Jahre lang bis zum 24. April 1945.

Im Verlaufe dieses Aufstieges überrascht uns ein kleines Zwischenspiel. Als er am 1. August 1932 das Amt des Reichstagspräsidenten antritt, ist seine erste Handlung die Absendung eines Briefes: Auf seinen neuen Präsidialbogen schreibt er nur: »Ich liebe Dich!« Wer ist die Glückliche, die er erwählt hat? Es ist eine Hamburger Schauspielerin, Emmy Sonnemann, die er auf einer seiner Wahlreisen im Jahre 1931 in Weimar kennengelernt hatte. Emmy war geschieden, und sie gefiel Göring sofort, als er sie als Witwer im Frühjahr 1932 wiedersah.

Göring hatte seine Frau, Emmy ihre Mutter verloren, und beide sprachen bewegt von ihren teuren Verblichenen. Die mütterliche Art der 1,77 m großen, üppigen Emmy ergriff Göring, diesen »Soldaten mit dem Kinderherzen«, wie ihn Goebbels damals nannte. Der Reichstagspräsident Göring stellte sie Hitler vor, den sie im Herbst 1932 wie folgt beschrieb:

»Er war sehr humorvoll und heiter. Man merkte nichts von der politischen Spannung seines Ringens um die Macht. Seine Augen hatten keinen fanatischen oder dämonischen Ausdruck. Er fiel mehr auf als ein gewöhnlicher Mensch, weil aus allem, was er sagte oder tat, eine seltsame Kraft ausstrahlte. Aber von Besessenheit konnte man nicht sprechen. Er wußte, was er wollte, und er war sicher, daß er es erreichen würde. Er war davon durchdrungen, daß man von seiner Person und der Überzeugung, die er vertrat, die Rettung Deutschlands erwartete.«

Der Flirt des Präsidenten mit der Schauspielerin nahm nun burleske Formen an. Als Göring eines Abends Emmy in Berlin empfangen hatte, brachte er sie zur Bahn. »Und«, so erzählt sie, »er hielt meine Hand fest, bis der Zug sich in Bewegung setzte, ließ mich nicht los und lief neben dem Waggon her. Dann entschloß er sich plötzlich, sprang auf das Trittbrett und fuhr mit mir bis Weimar, ohne Hut und Mantel an diesem kalten Apriltag des Jahres 1932. Wir trafen uns so oft wie möglich. Hermann unternahm in seinem Wagen gefährliche Nachtfahrten zwischen Berlin und Weimar (276 km). Ich selbst fuhr gleich nach der Vorstellung mit dem Zuge nach Berlin und kam erst am späten Nachmittag des folgenden Tages zurück, gerade noch rechtzeitig, um mich ins Theater zu begeben. So besuchten wir uns gegenseitig.«

Sie half Göring, sein Arbeitszimmer im Reichstag mit einigen Familienstücken auszustatten, auf die er besonderen Wert legte. Aber am 28. Februar 1933 brannte der Reichstag ab. Emmy kann sich noch nach dreißig Jahren nicht vorstellen, daß Göring selbst diese für ihn so wertvollen Gegenstände geopfert hätte. Lassen wir es dabei.

Goebbels, ab 13. März 1933 neuer Reichsminister für Volksaufklärung und Propaganda, war für die Überwachung des kulturellen Lebens zuständig, also auch für alle Theater, aber Göring hatte sich das Staatliche Schauspielhaus und die Staatsoper in Berlin vorbehalten. Emmy wurde von Weimar nach Berlin versetzt, was Goebbels mißfiel. Im übrigen sprach ganz Berlin über Görings Beziehung, und Hitler ärgerte sich über diese Gerüchte.

So erklärte der Führer Göring, daß er die Legalisierung dieser Verbindung wünsche. Der General folgte dem Befehl seines Chefs. Am 1. April 1935 wurde die standesamtliche Trauung im Berliner Rathaus vollzogen, und Hitler war Görings Trauzeuge. Bei dem folgenden Empfang im Kaiserhof hielt Hitler eine kleine Rede, dann unterhielt er sich allein mit der Ehefrau.

»Wenn Sie in diesem Augenblick einen Wunsch zu äußern hätten«, fragte er sie, »welchen Wunsch hätten Sie, Frau Göring?«

»Daß mein Mann Schauspieler wäre.«

»Und warum denn?«, sagte der aufs höchste überraschte Hitler.

»Weil wir dann nicht nur in unserem Privatleben, sondern auch in unserem Beruf verbunden wären. Wir würden in denselben Stücken spielen und wären immer zusammen. Man braucht viel Liebe, um einen Mann von Hermanns Bedeutung zu heiraten. Wir werden uns nicht oft sehen können.«

»Merkwürdig«, meinte Hitler, »ich hatte immer gedacht, daß die Stellung ihres Mannes eine Frau über alles interessierte. Und deshalb will ich nicht heiraten, weil ich niemals wüßte, ob eine Frau mich aus Liebe heiratet oder wegen meiner Stellung.«

»Wie können Sie so denken?«, erwiderte Emmy Göring. »Um Sie zu heiraten, müßte eine Frau Sie unendlich lieben, denn wer würde gern die erste Dame des Reiches werden? Denken Sie doch an die unzähligen Pflichten, die sie übernehmen müßte.«

»Sie sind ja nun künftig die erste Dame des Reiches.«

Und Emmy schloß ihren Bericht:

»Ich sah ihn fassungslos an, denn daran hatte ich noch nicht gedacht. Ich begriff es erst in diesem Augenblick.«

Ilse Heß

So hatte Magda Goebbels die erstrebte Rangerhöhung nicht erreicht, sondern Emmy Göring, der sie fast durch Zufall zuteil wurde. Eva Braun aber war weit entfernt davon. Andere Frauen hätten nach dieser Ehre streben können, entweder über die Stellung ihres Mannes, oder indem sie die Hand des Führers gewannen. Für den ersten Fall kam zum Beispiel die Frau von Rudolf Heß in Frage. Er war der treue, unersetzliche, unwiderrufliche Sekretär des Führers. Am 1. Dezember 1933 wurde er zum Reichsminister ohne Geschäftsbereich ernannt, nachdem er schon am 21. April 1933 offiziell zum Stellvertreter des Führers erklärt worden war.

Hitler schätzt ihn wegen seiner Bildung, seiner englischen und französischen Sprachkenntnisse, seiner Informationen und Beziehungen, seines sicheren Urteils, seiner Verschwiegenheit und Zurückhaltung. Dieser Mann stellt keine Ansprüche und besitzt ein unbegrenztes Vertrauen des Führers, wie es keinem anderen je zuteil werden sollte. Heß hatte im Jahre 1927 die vierundzwanzigjährige Studentin Ilse Proehl geheiratet. Sie war die Tochter eines Arztes in Hannover und seit 1921 Mitglied der NSDAP. Die Ehe war nach einer langen Verlobungszeit geschlossen worden, Heß schien seine Frau nicht an seiner Arbeit zu beteiligen, und sie spielte politisch keine Rolle. Dieses Ehepaar hatte keinen persönlichen Ehrgeiz, und vom Rang der Frau Heß war niemals die Rede, obwohl ihr Mann in Vertretung des Führers Chef der NSDAP war. Sie lebten zurückgezogen. Und bald sollte sich der Sekretär von Heß, Bormann, nach vorne boxen.

Leni Riefenstahl und Gerdy Troost

Unter den Frauen, die an eine Ehe mit dem Führer hätten denken können, schienen zwei ernsthafte Chancen zu haben: Leni Riefenstahl und Gerdy Troost.

Am 21. Januar 1934 war Professor Ludwig Troost, Hitlers Architekt, innerhalb weniger Wochen einer schweren Krankheit erlegen. Der Führer verlor einen Freund und zugleich einen Meister, der ihm bei der Gestaltung des Braunen Hauses in München geholfen hatte. Troost, als dessen Schüler Hitler sich betrachtete, hatte ihn dazu bewogen, auf den von ihm ursprünglich geplanten neo-barocken Stil zu verzichten und sich für einen sehr schlichten Neo-Klassizismus unter Verwendung modernsten Materials zu entscheiden. Später, nach Troosts Tod, sollte Hitler wieder zum neo-barocken Stil seiner Jugend zurückkehren.

Albert Speer erinnert sich an diese Vorgänge: »Am 15. Oktober 1933 hatte Hitler die Grundsteinlegung des Hauses der Deutschen Kunst in München feierlich vollzogen. Er führte den traditionellen Hammerschlag mit einem silbernen Hämmerchen aus, das Troost für diese Gelegenheit entworfen hatte. Aber der Hammer zerbrach. Vier Monate später, nach

Troosts Tod, erklärte uns Hitler: ›Als der Hammer zerbrach, wußte ich sofort, daß das eine schlechte Vorbedeutung hatte. Irgend etwas, so sagte ich mir, wird jetzt passieren. Heute wissen wir, warum der Hammer zerbrach: der Architekt sollte sterben.‹«

Und Speer fügt hinzu: »Auch für mich war Troosts Tod ein großer Verlust. Unsere Beziehungen begannen sich zu vertiefen, und ich erhoffte mir davon einen großen Gewinn auf der menschlichen wie auf der künstlerischen Ebene. Der Staatssekretär von Goebbels, Funk, sah die Dinge anders: Als ich ihn am Todestag von Troost mit einer langen Zigarre im Mund im Vorzimmer traf, sagte er mir: ›Ich beglückwünsche Sie. In Zukunft sind Sie der erste!‹ Aber ich war doch erst achtundzwanzig Jahre alt!«

Wir kommen darauf noch zurück. Jetzt sprechen wir von Frau Troost, und dazu sagt Speer: »Sie war eine Frau mit Geschmack und Charakter, die oft sehr persönliche Ansichten hartnäckiger zu vertreten wußte als viele hohe Würdenträger. Sie verteidigte das Werk ihres verstorbenen Mannes mit einer manchmal übertriebenen Heftigkeit, so daß sie von vielen Leuten gefürchtet wurde. So bekämpfte sie Bonatz, der die Unvorsichtigkeit begangen hatte, sich gegen den Plan auszusprechen, den Troost für den Königsplatz in München ausgearbeitet hatte. Heftig griff sie die modernen Architekten Vorhölzer und Abel an. In allen diesen Fragen stimmte Hitler mit ihr überein. Im übrigen stellte sie ihm Münchner Architekten ihrer Wahl vor, kritisierte oder lobte Künstler und Kunstwerke und wurde auf den Gebieten, wo Hitler auf sie hörte, so etwas wie ein Richter. Unglücklicherweise traf das nicht auf die Malerei zu. Hier hatte Hitler seinen Fotografen Hoffmann mit der ersten Auswahl unter den für die alljährliche Große Kunstausstellung eingereichten Bildern beauftragt. Frau Troost kritisierte oft die einseitige Auswahl Hoffmanns, aber auf diesem Gebiet gab Hitler nicht nach, so daß sie bald auf die Teilnahme an den Sitzungen der Jury verzichtete.«

Frau Professor Gerdy Troost war mehr Spezialistin für Innen-

70

architektur, und ihr guter Geschmack war im Dritten Reich
bis zum Zusammenbruch maßgebend. Diese sachliche junge
Frau hatte den Führer für sich gewonnen. Und wie sie ihrem
Mann bei den Entwürfen für die Innenausstattung des Ozean-
dampfers »Europa« und des Braunen Hauses geholfen hatte,
so war sie die unbestrittene Herrscherin über die Einrichtung
der Reichskanzlei. Sie legte Hitler Stoffmuster und Entwürfe
für Wandmalereien vor, die immer in gedämpften und ge-
schmackvollen Farben gehalten waren. Obwohl Hitler frische
Farben vorzog und Kontrastwirkungen erzielen wollte, verließ
er sich auf Frau Troost, deren guter Geschmack ihm vornehme
Wirkungen versprach. Um der Wahrheit die Ehre zu geben, muß
man feststellen, daß sie ihre künstlerische Macht niemals benutzt hat, um sich persönliche Vorteile zu verschaffen.

Die Künstlerin, die dem Führer in gleicher Weise nahestand,
war Leni Riefenstahl. Wir wissen, daß Goebbels sie dem Führer vorgestellt hatte und sie schon als eine seiner Schachfigu-
ren betrachtete. Aber Hitler ließ sich nur von ihrem Talent
beeindrucken.

Die am 28. August 1902 als Tochter eines großen Bauunter-
nehmers geborene Leni ist Berlinerin und Preußin.

Im Jahre 1919 hatte sie den klassischen Tanz gelernt, eine
strenge, für mittelmäßige Begabungen grausame Disziplin,
eine außerordentliche Schule der Willenskraft. In der Atmosphäre der Zeit um die Mitte der zwanziger Jahre schafft sie
sich einen persönlichen Stil, halb Isadora Duncan, halb Loi
Fuller, und baut ein Soloprogramm auf, das sie in Köln, Dresden, Prag und Zürich vorführt, im ganzen an siebzig Abenden
in sechs Monaten. Es ist überall ein Triumphzug, aber auf
Kosten einer übermenschlichen Anstrengung.

Denn erleidet sie einen Unfall. Sie verfehlt einen Sprung
und verzerrt sich eine Sehne am Fuß. Der Arzt verordnet
sechs Monate Ruhe. Kaum wiederhergestellt, sucht sie den
Filmregisseur Arnold Fanck auf, der Gebirgsfilme dreht und
sie als Schauspielerin engagiert. Sie spielt recht gefährliche

Rollen von Alpinistinnen – wobei sie sich ein Knie verstaucht
– in den Filmen »Der Heilige Berg« (1926), »Der Große
Sprung« (1927), »Die weiße Hölle vom Piz Palü« (1929),
»Stürme über dem Montblanc« (1930) und riskiert wiederholt,
sich das Genick zu brechen.

Es ist entschieden zu gefährlich. »Sie sind Penthesilea« (die
Amazonen-Königin), hatte ihr Arnold Fanck gesagt. Diese
junge Frau, ungewöhnlich vital, – das ist sie noch heute mit 77
Jahren – läßt sich nicht unterkriegen. Sie begibt sich auf die
andere Seite der Kamera.

»Ich habe alle Schmuckstücke verkauft«, berichtet sie, »die
ich von meinen Einnahmen als Schauspielerin gekauft hatte,
um den Film ›Das blaue Licht‹ herzustellen.« Es ist ein Hym-
nus auf die Reinheit.

Leni war zugleich Produzentin, Regisseurin, Librettistin und
Schauspielerin. Und dieser Film wurde ein Erfolg, preisge-
krönt auf dem Festival in Venedig. Sie übernahm noch eine
Rolle in dem Film »SOS Eisberg« von Arnold Fanck, einer
Koproduktion mit der amerikanischen Filmgesellschaft Uni-
versal. Auch das war ein großer Erfolg, aber dann machte sie
sich selbständig.

Ab Sommer 1933 drehte sie einen Film, dessen Produktion
der Reichspropagandaminister Dr. Goebbels übernahm:
»Sieg des Glaubens«. Das Negativ ist verloren, und nur die
Filmarchive der DDR und der Sowjetunion besitzen vielleicht
noch Kopien. Man kann also nicht viel darüber sagen, aber
Goebbels erkannte diese Leistung an, und das hat ihn sicher
veranlaßt, Leni Hitler vorzustellen.

Die Presse hat seither über diese Begegnung viel zusam-
mengeschrieben: »Hitlers Vamp«, »Streichers Geliebte«,
»Führerin des deutschen Films, die nackt vor Hitler
tanzte . . .«, aber auch: »eine Lesbierin oder Rauschgiftsüch-
tige«. Das waren einige der häufigsten Beschimpfungen, die
sie in der Nachkriegspresse lesen mußte. Und diese Beleidi-
gungen sind so langlebig, daß der letzte Biograph von Eva
Braun, Glenn Infield, sie noch im Jahre 1974 übernahm.

Als wir sie im März 1947 trafen, unter elenden Verhältnissen, von allen diffamiert, in der kleinen Baracke in Kitzbühel, die sie bewohnte, bestritt sie alles in Bausch und Bogen. Tatsächlich hat sie von 1947 bis 1959 nicht weniger als 32 Prozesse gegen Journalisten geführt, die solche Verdächtigungen gegen sie verbreiteten, und sie hat nacheinander alle diese Prozesse gewonnen. Damit konnte sie ihre Gesundheit, ihren guten Ruf und ihre beruflichen Möglichkeiten wiederherstellen.

Doch zurück zu 1933. »Hitler war als Mann für mich anziehend«, sagte sie später zu dem Franzosen François Brigneau. »Er hatte etwas von einem Propheten an sich, einem Visionär, einem Erbauer. Ich hielt ihn für groß. Körperlich gefiel er mir nicht. Ich weiß wohl, was man geredet hat. Man sieht alles immer gern auf der Ebene des Bettes. Aber ich war niemals Hitlers Geliebte. Der Führer schätzte meine Arbeit, und dafür fand man nur schmutzige Erklärungen. Die Männer lieben es nicht, wenn eine Frau Gleichwertiges leistet.«

Henry Jaworsky, Kameramann bei den Aufnahmen für »Das Blaue Licht« und den Olympiafilm, der seit 1943 als Flüchtling in New York lebte, sagt ganz klar: »Sie war eine Frau mit viel Sex, aber ich weiß nichts über ihr Privatleben. Sie arbeitete für Hitler, aber sie hätte ebenso für den Papst gearbeitet, wie auch Eisenstein für Stalin arbeitete.«

Sie war nicht Mitglied der Partei. Goebbels hatte sie aufgefordert, einen Film zum Ruhme von Horst Wessel zu drehen. Das lehnte sie ab, aber als Hitler sie bat, einen Film über den Nürnberger Parteitag zu schaffen, war sie bereit. Sie stellte zwei Bedingungen: die notwendigen Mittel und völlige Freiheit der Gestaltung. Das wurde ihr ohne Vorbehalt zugestanden.

Sie hatte zu Hitler gesagt:

»Ich bin noch nie in Nürnberg gewesen.«

»Dann wird das eine gute Gelegenheit sein.«

»Warum soll man dafür nicht einen Mann nehmen?«, wandte Goebbels ein. »Das Talent ist geschlechtslos«, erklärte Hitler abschließend.

Und so entstand »Der Triumph des Willens«, gewiß eine Dokumentation für die Propaganda, aber von so hoher Qualität, daß er sogar von der Stadt Paris bei der Ausstellung im Jahre 1937 mit einer Medaille ausgezeichnet wurde, die Daladier persönlich überreichte. Das Werk gehört heute noch zu den klassischen Erzeugnissen der Filmgeschichte.

Aber daß Leni ein Filmwerk schaffen konnte, für das sie nur Hitler verantwortlich war, erregte Mißfallen, vor allem bei Goebbels.

»Die einzige Frau«, sagt Speer, »die in dem Räderwerk der Partei eine offizielle Funktion ausübte, geriet oft in Konflikt mit Goebbels und seiner Organisation, die manchmal versuchten, ihr Schwierigkeiten zu bereiten. Diese Frau mit ihrer Sicherheit, ihrer Art, eine männliche Belegschaft ohne Hemmungen zu leiten und sich durchzusetzen, war eine ständige Herausforderung für die politischen Leiter dieser traditionell männlichen Organisation. Um sie zu stürzen, wurden Intrigen gesponnen, man trug Verleumdungen an Heß heran. Aber diese Angriffe hörten auf, als ihr erster Film sogar die größten Skeptiker in Hitlers Umgebung von ihrem Können überzeugte.«

Dann griff Hitler selbst ein, um den Gerüchten endgültig ein Ende zu bereiten. Das alles sei lächerlich, erklärte er und forderte Leni auf, ihn und Dr. Goebbels zum Tee einzuladen. Man werde von dieser freundschaftlichen Zusammenkunft Aufnahmen machen. Dann werde der Klatsch von selber aufhören.

So geschah es, aber es konnte nicht verhindern, daß die Gerüchte über Leni Riefenstahl im Westen noch heute verbreitet werden.

Die neue deutsche Frau

Verweilen wir einen Augenblick, bevor wir unseren Bericht fortsetzen. Man hat festgestellt, daß Hitler, im Gegensatz zu seiner Umgebung, die Frauen für sehr wichtig hielt. Schon in »Mein Kampf« hatte er geschrieben:

»In ihrer erdrückenden Mehrheit sind die Menschen von Natur und in ihrem Verhalten so weiblich, daß ihre Gedanken und ihre Handlungen weniger auf nüchterner Überlegung als vielmehr auf Emotionen und Gefühle zurückzuführen sind.«

Und er hatte Hanfstaengl erklärt:

»Diese Masse, das Volk sind wie eine Frau. Wer den grundlegend weiblichen Charakter der Massen nicht berücksichtigt, wird nie ein überzeugender Volksredner sein. Fragen Sie sich nur: ›Was verlangt eine Frau von einem Mann?‹ Doch wohl, daß er klaren Verstand und Entschlußfreudigkeit beweist, und daß seine Kraft zur Tat führt. So lautet die Antwort. Unser Ziel ist: die Masse zum Handeln zu veranlassen. Die Masse aber schwankt wie eine Frau, zwischen den Extremen... Nicht nur die Menge als solche ist eine Frau, *in einer Versammlung sind die Frauen das entscheidende Element.* Sie sind es, die gewöhnlich als erste auf meine Ansprache reagieren. Die Kinder folgen. Schließlich kommen dann auch die Väter...«

Man könnte viel dazu sagen, vor allem über die Tatsache, daß jedes Individuum zu einem Teil männlich, zu einem anderen weiblich ist, und daß in der Masse das weibliche Element noch durch den weiblichen Anteil bei den Männern vermehrt wird, so daß es zu einer globalen weiblichen Reaktion kommt, die in jedem Fall die Menge mitreißt.

Das könnte auch zum Teil den Entschluß Hitlers wie vieler Künstler erklären, unverheiratet, also für alle Frauen verfügbar zu bleiben.

Man könnte viele Beispiele für die Hysterie anführen, die Hitler bei den Frauen auslöste. Während des Nürnberger Parteitages gerieten Dutzende von Frauen in Trancezustände.

Der Portier des Hotels Deutscher Hof in Nürnberg hat uns von Frauen erzählt, die viele Stunden vor dem Hotel auf ihren Abgott warteten. Einer der Adjutanten erinnert sich daran, daß Hitler täglich Hunderte von Briefen von Frauen erhielt. Ein Sekretär erinnert sich daran, daß fünfzehn oder sechzehnjährige Mädchen versuchten, sich von seinem Wagen anfahren zu lassen, in der Hoffnung, von ihm verbunden zu werden.

Der Nationalsozialismus hat unbestreitbar dazu beigetragen, die deutschen Frauen aus dem Ghetto ihrer drei K (Kirche, Kinder, Küche) herauszuführen. Ein so neutraler und scharfsinniger Beobachter wie Prinz Sixtus von Bourbon-Parma hat in einer hinterlassenen Studie unter dem Titel »Siegfried 1933« folgendes ausgeführt:

»Die Umwandlung des gewohnten Gretchen-Typs ist vollzogen. Keine blonden Löckchen mehr, keine Pausbacken und Rubens-Brüste, keine lyrischen Anwandlungen. Die Deutsche von 1933 ist ein muskulöses, großes, schlankes junges Mädchen, das sportlichen Anstrengungen und den Schwierigkeiten des Lebens ebenso gewachsen ist wie ein Mann.

Sie ist mehr Kameradin als Freundin und pflegt gleichermaßen ihren Körper wie ihre Kleidung. Trotz ihrer stolzen Haltung weiß die junge Deutsche zu lieben, auch leidenschaftlich und oft hingebend. Da sie Seite an Seite mit den Jungen lebt, begegnet sie ihnen mit lächelndem Verständnis für die Genüsse des Augenblicks, die sie aber sehr wohl von der ernsten Liebe zu unterscheiden weiß. Alles in allem ist es sie, die Frau, die sich am meisten entwickelt hat, und zwar zu ihrem Vorteil. So war auch mancher Franzose, der durch Deutschland reiste, überrascht von der sympathischen Offenheit, der netten Art und der unbestreibaren Schönheit, die diese Frauen durch sportliche Betätigung erworben haben.

Der Film als lebendiges Dokument läßt die Entwicklung der jungen deutschen Frau am besten erkennen. Die Berliner Filmregisseure sind tatsächlich bestrebt, uns ihr wahres Gesicht zu zeigen. Von der Leinwand strahlen Bilder voller Kraft und Jugend. An die Stelle der unpersönlichen Hollywood-

Stars tritt ein bestimmter Typ der deutschen Frau. Es ist ein neuer Typ, der nichts mehr mit Werthers Lotte oder mit Fausts Gretchen zu tun hat, sondern vielmehr mit den griechischen Jünglingen und Amazonen verwandt ist, ein Typ, der in der Öffentlichkeit am besten durch die Fliegerin verkörpert wird.«

1937 zählt die Organisation der Hitler-Mädchen, der »Bund deutscher Mädchen« (BdM) rund 2 800 000 Mitglieder und bildet damit die größte Organisation weiblicher Jugend auf der Welt. War Eva Braun in diesem Jahr 1934, dem »Jahr der Hitlerjugend«, nicht der Typ dieses neuen jungen deutschen Mädchens?

Berlin und München

Seltsamerweise lebte Hitler vom Herbst 1933 an wieder im Rhythmus seiner flandrischen Kriegszeit: zwei Wochen an der Front, eine in Ruhestellung. Jetzt verbrachte er vierzehn Tage in Berlin und sieben in München oder auf dem Obersalzberg. Er hielt sich nicht genau an diesen Zeitplan, sondern bestimmte die Abfahrtzeiten aus Sicherheitsgründen erst im letzten Augenblick. Im Sommer reiste er oft mit dem Flugzeug und benutzte den Privatflugplatz von Feldafing, im Winter immer mit dem Zug. Aber das Programm war immer das gleiche.

In Berlin wurde tagsüber angespannt gearbeitet, abends gab Hitler in der Reichskanzlei häufig ein offizielles Essen, an dem bis zu 83 Personen teilnahmen. Zu seiner Rechten saß Frau von Neurath, die Gattin des Reichsaußenministers (später Frau von Ribbentrop), zu seiner Linken Frau Goebbels, ihm gegenüber Frau Heß. Eine ungezwungene Stimmung kam nicht auf, da Hitler immer angespannt war und nur Tagesfragen anschnitt.

München, das war die Entspannung. Hier lebte Hitler in seiner Privatwohnung am Prinzregentenplatz. Er fuhr zuerst zu seinen Architekten (Frau Troost und dem Architekten der Münchner Bauten, Professor Giesler) und aß dann, wie früher, in der Osteria Bavaria. Nachmittags begab er sich immer zum »Völkischen Beobachter« und zu Hoffmann, abends ging er ins Theater. Am nächsten Morgen fuhr er im Sonderzug nach Berchtesgaden.

Prinz Franz Hohenlohe, der im Jahre 1937 zweiundzwanzig Jahre alt war, erinnert sich noch an Hitler und Eva: »Meine Mutter, die Prinzessin Stephanie, und ich gingen nachmittags manchmal in die Teestube des in der Nähe des Braunen Hauses gelegenen Museums. Des öfteren hatten wir dort Adolf Hitler und Fräulein Braun in Begleitung des Ehepaares Hoffmann gesehen. Die Stammgäste hatten sich schon so daran gewöhnt, daß sich niemand nach ihnen umdrehte. Einmal waren wir mit der Gräfin von Boisrouvray dort. Hitler erhob sich und kam an unseren Tisch, um meine Mutter zu begrüßen. Er machte einige alltägliche Bemerkungen über das Wetter, vermischt mit überhöflichen Komplimenten an meine Mutter und die Gräfin.

Ich hatte ihn schon oft gesehen, aber selten so nahe, und beobachtete ihn aufmerksam. Er hatte dichte, sehr feine Haare, die so üppig waren, daß sie oft in die Stirn fielen und er sie mit einer mechanischen Bewegung der rechten Hand zurückstreifen mußte. Seine Haut war von einem milchigen Weiß, der wenig sympathischen Farbe von Schwindsüchtigen. Seine Nase war dick und häßlich, den kleinen Schnurrbart trug er, wie ich vermute, um diese häßliche Nase zu verbergen. Seine Hände waren schön, klein, ausdrucksvoll und sehr gepflegt. Er trug immer häßliche Schuhe über seinen offenbar schlecht geformten Füßen.

Eva Braun war hübsch, mehr schön als charmant, gut gewachsen, aber ohne üppige Formen, nicht unansehnlich, aber im Schatten ihres großen Mannes lebend. Sie blieb bescheiden, immer ein wenig zurückgezogen, und sie fand vielleicht bei dem Ehepaar Hoffmann die Wärme einer Umgebung, die ihr zu Hause fehlte.«

Gerda Daranowski stellt auch fest: »Hitlers Hände waren vielleicht nicht einmal so schön, aber sehr sympathisch. Die Füße sind mir nie aufgefallen.«

Und Ilse Braun sagt über ihre Schwester: »Eva hatte lange, hellbraune, durch Schamponieren blondgewordene Haare und eine kleine Nase. Sie hat sich nie geschminkt, und ihre kurzgeschnittenen Nägel waren nicht lackiert. Sie war ein heiterer Mensch, der gern lachte und plauderte, aber Hitler gegenüber war sie zurückhaltend.«

Das alles verlief wie vor der Machtergreifung, aber mit einer Wache und einem lästigeren Gefolge, für dessen Ordnung der Münchner Gauleiter Wagner verantwortlich war. In diesem Gefolge sah man fast immer den Pressechef Dr. Otto Dietrich, den vom Führer bevorzugten jungen Architekten Albert Speer und den damals noch ganz unbedeutenden Sekretär von Heß, Martin Bormann.

Unity Mitford

Hitlers gewohnte Gäste in der Osteria Bavaria waren Frau Troost, der Fotograf Hoffmann oder der Münchner Mercedes-Direktor Werlin, mit denen er in engeren Beziehungen stand.

Als er eines Tages im Nebenraum speiste, bemerkte er eine junge Engländerin, die den in ihrer Heimat seltenen Walküren-Typ verkörperte. Er erfuhr schnell, daß es sich um Unity Mitford handelte, eine von sechs Töchtern von Lord Redesdale. Sie war politisch interessiert wie ihre beiden Schwestern: Diana, die den englischen Faschistenführer Oswald Mosley geheiratet hatte, und Jessica, die sich mit ihrem künftigen Mann Edmond Romilly, einem Neffen Churchills, zur äußersten Linken bekannte.

Im Jahre 1934 war Unity nach München gezogen, um dort Kunstgeschichte zu studieren. Sie nahm am Nürnberger Parteitag teil und begeisterte sich für den Nationalsozialismus. Von ihrem Deutschlehrer hatte sie erfahren, daß Hitler auf der Fahrt von Berlin zum Obersalzberg regelmäßig in der Osteria Bavaria einkehrte, und so gewöhnte sie sich daran, mittags dort zu essen, um den von ihr bewunderten Führer aus der Nähe zu sehen.

Als die Kellnerin Ella ihr sagte: »Der Führer hat mich gefragt, wer Sie sind«, erwiderte sie: »Sagen Sie ihm, daß ich eine englische Faschistin bin, nicht nur eine Studentin.«

Anfang 1935 bat Hitler sie, an seinem Tisch am Essen teilzunehmen – wohlgemerkt mit seinem Gefolge. »Sie schrieb uns damals«, erinnert sich Diana Mosley, »einen begeisterten Brief und lud uns ein, sie in München zu besuchen.«

Im April 1935 fährt Mosley mit seiner Frau zu einem privaten Besuch in die bayerische Hauptstadt. Hitler empfängt sie in seiner Wohnung am Prinzregentenplatz. Vor dem Essen ist ein größerer Kreis zu einem Cocktail versammelt, aber zum Essen sind nur einige geladen. Diana erinnert sich, bei Tisch drei Frauen mit englischer Abstammung gesehen zu haben: die Herzogin von Braunschweig, Tochter Kaiser Wilhelms II. und Urenkelin der englischen Königin Victoria, deren – der Herzogin – Tochter Friederike, die spätere Königin von Griechenland, aktives Mitglied des BdM ist, sowie Winifred Wagner und Unity. Zweck dieser Veranstaltung ist offenkundig die Förderung diplomatischer Beziehungen. Später wird Unity auch in Berlin empfangen und von Hitler mit Goebbels und Diana Mosley in die Reichskanzlei zum Essen eingeladen, aber das ist auch alles. Sie erhält eine Ehrenkarte zum nächsten Nürnberger Parteitag, aber die Geschichte von einer Liebe zwischen Hitler und Unity ist reine Phantasie, die Erfindung eines Reporters des »Daily Express«, auf die sich die öffentliche Meinung mit Begeisterung stürzte.

Evas zweiter Selbstmordversuch

Man weiß, was Eva Braun damals empfunden hat, denn man hat das Tagebuch gefunden, das sie während dieser Zeit – vom 6. Februar, ihrem 23. Geburtstag, bis zum 28. Mai 1935 – geführt hat (Text im Anhang).

Sie durchlebt alle Phasen von Glück und Melancholie. Hitler verbringt manchmal einige Stunden mit ihr, aber sie blättert täglich bei Hoffmann die aktuellen Bilder durch. Sie sieht ihn also immer mit hübschen Frauen, und die ausländischen Illustrierten sind voll mit Berichten über die angeblichen Liebschaften des Führers mit Schauspielerinnen.

Am 11. März treibt sie die Eifersucht vor das Hotel Carlton, wo Hitler sich an diesem Tag zum Abendessen mit der Filmschauspielerin Anny Ondra (der späteren Frau von Max Schmeling) trifft. Eva wartet drei Stunden, um dann zu sehen, wie Hitler dieser möglichen Rivalin Blumen überreicht. Wie kann man hoffen, von einem Manne geheiratet zu werden, der nur unter Frauen zu wählen braucht, von denen eine hübscher und intelligenter ist als die andere?

Am 10. Mai verkündet ihr Frau Hoffmann etwas boshaft, daß Hitler einen Ersatz für sie gefunden habe, eine Walküre. Sie meint Unity Mitford. Nun kann Eva es nicht aushalten. Am 28. Mai schreibt sie ihm einen entschiedenen Brief, und als sie bis zum Abend keine Antwort erhält, nimmt sie eine Überdosis von Schlafmitteln.

»Wir hatten an diesem Abend Gäste«, erzählt Ilse Braun, »darunter eine jüdische Tante. Eva war sehr schweigsam. Nach kurzer Zeit sagte sie, daß sie schlafen gehen wolle, sie hätte eine Migräne. Dann verabschiedete sie sich und ging zu Bett. Am nächsten Morgen rief mich meine Mutter und sagte: ›Sieh mal in ihrem Zimmer nach!‹ Ich ging hin und sagte dann: ›Sie schläft fest, laßt sie in Ruhe!‹ Aber dann merkten wir, daß sie sich mit vierunddreißig Tabletten vergiftet hatte. Es war ihr zweiter Selbstmordversuch.«

Ilse ruft ihren Arzt, den Dr. Marx, der sofort kommt. Durch

eine Magenspülung wird Eva gerettet. Ilse teilt Hitler mit, daß
Eva deprimiert und krank sei und einige Tage das Bett hüten
müsse. Hitler erfährt dennoch die Wahrheit. Wahrscheinlich
von Himmler. Und diesmal entscheidet er sich endgültig.

Die erste Frau im Leben des Führers

Der Führer wird sich jetzt darüber klar, welchen Platz er im
Leben der jungen Frau einnimmt, und welchen Platz sie in
seinem Leben einnehmen muß. Er spricht immer von einer
eigenen Villa für Eva, aber er schiebt es bis zum 7. Parteitag
auf, der in Nürnberg vom 9. bis zum 16. September 1935 abge-
halten wird. Die Tribüne der Ehrengäste ist voll mit hübschen
Frauen, die alle mehr oder weniger in Hitler verliebt sind, wie
zum Beispiel die Baronin Gendebien. Man bemerkt auch
Magda Goebbels, Unity Mitford und Eva Braun, die einen
prächtigen Pelzmantel trägt.

Daraufhin soll Magda Goebbels, wie die »Klatschbase«
Hanfstaengl behauptet, unfreundliche Bemerkungen über
ihre vermeintliche »Rivalin« gemacht haben. Hitler habe es
erfahren, sei wütend geworden und habe Frau Goebbels für
mehrere Monate den Zutritt zur Reichskanzlei untersagt.

Unter den Nürnberger Gästen befand sich auch Frau Raubal. Sie wohnte im selben Hotel wie Eva, dem Deutschen Hof.
Zufällig wird Hitler Zeuge eines der gewohnten Auftritte zwischen den beiden Frauen. Er trennt sie und veranlaßt Eva,
ihm zu erzählen, was sie geduldig erträgt.

Gleich nach dem Parteitag fährt Hitler mit seiner Schwester
auf den Berghof. Dort bittet er sie, ihre Sachen zu packen und
den Berghof zu verlassen. Sie wird sofort durch eine andere
Hausdame ersetzt, eine Frau Endres aus München. Angela
wird entschädigt und läßt sich in Dresden nieder, wo sie den
Architekten Professor Hamitsch heiratet. Eva kann nun so
oft, wie sie mag, auf den Berghof kommen. Sie ist die einzige
Frau im Leben des Führers geworden.

Glückliche Tage

Die Olympischen Spiele von Berlin

Im Jahre 1936 füllen Berichte über die Olympischen Spiele von Berlin und die Winterspiele von Garmisch-Partenkirchen die Spalten der internationalen Presse. Eine gigantische, weltweite Werbeaktion rollt ab, während Hitler systematisch die friedliche Revision aller Artikel des Versailler Vertrages betreibt, die Deutschland mit eisernen Ketten fesseln.

Joseph Goebbels ist zum Meister in der Kunst der Propaganda und der Öffentlichkeitsarbeit geworden. Er läßt von Leni Riefenstahl, die er nicht ausschalten konnte, den sehr schönen Olympia-Film herstellen, den Hitler ihr aufgetragen hat. Leni dreht 130 Szenen auf 400 000 Meter Film. 205 Stunden strengt sie ihre Phantasie an und steigt in die Berge, um ein Meisterwerk zu schaffen. Um das zu erreichen, hat sie sich ohne Telefon abgekapselt, achtzehn Monate lang empfängt sie keinen Besuch. Die Könige von Norwegen, Dänemark und Rumänien beglückwünschen sie, ebenso der französische Präsident Lebrun und Joseph Stalin.

Auf den Glocken des Olympia-Stadions hat Goebbels die Worte einprägen lassen: »Wir rufen die Jugend der Welt.« Leni hat aus ihrem Film eine gewaltige Ode auf die Arbeit und die Jugend gemacht.

Die Gestaltung der Spiele, an denen 120 000 Zuschauer teilnehmen, ist außergewöhnlich gut gelungen, ganz nach den Vorstellungen Hitlers, der bei Wagner die szenische Technik nicht weniger bewundert als die Musik. Die ausländischen Journalisten können sich die Gegenstände ihrer Berichte aussuchen, und sie stellen fest, daß Hitler auf dem wirtschaftlichen und sozialen Gebiet viel mehr für die Arbeiter leistet als Leon Blum in Frankreich mit seiner Volksfront und daß das

Reich seit dem Konkordat mehr für die Kirchen und ihre Priester tut, als zum Beispiel der Marschall Pétain es jemals für die französische Kirche getan hat. Wenn die Journalisten das alles auch noch nicht auszusprechen wagen, so wird man es doch eines Tages schreiben.

Aber die Radikalen in der Partei mit Goebbels an der Spitze haben auch ihren Ärger. Der größte Athlet der Welt, der in Berlin mit vier Goldmedaillen Bewunderung erregt, ist der amerikanische Neger Jesse Owens. Rassische Funktionäre, die das als Mißgeschick empfanden, beeilen sich, ein Gerücht zu verbreiten, das sich bis in unsere Tage in der Weltpresse und bei Historikern behauptet: der Führer habe nach Owens Sieg im Hundertmeterlauf das Olympische Stadion verlassen, um nicht gezwungen zu sein, diesem Neger seine Goldmedaillen zu überreichen.

Aber das ist ein Märchen der Propaganda. Die Wahrheit haben wir von Jesse Owens selbst erfahren, der uns im Jahre 1972 sagte: »Man hat immer wieder darüber geredet, daß Hitler mir die Medaillen nicht überreicht hat. Tatsächlich hatte Hitler als Staatsoberhaupt nur die Aufgabe, die Spiele zu eröffnen und zu schließen, nicht aber die Medaillen zu überreichen. Für die Übergabe der Medaillen war die Internationale Olympische Kommission zuständig.«

Wir bezweifeln nicht, daß diese Erklärung von Jesse Owens zutrifft, dem die Regierung der Bundesrepublik Deutschland im Jahre 1973 zu seinem sechzigsten Geburtstag das Bundesverdienstkreuz verliehen hat.

Max Schmeling und Anny Ondra

Es gibt noch anderen Ärger: Der größte deutsche Athlet ist im Augenblick der Boxer Max Schmeling. Er ist mit der polnischen Schauspielerin Anny Ondra verheiratet und sehr volkstümlich, vor allem, seitdem er am 19. Juni 1936 den Neger Joe Louis besiegt und die Weltmeisterschaft errungen hat.

Als Goebbels eines Abends in seiner Loge als Gauleiter von Berlin einer Theateraufführung beiwohnt, ist Schmeling auch zugegen, und ihm, nicht Goebbels, gelten die Beifallskundgebungen der Menge. Er muß Hunderte von Autogrammen geben. Der nicht beachtete Minister fährt allein in seinem Mercedes fort. Er ist verärgert. Dann verlangt eines Tages Joe Louis nach den Sportregeln einen Revanche-Kampf von Schmeling, der gern dazu bereit ist. Aber Goebbels verhindert die Zusage. Man darf nicht zulassen, daß ein deutscher Athlet mit einem Neger kämpft, und so bittet er Hitler, den Kampf zu untersagen. Der Führer empfängt Schmeling und sagt ihm, daß er ihn so lange als Weltmeister anerkennen wird, bis er von einem weißen Boxer besiegt wird.

»Nein«, sagt Schmeling, »ich bin an die Regeln des Internationalen Boxerverbandes gebunden. Ich lege Wert darauf zu kämpfen, um den Weltmeistertitel zu behalten.«

Hitler fügt sich diesem Argument. Schmeling wird im Jahre 1938 wieder gegen Joe Louis kämpfen und besiegt werden. Deutsche Sportler behaupten, daß diese Niederlage zum Teil auf die nervöse Spannung zurückzuführen war, an der Schmeling infolge dieser dummen politischen Zwischenfälle litt.

Sei dem, wie ihm wolle! Goebbels wird das letzte Wort haben. In seiner Eigenschaft als Filmdiktator wird er alles tun, um die Karriere von Anny Ondra zu behindern, indem er dafür sorgt, daß sie keine Rollen erhält, in denen sie sich entfalten kann.

Im Jahre 1968 sind wir Schmeling wiederbegegnet. Wie Owens ist er reich und angesehen. Mit seiner treuen Gattin Anny Ondra bewirtschaftet er ein Gut in Hollenstedt bei Hamburg. Er erinnert sich an seinen letzten Kampf mit Joe Louis, den er durch k.o. in der ersten Runde verlor. Die Propaganda von Goebbels hatte verbreitet, der Neger habe Stahlplatten in seinen Handschuhen gehabt.

»Das ist natürlich falsch«, sagt Schmeling. »Ich bin durch einen verbotenen Schlag in die Nieren gefallen, aber es war meine Schuld. Joe Louis ist mein Freund geblieben, und wenn er nach Europa kommt, treffen wir uns. Ich freue mich immer, wenn ich ihn sehen kann.«

Anny Ondra ist immer noch hübsch. Sie hat die Alben aus der Zeit aufbewahrt, als sie der Star von über sechzig Filmen war, aber sie bedauert nichts. »Meine Frau liebt nur unsere Lebensweise«, versichert Max. »Wir sind beide Leute vom Land, wir waren es im Grunde immer. Sie liebt ihren Garten und ihre Blumen.«

Goebbels: Affären, Antiklerikalismus und eine Orgie

Die Geschichte der Affären von Goebbels mit Schauspielerinnen würde ein ganzes Buch füllen. Sein Staatssekretär und späterer Nebenbuhler Hanke versicherte Magda Goebbels unter Vorlage von Beweisen, daß sechsunddreißig Schauspielerinnen von Theater und Film zeitweilig Geliebte des Ministers gewesen seien, den die Berliner Straßenjungen »Bock von Babelsberg« genannt hätten.

Auch berühmte Schauspielerinnen hatten Schwierigkeiten. Henny Porten, die mit einem jüdischen Arzt verheiratet war, wurde von Goebbels aufgefordert, sich scheiden zu lassen oder auf ihre Karriere zu verzichten. Sie blieb standhaft und verzichtete. Renate Müller, die sich geweigert hatte, auf die Wünsche von Goebbels einzugehen, wurde auf einer Reise nach Monte Carlo von der Gestapo beschattet. Dort hatte sie sich mit einem aus Deutschland emigrierten jüdischen Liebhaber getroffen. Bei ihrer Rückkehr legte die Polizei die von beiden aufgenommenen Fotos vor. Ihre Karriere ist beendet; sie springt aus einem Fenster im dritten Stock des von der Polizei überwachten Hauses.

Dagegen wurde Marlene Dietrich unter bedeutenden Zusicherungen aufgefordert, nach Deutschland zurückzukehren, aber sie zog es vor, in Hollywood zu bleiben. Über alle diese Dinge war Hitler offensichtlich nur zum geringsten Teil unterrichtet, und die Feinde von Goebbels sind zu geschwätzig, um überzeugen zu können.

Am wenigsten erfährt Magda Goebbels. Sie spielt noch die Rolle der ersten Dame von Berlin und versteht es glänzend, auf Schwanenwerder, dem Landsitz des Ministers, die verschiedensten Persönlichkeiten zu empfangen: den italienischen Kronprinzen Umberto, den Herzog und die Herzogin von Windsor, den General Rommel, den Schriftsteller John Knittel und viele andere.

Joseph Goebbels, den die Macht berauscht, bemüht sich, seine Komplexe zu überwinden. Er ist klein, nicht besonders schön, von der Natur durch einen Klumpfuß benachteiligt, aber es gelingt ihm, den Frauen zu gefallen. Goebbels, der über eine außergewöhnliche Intelligenz verfügt und seine Bildung katholischen Priestern verdankt, empfindet für die Kirche nur beißenden Spott.

»Er war von einem wahnsinnigen Antiklerikalismus besessen«, sagt uns Léon Degrelle. »Anfang 1937 sprach er zu mir von einer Verschwörung von 70 000 Priestern, zu deren Verfolgung er entschlossen sei.«

Er pfeift auf das Konkordat, das am 20. Juni 1933 vom Kardinal Pacelli und dem Vizekanzler von Papen unterzeichnet worden war, und schikaniert die katholische Presse. Jedes Vergehen eines Priesters wird von den Parteizeitungen groß herausgestellt. Am 28. Mai 1937 hält Goebbels in der Berliner Deutschlandhalle eine donnernde Rede gegen die sittliche Verderbtheit der Geistlichen. Diese Rede war der Höhepunkt des antiklerikalen Feldzuges des Ministers. Sie bewirkte eine Erklärung des Kirchenministers Kerrl, eines Freundes von Göring, der die Zahl der wegen Sittlichkeitsvergehen Verurteilten auf nur 242 bezifferte, aber vor allem auf die Unzufriedenheit der deutschen Katholiken hinwies, die 40 v. H. der Bevölkerung umfaßten, und auf die Reaktion des Papstes Pius XI., der in seiner am Karfreitag 1937 verkündeten Enzyklika »Mit brennender Sorge« den Nazismus verurteilte. Hitler kümmerte sich nicht darum, aber das alles konnte ihn durchaus nicht beglücken.

Es muß noch berichtet werden, daß Goebbels während der Olympischen Spiele eine grandiose Ungeschicklichkeit passierte. Die führenden Männer des Reiches hatten nacheinander die ausländischen Gäste zu üppigen Gartenfesten geladen. Goebbels hatte Hitler, Göring und Ribbentrop übertrumpfen wollen. Er veranstaltete ein Fest auf der Pfaueninsel in der Havel, einer früheren Sommerresidenz der Königin Luise von Preußen.

Dreitausend Gäste wurden von Pagen mit weißgepuderten Perücken, in Röcken und Kniehosen des 18. Jahrhunderts und von Haushofmeistern im Frack empfangen. Diese sehr gemischte Gesellschaft, einschließlich der Schmarotzer und der etwas rauhen Kameraden aus der Kampfzeit, stürzte sich auf die Platten mit Kaviar, Hummern, Puten und getrüffelten Rebhühnern. Nachdem man genug geschlemmt hatte, wurden die Flaschen geleert, während die leidenschaftlichsten Männer junge Frauen in die Büsche oder unter die Zelte der Verwaltung schleppten. Nachträglich erfuhr man, daß nur wenige dieser jungen Personen zum Opernballett gehörten, die meisten jedoch zum Kreise der Damen, die an schönen Tagen auf dem Kurfürstendamm auf- und abwandelten. Es kam auch zu einigen handgreiflichen Auseinandersetzungen.

Trotz des Eingreifens des Ordnungsdienstes entwickelte sich das Fest zu einer Orgie, so daß die anständigen Gäste die Flucht ergriffen. Dr. Goebbels mußte von Hitler eine strenge Rüge einstecken.

Ribbentrop hielt sich an den von der Familie seiner Frau erzeugten Sekt und kümmerte sich um die Gäste aus dem Diplomatischen Korps. Aber Göring schnitt am besten ab, indem er ein Fest veranstaltete, auf dem es nur Bier und Würstchen gab.

Eine Villa für Eva

Der Reichskanzler war in diesen Friedensjahren mit größeren Aufgaben beschäftigt: der Wiedergewinnung der militärischen Gleichberechtigung Deutschlands mit seinen großen Nachbarn, der Reorganisation der Industrie und der Landwirtschaft im Rahmen eines Vierjahresplanes, der am 23. Oktober 1936 in Kraft gesetzt wurde, nachdem das Reich wirtschaftlich unabhängig geworden war. Am 31. Dezember 1937 kann Hitler zu seinen Gunsten das Absinken der Arbeitslosenziffer auf 994 590 verbuchen.

Seine Mußestunden widmet er der Kunst. Am 1. Februar 1937 kündigt er die bauliche Umgestaltung von Berlin, München, Nürnberg und Hamburg an. Zweimal im Jahr empfängt er die Künstler, im Frühjahr in der Berliner Reichskanzlei, im Herbst im Münchner Braunen Haus. »Nur in diesen Augenblicken sah man ihn strahlend«, sagt uns der Bildhauer Arno Breker, und er fährt fort:

»Wir hatten Künstler von hohem Rang, Schauspieler vom Theater und vom Film, Opernsänger, Maler, Bildhauer, Architekten, und Hitler fühlte sich wohl unter ihnen. Um nach München zu kommen, fuhren wir von Berlin in einem Sonderzug mit vier Speisewagen. Wir hatten die schönsten Frauen an Bord, die man sich vorstellen kann, und der Sekt floß in Strömen. Wir bildeten eine große Familie, seine Familie, und so etwas hatten wir noch nie gekannt. Es ist eine unvergeßliche Erinnerung. Wenn wir ihn in der übrigen Zeit des Jahres sahen, war er von seinen politischen Problemen in Anspruch genommen. Auf seinen Abendempfängen gab es keine Heiterkeit, keinen Schwung. Er stellte Fragen, und man mußte sie beantworten, mit sachlichem Ernst.

Er hatte kein Familienleben. Aber er interessierte sich für Kinder, das heißt für die seiner Umgebung. Im Grunde hatte er kein Privatleben.«

Das Problem seiner Beziehungen zu Eva hatte sich fast zufällig entschieden: »Meine Eltern wußten noch immer nichts«, sagt Ilse Braun, »aber dann las mein Vater eines Tages in einer tschechischen Zeitung die Geschichte von Eva Braun, und Eva verließ das Haus.«

Es war ein tschechisches Wochenblatt, das ein Freund von Fritz Braun in Wien gekauft und ihm eiligst gebracht hatte. Dieses Blatt, das wahrscheinlich durch Otto Strassers Leute unterrichtet worden war, brachte ein in Berchtesgaden aufgenommenes Bild von Eva und sprach von »Hitlers Pompadour«. Sowohl der Vater Braun wie auch Hitler reagierten sehr heftig. Fritz Braun machte seiner Tochter eine große Szene, während Hitler sich sofort zu Hoffmann begab und ihn aufforderte, jede Veröffentlichung dieses Bildes in Deutschland zu verhindern.

Bei den Brauns kam es zu einer so heftigen Szene, daß Eva ihren Koffer packte und zu den Hoffmanns flüchtete. Wieder mußte der Fotograf einspringen. Hitler erteilte ihm den Auftrag, sich um den Bau einer Villa für Eva zu kümmern und fürs erste eine Wohnung für sie zu finden.

Hoffmann brachte Eva und ihre jüngste Schwester Gretl in einer kleinen Dreizimmerwohnung in der Widenmayerstraße 43, am Englischen Garten, unter. Hitler kam nur selten dorthin, weil er in dieser Gegend durch sein Begleitkommando zu sehr aufzufallen fürchtete.

Die Villa wurde dann in der vornehmen Wasserburgstraße 12 (der heutigen Delpstraße) schnell gebaut. Eva und Gretl wohnten dort ab 30. März 1936. Als Besitzer wurde Hoffmann eingetragen, der dafür 3000 Mark bezahlte. Dieses Haus blieb unbeschädigt. Es hat eine Grundfläche von acht mal zehn Meter und drei Zimmer mit einem Obergeschoß. Das Grundstück mit Garten umfaßt 798 Quadratmeter bei zwanzig Meter Straßenfront mit einer hohen Mauer. Die Wohnung ist bescheiden, aber geschmackvoll eingerichtet und für die damalige Zeit sehr modern ausgestattet. Zwischen den beiden Schlafzimmern im Obergeschoß befindet sich ein Badezimmer.

Das Modernste und Außergewöhnliche an diesem Hause

war ein Luftschutzkeller mit Stromgenerator und Gasfilter. Daß Hitler eine solche Einrichtung schon im Frühjahr 1936 für nötig hielt, als er das Rheinland entgegen den Bestimmungen des Versailler Vertrages remilitarisierte, sagt genug über die Erinnerung an seine Gasvergiftung, seine Befürchtungen und seine Absichten.

Als Begrüßungsgeschenk erhielt Eva von Hitler zwei Fox-terrier, die sie Stasi und Negus taufte (der Abessinienkrieg war gerade im Gange). Außerdem schenkte er ihr einen Mercedes mit einem eigenen Fahrer. Dieser Wagen mit dem Kennzeichen II A – 525000 und dem ständigen Fahrer Jung stand in der Mercedes-Garage in der Dachauer Straße immer zu ihrer Verfügung. Der Münchner Mercedes-Direktor Werlin überwachte persönlich die Pflege dieses Wagens.

Frau von der Borch erinnert sich an den Einzug Evas in ihre Villa: »Ich wohne seit 1930 in dieser Straße. Bekannte Persönlichkeiten waren unsere Nachbarn, der Flugzeugkonstrukteur Messerschmitt, der Architekt Giesler, der Verleger Max Amann, der Adjutant Schaub und der Fotograf Hoffmann. Fräulein Braun zog 1936 in dieses für sie gebaute Haus ein. Anfangs wußte niemand, wer sie war. Als wir sahen, wer sie besuchte, stellten wir Vermutungen an. Für Wachleute war ein kleines Häuschen im Garten errichtet worden, das während des Krieges durch einen kleinen Bunker ersetzt wurde.

Die Nachbarschaft wurde überwacht. Wenn meine Eltern eine Köchin oder ein Dienstmädchen einstellen wollten, mußten wir ihren Namen der Polizei angeben und durften sie erst nach der Überprüfung verpflichten. Meine Schwester, die in einem englischen Pensionat in der Nähe von London erzogen worden war, hatte viele englische Freundinnen, die uns besuchten, einmal kam auch ein Lehrer, aber wir konnten sie ohne Genehmigung der Gestapo nicht beherbergen. Fräulein Braun hatte keinen Kontakt zu ihren Nachbarn und unterhielt sich auch nicht mit den Leuten. Hitler kam, wenn er in München war, bis zum Beginn des Krieges vielleicht zweimal in der Woche hierher. Ich erinnere mich, daß es zwei schwarze Mercedes-Wagen waren, die in die Straße einfuhren, und daß Hitler im ersten Wagen vorne saß. Wenn der Wagen vor dem Hause von Fräulein Braun hielt, stieg er schnell aus und ging in die Villa. Die anderen Männer, offenbar Polizisten, warteten in den Wagen auf ihn.

Ich hörte immer meine Mutter und die anderen Frauen der Nachbarschaft sagen, daß Eva nicht der Frauentyp sei, der Hitlers Gefährtin sein könne. Sie erschien unbedeutend, und man dachte, daß sie etwas mit den Opern des von Hitler so verehrten Wagner zu tun hätte.«

Hausdame auf dem Berghof

In ihrem Wagen mit dem Fahrer – sie lernte niemals selber fahren – begab sich Eva nach Berchtesgaden, wenn Hitler sich dort angekündigt hatte. Nach der Abreise von Frau Raubal war sie die erste Dame auf dem Berghof geworden. In München war sie als »Sekretärin« gemeldet, und Frau von Schirach berichtet, daß sie immer noch ihr Gehalt von Hoffmann erhielt, bei dem sie offiziell weiterhin angestellt war, daß aber ihre wirkliche Tätigkeit darin bestand, Hitler und seinen privaten Kreis auf dem Berghof zu empfangen.

Der Reichskanzler verbrachte also gewöhnlich eine Woche im Monat auf dem Berghof. Das war für ihn eine außerordentliche Entspannung. Er machte dort eine Luftkur, im übrigen stand diese Erholungswoche im Zeichen der Liebe und der Architektur.

Albert Speer, der Hitlers persönlicher Architekt geworden war, hatte dicht am Berghof ein Atelier im Bechsteinschen Haus, wo ihn Hitler oft besuchte. Sechzehn Jahre Altersunterschied verhinderten, daß bei Hitler ein Gefühl der Unterlegenheit gegenüber dem Fachmann aufkam. Er bemühte sich, der Nachwelt in seinen Bauten ein Bild seines Werkes zu hinterlassen, und daran arbeitete er mit Speer. Der junge Architekt hatte sich beim Ausbau der Wohnsitze von Goebbels ausgezeichnet. Hitler hatte ihn übernommen und aus ihm einen seiner besten Freunde gemacht. Er wurde mit den Bauten in Nürnberg und Berlin sowie mit unzähligen Erweiterungsbauten betraut, an deren Entwürfen Hitler leidenschaftlichen Anteil nahm.

Auch andere Architekten bereiteten gigantische Projekte vor, so Giesler, der mit den Entwürfen für das neue Linz beauftragt war. Hitler träumte davon, aus Linz ein deutsches Budapest zu machen, weil er Budapest durch die vollkommene Anpassung an die Donau für eine architektonische Meisterleistung hielt, Wien dagegen in der Beziehung zum Fluß für verfehlt.

Es ist Speer, der die großartige »Liturgie« der Nürnberger Parteitage technisch vorbereitet und so Hitlers echte und dauerhafte Freundschaft gewinnt. Durch diese enge Freundschaft zum Führer gehört er zum privaten Kreis, und abends, nach dem Essen und der üblichen Kinovorstellung auf dem Berghof, hat er den zweifelhaften Vorzug, an den endlosen Abendsitzungen teilzunehmen, die sich mit Hitlers Monologen bis zwei Uhr früh ausdehnen. Danach ziehen sich Hitler und Eva Braun in ihre im ersten Stock gelegenen, durch ein Bad getrennten Schlafzimmer zurück. Man bewahrt vollkommene Diskretion. Morgens verlassen sie ihre verschiedenen Zimmer bekleidet von Kopf bis Fuß. Nur einmal hat der Kammerdiener Heinz Linge vor Hitlers Tür die Schuhe seines Chefs und die der Eva Braun gefunden.

»Eva nannte man E. B., und Hitler war der Chef«, erzählt Henriette von Schirach. »Auf dem Berghof war eine gute Wirtschafterin und eine wunderbare Köchin, die für Hitlers vegetarische Küche sorgte. E. B. hatte keine bestimmte Aufgabe. Sie hatte ihr Schlafzimmer, ihren kleinen Salon, ihre Bücher, ihre Filmzeitschriften, und sie interessierte sich für jede Schauspielerin. Es herrschte ein freundliches Klima, es gab keine Intrigen, und alles war entspannt.«

»Im Gefolge von Ribbentrop«, berichtet Richard Schulze-Kossens, »kam ich zum ersten Mal auf den Berghof. Der Minister stellte mich als seinen neuen Mitarbeiter vor. Wir wurden auch anderen Personen vorgestellt, darunter Fräulein Eva Braun, deren Stellung nicht ganz klar erschien. Aber ich fühlte instinktiv, daß sie einen besonderen Platz einnahm, den der ersten Dame auf dem Berghof.«

In der Villa des Führers gab es noch andere Frauen, zum Beispiel Sekretärinnen, die oft mit Eva Braun von München kamen. Da war die damals 36jährige Johanna Wolf (Hitler nannte sie Wölfin), ehemalige Sekretärin von Dietrich Eckart und Heß, die seit 1929 für Hitler arbeitete. Oder die sehr freimütige 27jährige Christa Schroeder, Inhaberin des Nationalpreises für Stenographie und frühere Sekretärin der SA-Führung, die 1933 eingestellt worden war. Oder die jüngeren, Traudl Junge und Gerda Daranowski. Die erste war 22 Jahre alt und recht schüchtern, die zweite 19½ Jahre, sehr klug, sehr hübsch, Meisterin in Stenographie und Schreibmaschine, dazu der englischen und französischen Sprache mächtig. Der Führer nannte sie Daran und unterhielt sich gern mit ihr. »Ich bewohnte damals ein Haus in Berchtesgaden«, erzählt uns Gerda Daranowski, »und mußte oben auf dem Obersalzberg arbeiten. Damals traf ich Eva Braun zum ersten Mal. Sie wurde mir unter ihrem Namen vorgestellt. Aber ich wußte nichts über sie, bis ich mich verabschiedete und erfuhr, daß sie die Hausherrin war.«

Es gab nur eine Einschränkung: den offiziellen Gästen des Berghofes konnte Eva sich nicht zeigen. Richard Schulz-Kossens, der später Adjutant des Führers wurde, erklärt, was der private Kreis war: »Hitler lud auf den Berghof die Frauen seiner Adjutanten und Freundinnen von Eva Braun ein. Er wollte den Kreis natürlich möglichst klein halten, um nicht zu einer besonderen Haltung als Führer oder Staatsoberhaupt gezwungen zu sein, sondern sich ein wenig gehen lassen konnte. Es mußte ein kleiner Kreis sein, in dem man über alles sprach.«

Albert Speer fügt hinzu: »Eva Braun hatte sehr gute Freunde und Freundinnen, die sie, wenn sie allein war, mit

Hitlers Einverständnis auf den Berghof einlud. Gemeinsam führten sie ein recht vergnügtes Leben.«

Es ist bemerkenswert, daß außer Hitler selbst nur Eva Braun berechtigt war, Gäste auf dem Berghof einzuladen. Sie war also tatsächlich die Herrin des Hauses. Im übrigen stellt Speer fest: »Gegen Ende des Jahres 1935 teilte Hitler dem privaten Kreis mit, daß wir keine Damen mehr einladen sollten.«

Von diesem Zeitpunkt an ist Eva als einzige Frau im Leben des Führers bestätigt. Andererseits haben wir festgestellt, daß Eva bei den Empfängen offizieller Persönlichkeiten auf dem Berghof nicht zugelassen war. Dieses Verbot Hitlers ging sehr weit. »Bei Essen mit politischen Gesprächen«, sagt Speer, »war sie nicht zugegen. Sie mußte allein in ihrem Zimmer essen. Dafür hatte sie Verständnis, aber sie litt darunter, daß diese Bestimmung auch für Besuche alter Freunde Hitlers, wie Görings und seiner Frau galt, doch Hitler wollte nicht, daß sie Frau Göring begegnete.«

Und Gerda Daranowski berichtet: »Ich weiß, daß zum Essen mit Frau Göring alle Damen eingeladen waren. Ich weiß nicht, warum Eva Braun nicht dabei war. Wir, die Sekretärinnen, waren jedenfalls eingeladen und gingen hin, Eva Braun nicht. Warum nicht, danach haben wir niemals gefragt.«

Damit kommen wir auf den Kampf der »großen Damen« um die Stellung der »Ersten Dame« des Dritten Reiches zurück. Emmy Göring behauptete ihre Stellung, nachdem Magda Goebbels vorübergehend disqualifiziert worden war, Ilse Heß sich an diesem Wettbewerb nicht beteiligte und Eva Braun keinen anderen Ehrgeiz hatte, als geheiratet zu werden – eines Tages.

Als der als Don Juan bekannte Graf Ciano, italienischer Außenminister und Schwiegersohn Mussolinis, auf den Berghof kam, wollte Eva ihn sehen. Nein, entschied der Führer und verbannte sie in ihr Zimmer. Als Ciano ankam, stand sie mit einem Fotoapparat an ihrem Fenster. Hitler bemerkte sie und veranlaßte sie mit einer energischen Handbewegung, das

Fenster zu schließen.

Auch beim Besuch des Herzogs und der Herzogin von Windsor wollte sie eingeladen werden. Hitler lehnte es ab, und Eva beklagte sich: »Der Herzog hat eine geschiedene Frau geheiratet und ihr einen Thron geopfert, und ich, ich kann sie nicht einmal kennenlernen!«

»Es war mein Vater«, berichtet Henriette Hoffmann, »der Eva erzählte, wie sportlich die Herzogin gekleidet war, und daß sie Hitler sehr gut gefallen habe. Unter solchen Umständen blieb sie in ihrem Zimmer, neben dem des Führers, und manchmal leistete ihr Speer, Hitlers bester Freund, Gesellschaft. Sie war so verschüchtert, daß sie nicht einmal aus dem Haus zu gehen wagte. ›Ich könnte die Görings im Flur treffen‹, sagte sie zu Speer.«

»Später gewöhnte sie sich daran«, sagt Gerda Daranowski, »Ausflüge mit ihren Freunden zu unternehmen. Sie fuhr zum Schwimmen an den Königssee. Man machte auch kleinere Spazierfahrten. Wenn Hitler Gespräche mit ausländischen Gästen führte, war Eva immer mit dem Wagen unterwegs.«

Hitler privat

Im privaten Kreis, manchmal auch in der Osteria in München oder bei dem Ehepaar Goebbels, bevor es zu Spannungen kam, diskutierte Hitler, der den Widerspruch der Frauen liebte, frei mit Magda Goebbels, aber auch mit ihrer Schwägerin Ello Quandt, mit Gerdy Troost oder Unity Mitford, Gerda Daranowski oder Eva Braun. Was sagte er ihnen? Nach Aussagen von Mitgliedern des Kreises erklärte Hitler:
- über die antisemitischen Karrikaturen in Julius Streichers »Stürmer«: »Das ist Streichers Steckenpferd, und ich lasse ihm das Vergnügen« (zu Ello Quandt)
- über die weitschweifigen Artikel im »Völkischen Beobachter«: »Der V. B. steht auf dem Niveau eines Provinzblättchens« (zu Magda Goebbels)

- über Rosenbergs Buch: »Der Mythus des XX. Jahrhunderts«: »Ein Wälzer, den niemand verstehen kann, geschrieben von einem Balten, der in eine schrecklich komplizierte Gedankenwelt verstrickt ist, ein Rückfall in mittelalterliche Vorstellungen!« (zu Speer und anderen)
- über den von Himmler geschaffenen Mythos der SS: »Was für ein Unsinn! Während wir schon fast ein Zeitalter erreicht haben, das frei von jeder Mystik ist, fängt er damit wieder an! Dann hätten wir auch bei der Kirche bleiben können. Sie hatte wenigstens Traditionen. Wenn ich daran denke, daß man eines Tages aus mir einen SS-Heiligen machen könnte! Stellen Sie sich das vor! Ich würde mich im Grabe umdrehen!« (zu Speer).

Über die Kirche, gegen die er in Berlin manchmal scharfe Worte fand, sagte er auf dem Berghof: »Gewiß braucht das Volk die Kirche. Sie ist eine starke Bindung. Wenn nur der evangelische Reichsbischof (Müller) Format hätte! Aber warum gibt man mir nur einen kleinen Militärpfarrer wie diesen? Ich würde ihm gern meine volle Unterstützung gewähren. Er könnte viel unternehmen, und ich könnte die Evangelische Kirche zur offiziellen Staatskirche machen, wie in England« (zu Speer).

Sonntags diskutierte er gern mit Evas Freundin Marion Schönemann, einer streng katholischen Wienerin, wenn beide von der Messe aus Berchtesgaden zurückkamen. Aber da die Diskussion sich manchmal zuspitzte, empfing Eva ihre Freundin nicht mehr auf dem Berghof.

So scheint Hitler privat sehr verschieden von dem Hitler gewesen zu sein, den uns die Propaganda – die positive wie die negative – vorstellt.

Am interessantesten erscheint uns Hitlers Bewertung seines Buches »Mein Kampf«: »Wenn ich damit gerechnet hätte«, erklärte er Dr. Frank, »daß ich eines Tages Reichskanzler sein würde, hätte ich dieses Buch niemals geschrieben. Als Herausgeber des ›Völkischen Beobachters‹ konnte ich es schreiben. Ich schreibe auch keine klassische Sprache. Ich beherrsche die deutsche Sprache nicht so wie Mussolini die italienische. Im übrigen ist das Kapitel über die Syphilis widerlich.«

Trotz dieser Selbstkritik wurde die Verbreitung von »Mein Kampf« zwar später in den besetzten Gebieten verboten, das Buch aber in Deutschland unverändert immer wieder neu aufgelegt. Im ganzen wurden acht Millionen Exemplare verkauft.

Der Sekretär

Vor seinen Gästen auf dem Berghof betonte Hitler gern, daß dieser Besitz sein Eigentum sei und daß er ihn ganz von seinen Einkünften als bahnbrechender Schriftsteller bezahlt habe. Das war 1935 richtig, später weniger.

Heß und Bormann

Grundsätzlich kümmerte sich Hitlers Sekretär Rudolf Heß um diese Art von Geschäften. Als Schüler der höheren Handelsschule in Neuchâtel (Schweiz) hatte er eine solide Ausbildung genossen. »Er war ein sehr vornehmer, höflicher, auf englische Art ein wenig snobistischer Mann«, sagt uns die Gattin eines Genfer Bankiers. »Im Jahre 1913 verlebte er seine Ferien mit meinem Bruder. So, wie wir ihn kennengelernt haben, unterschied er sich wesentlich von anderen Reichsleitern mit ihren rauhen und auffälligen Manieren.«

Im Jahre 1920 hatte er an der Münchner Universität Geschichte und Volkswirtschaft bei Professor Haushofer studiert, der später über ihn sagte: »Heß war unter meinen Schülern kein besonders begabter, der langsam auffaßte und dem die Arbeit schwerfiel. Er ließ sich sehr von seinen Gefühlen leiten und beschäftigte sich leidenschaftlich mit phantastischen Ideen; am stärksten ließ er sich durch wenig stichhaltige Argumente überzeugen, die hart an der Grenze zwischen menschlicher Erkenntnis und Aberglauben lagen; er glaubte an den Einfluß der Sternenkonstellation auf sein persönliches und auf das politische Leben.«

Man kann verstehen, daß Heß sich für Hitlers visionäre

Ideen begeisterte, andrerseits aber keine Neigung hatte, sich um die Enteignungen von Grundstücken auf dem Obersalzberg zu kümmern.

Der Aufstieg Hitlers zum Reichskanzler hatte aus seinem zweiten Wohnsitz so etwas wie ein Schloß gemacht, zu dem Tausende von Neugierigen am Sonntag pilgerten, um ihren geliebten Führer zu sehen. Man mußte also eine ständige SS-Wache einrichten und unterbringen. Im übrigen wuchs auch die Zahl der Gäste an, und die führenden Männer von Staat und Partei kamen, um Hitler ihre Aufwartung zu machen.

Der durch seine Autorenrechte reich gewordene Schriftsteller Hitler wollte sich sein Haus erhalten und hatte zunächst die Absicht, die Erweiterungsbauten zu beschränken und alles von seinen Einkünften zu bestreiten. So errichtete der Architekt Degano zuerst eine Terrasse, dann kleinere Erweiterungsbauten; die Wachtruppe wurde in provisorischen Barakken untergebracht, aber das alles blieb unzureichend. Rudolf Heß wurde also mit der Grundstückspolitik des Obersalzberges beauftragt. Er begann mit den Besitzern der benachbarten Grundstücke im Hinblick auf eine Enteignung zu verhandeln, aber es war ihm bald lästig, und er übertrug diese unangenehme Aufgabe seinem Stabschef, dem Leiter des Parteibüros, Martin Bormann.

Dieser war 1900 geboren, vier Jahre jünger als Heß und ziemlich ungebildet. Seinen Vater, einen ehemaligen Unteroffizier und späteren Postbeamten, der 1904 gestorben war, hatte er kaum gekannt. Seine Mutter, die in zweiter Ehe einen Bankdirektor geheiratet hatte, schickte ihn auf eine Privatschule und später auf eine Landwirtschaftsschule, da er für die wissenschaftliche Ausbildung keine Begabung zeigte. Er verließ diese Schule ohne Abgangszeugnis und wurde 1918 als Kanonier zur Artillerie eingezogen. Ab Frühjahr 1919 gehörte er dem Freikorps Roßbach an, das 1923 den Hitlerputsch unterstützte. Dann war er Mitglied völkischer Kampfbünde und handelte sich dabei 1924 ein Jahr Gefängnis ein.

1926 hat Bormann endlich einen richtigen Beruf als Verwalter auf dem Gut eines Herrn von Treuenfels in Herzberg bei Parchim (Mecklenburg). Das hindert ihn nicht, am 17. Februar 1927 der Nationalsozialistischen Partei beizutreten und sich aktiv an ihrem Kampf zu beteiligen. Er betätigt sich als Pressechef in Weimar, dann 1928 in Jena als ständiger Redner und steigt schließlich in den Führungsstab der Partei auf.

Eine günstige Heirat fördert den Aufstieg des ebenso schlauen wie ehrgeizigen Mannes. Am 2. September 1929 heiratet er im Alter von neunundzwanzig Jahren die zwanzigjährige Tochter des Reichsleiters und späteren obersten Richters der Partei, des Majors a. D. Walter Buch. Dieses vorbildliche Ehepaar hat dann von 1930 bis 1943 nicht weniger als zehn Kinder zur Welt gebracht. Im Juli 1933 ist Bormann der Stabschef von Heß.

Als er mit der Regelung der Grundstücksprobleme auf dem Obersalzberg beauftragt wird, zeigt dieser Sanguiniker und Volksredner seine Geschicklichkeit und seine Fähigkeit, sich blitzschnell jeder Situation anzupassen. Er setzt seinen Machtwillen und seinen zynischen Materialismus ein, um seine persönlichen Ziele zu erreichen.

Der Führer bringt ihm ein Vertrauen entgegen, das später unbegrenzt sein sollte, weil er der Mitarbeiter des getreuen Heß und der Schwiegersohn des untadeligen Buch ist, seiner Gefährten der ersten Stunde. Niemand konnte sich vorstellen, wie weit Bormann seine Macht ausdenen würde, weil er geschickt genug war, im Schatten zu bleiben und seine wahren Absichten immer zu verbergen. Er legte dem Führer nur solche Berichte vor, die ihm gefällig waren, und übermittelte allen anderen Stellen im Reich nur einfache, primitive Befehle ohne jede Nuancierung. Durch ihn sollte Hitler ab 1937 Deutschland in einem immer stärker verzerrenden Spiegel sehen und immer mehr zum Despoten werden. Aber wir wollen nicht vorgreifen.

Die Adolf-Hitler-Stiftung

Als die Kostenanschläge für den Ausbau des Berghofes Hitler vorgelegt wurden, war er überrascht.

»Die Einnahmen aus dem Verkauf meines Buches«, erklärte er Speer, »sind restlos verbraucht, obwohl ich von Amann einen Vorschuß von einigen hunderttausend Mark erhalten habe. Aber das reicht nicht aus, wie mir Bormann heute gesagt hat. Der Verlag hat mir Geld für die Herausgabe meines zweiten Buches aus dem Jahre 1928 angeboten (das er Amann diktierte und das 1961 unter dem Titel »Hitlers Secret Book« veröffentlicht wurde). Aber ich bin sehr froh, daß dieses Buch nicht veröffentlicht worden ist. Ich wage nicht daran zu denken, welche politischen Schwierigkeiten daraus entstanden wären. Gewiß hätte mir das weitergeholfen. Amann hat mir eine Million als Abschlag auf meine Autorenrechte angeboten, die mir mehrere Millionen einbringen würden. Später vielleicht, wenn meine Lage sich verändert hat. Jetzt ist es unmöglich.«

Bormann fand eine Lösung. Er gründete auf Anregung von Krupp die »Adolf-Hitler-Stiftung der deutschen Industrie«. Krupp übernahm selbst den Vorsitz und sammelte durch eine Umlage bei den Banken und bei der Industrie Beträge, die dem Führer als Dankesgabe der Nation zur persönlichen Verfügung gestellt wurden. Die Sammlung war ein voller Erfolg und wurde jedes Jahr erneuert. Sie erbrachte in zwölf Jahren einige 300 Millionen Mark. Offiziell war Heß verantwortlich, aber er überließ Bormann die laufende Verwaltung.

Von 1933 bis 1940 kaufte dieser auf dem Obersalzberg ungefähr 800 Hektar Wald und 80 Hektar landwirtschaftlich genutzte Flächen von Privatbesitzern, der Wasser- und Walddirektion und der Salzberg-Gemeinde. Das Ganze wurde zum »Besitz des Führers« erklärt, aber im Grundbuch auf den Namen Martin Bormann eingetragen.

In seiner Eigenschaft als Eigentümer ordnete Bormann ab 1935 umfangreiche Arbeiten an. Während der Berghof auf

Hitlers persönliche Kosten zu einem Haus mit dreißig Zimmern erweitert wurde, ließ Bormann zahlreiche Gebäude errichten, darunter ein Haus für den SD und die Gestapo, ein Bauatelier für Speer, ein Verwaltungsgebäude, eine Kaserne für die SS-Wachtruppe, eine große Garage, ein Postamt, ein Parteibüro, ein Hotel für die Gäste, einen Kindergarten und andere Bauten. Er krönte das Ganze durch den Bau einer Bergstraße von sieben Kilometer Länge, die bis zur Höhe von 1700 Meter auf den Kehlstein führte, während ein in 1834 Meter Höhe errichtetes Teehaus mit einem Fahrstuhl erreicht werden konnte. Diese Anlage kostete 30 Millionen Mark. Hitler begab sich höchstens zwölf Mal hinauf, weil er den Fahrstuhl nicht mochte, der ihm wohl Herzklopfen verursachte. Er empfing dort einige ausländische Persönlichkeiten, die er durch ein großartiges Panorama beeindrucken wollte.

Alle diese Arbeiten waren nicht ganz nach Hitlers Geschmack. Speer hörte, wie er Gästen sagte: »Das alles macht Bormann, und ich will mich nicht einmischen. Aber wenn alles fertig ist, werde ich mir ein ruhiges Tal suchen und mir dort ein Häuschen bauen wie das erste.«

1939 war alles beendet. Bormann baute jetzt riesige Luftschutzräume. Es muß nachgeholt werden, daß er auf dem »Besitz des Führers« für sich selbst und seine Familie einen außerordentlich prächtigen Wohnsitz errichtet hatte. Er leitete auch einen landwirtschaftlichen Musterbetrieb, eine Molkerei und eine Pferdzucht mit 60 bis 80 Tieren. Das alles rentierte sich nicht, nur für ihn, der seine Erzeugnisse an den Berghof verkaufte. Der Mann arbeitete unermüdlich, Tag und Nacht, umgeben von treuen Fanatikern, die er als wahrer Despot kommandierte.

Gerda Bormann, die fast immer in anderen Umständen war, konnte die Gäste ihres Mannes nicht empfangen, aber er spielte sich als rechter Pascha auf, verbot den Gästen das Rauchen und bestimmte allein das Thema der Unterhaltung sowie die Zeit ihrer Abfahrt. Er kannte keine Hindernisse, die er nicht überwand, behandelte seine Kinder manchmal mit der

Reitpeitsche und entfaltete eine hemmungslose Aktivität. »Einen rasenden Organisator, einen Herkules des Papierkrieges«, nennt ihn Christa Schröder. Er ließ keine Diskussion zu, und auf dem Obersalzberg atmete man auf, wenn er fort war, sagen die Zeugen.

»Ich weiß, daß Bormann brutal ist«, gab Hitler zu, »aber alles, was ich ihm anvertraute, führte er mit bemerkenswerter Pünktlichkeit aus; alles, was er unternimmt, entspricht dem gesunden Menschenverstand.«

Oder: »Dank seiner Härte und seiner rücksichtslosen Methoden gelingt es ihm, das gewaltige Programm durchzuführen, das ich ihm aufgetragen habe. Seine Berichte sind so sorgfältig ausgearbeitet, daß ich sie nur noch zu unterschreiben brauche. Mit Bormann erledige ich einen Aktenstapel in zehn Minuten, während ich bei anderen Stunden brauche, um die gleichen Entschlüsse zu fassen.«

Auf diese Weise gelangte Bormann auf die vierte oder fünfte Stelle unter den führenden Männern der Partei, nach Heß, Göring, Goebbels und Himmler. Er begleitete Hitler überall, in Berlin oder im Ausland, später an den Fronten, und brachte auf allen Stufen des Staatsapparates seine Kreaturen unter. Allmählich errichtete er um Hitler eine chinesische Mauer, die man nur überschreiten konnte, wenn man sich sein Vertrauen erworben und ihm den Zweck des Besuches offenbart hatte.

Aus der unerschöpflichen »Adolf-Hitler-Stiftung« ließ er dem einen oder anderen Schenkungen zukommen, die ihm eine vollkommene Kontrolle über das gesamte Räderwerk der Partei, des Staates und der Wehrmacht verschafften.

Die Brauns auf dem Berghof

Eva Braun war also die Wirtin des Berghofes, und – so sagt Richard Schulze-Kossens – »das fiel nicht besonders auf, denn es gab ja noch mehr Personal. Wenn wir zu Tisch kommen sollten, meldete Hitlers Diener: ›Mein Führer, es ist angerichtet‹, und hinter dem Reichskanzler, der den Gast des Tages führte, kam Bormann, der Eva Braun den Arm reichte. Bormann war praktisch der Intendant des Berghofes. Er kümmerte sich auch um den Ausbau und um alle wirtschaftlichen Fragen. Eva ließ keine Opposition gegen ihn erkennen, aber ich persönlich glaube, daß sie ihn nicht mochte.«

Speer drückt sich bestimmter aus: »Sie hatte einen Widerwillen gegen Bormann, weil er zu herrschsüchtig war und den ganzen Berghof schulmeistern wollte.«

Bormann wußte genau, welche Bande Eva und Hitler verknüpften. »Hitler sagte niemals, daß Eva Braun seine Freundin war. Man mußte es erraten; natürlich sahen und wußten es alle« (Speer). »Ich hätte als zufälliger Beobachter gesagt, daß es eine gute Freunschaft war, aber nicht, daß es sich um Liebesbeziehungen handelte« (R. Schulze-Kossens). »Auf dem Obersalzberg wußten alle, daß Eva Brauns Schlafzimmer neben dem Hitlers lag, und man wußte noch andere Einzelheiten. Es war, genau genommen, kein Geheimnis, aber offiziell wurde nie etwas gesagt« (Speer).

Mit der Zeit machte Eva noch andere Reisen mit Hitler. Sie war bei den Sekretärinnen und fiel dadurch nicht auf. So sah man sie im Hotel Victoria in Stuttgart, im Rheinhotel Dreesen in Bad Godesberg oder im Deutschen Hof in Nürnberg.

»Sie kam manchmal nach Berlin in die Reichskanzlei, wenn Hitler dort war. Wir haben sie nicht immer gesehen, weil wir durch unseren Dienst beschäftigt waren und sie in ihrem Zimmer blieb« (R. Schulze-Kossens). »Sie kam mit uns durch den Diensteingang herein und blieb so unbemerkt« (G. Daranowski).

Nachmittags ging sie aus, machte Besorgungen und kam gegen Abend in die Reichskanzlei zurück, da sie abends nicht in die Stadt durfte.

In München lebte sie mit gelegentlichen Besuchen Hitlers in ihrer Villa mit ihrer Schwester Gretl. Fritz Braun hatte ein Jahr geschmollt, aber er litt unter der Trennung von seiner

Tochter und rief sie nun an: »Komm zu mir, wenn du willst, aber wir wollen nicht über Politik sprechen.«

Von da an normalisierten sich die Beziehungen. »Sie rief uns manchmal an«, erinnert sich Ilse, »und lud uns zu einem gemütlichen Abendessen ein oder bat uns, die Katze mitzubringen, die sie wiedersehen wollte.« Nachdem mein Vater die Verbindung wieder angeknüpft hatte, blieben die familiären Beziehungen erhalten. Sie wurden sogar noch enger als zuvor.«

»Evas Freund« wird von der Familie Braun noch nicht akzeptiert, aber die Verbindung wird anerkannt. Im übrigen nimmt Hitler jede Gelegenheit zu einer Annäherung an die Familie Braun wahr. Eifrige Leute seiner Umgebung bereiten sich dennoch auf die Möglichkeit vor, daß seine Zuneigung sich abschwächen könnte. Himmler läßt Eva, die oft ins Ausland fährt, unauffällig überwachen.

Tatsächlich widmet sich die junge Frau ihrer Neigung zum Tanz. Sie nimmt an Amateur-Turnieren und an Wettbewerben um die Europameisterschaft in Italien, Österreich und Jugoslawien teil. Entdecken die Polizisten etwa, daß Evas Schwester Ilse mit einem italienischen Offizier flirtet? Sollte sich dahinter nicht etwas anderes verbergen? Man kann sich vorstellen, zu welchen Verdächtigungen die von Berufs wegen mißtrauischen Geister gelangten und welcher Ärger sich daraus ergab. Ilse sprach darüber mit Eva, die es Hitler erzählte. Sofort wurde Himmler ersucht, diese Beobachtungen einzustellen. Der Polizeichef legte die Akte ab, das heißt, er vernichtete sie nicht.

Wir haben gesehen, daß Ilse bei einem jüdischen Arzt arbeitete. »Solange ich diesen Posten hatte«, sagt sie uns, »durfte ich nicht auf den Berghof kommen. Freiwillig hätte ich den Dr. Marx niemals verlassen, denn ich war ebenso eigenwillig wie meine Schwester Eva. Aber zu Weihnachten 1936 entließ mich der Doktor. Die Zahl seiner Patienten hatte sich stark vermindert, und er wollte auswandern, was er bald darauf auch tat. Darauf wurde ich sofort von Hitler persönlich auf den Obersalzberg eingeladen. Ich ging hin, und er sagte mir nicht nur einmal, sondern später noch oft: ›Wenn Sie sich erholen wollen, steht mein Haus Ihnen immer offen. Sie können zwei oder drei Wochen bleiben, so lange, wie Sie wollen.‹ Aber Eva wollte es nicht, denn als eines Tages Göring Hitler besuchte, tranken Gretl, Eva und ich mit anderen Gästen Kaffee auf der Terrasse. Nach der Besprechung kam Göring, um uns zu begrüßen, und man stellte ihm vor: ›Fräulein Braun, noch einmal Fräulein Braun und zum dritten Mal Fräulein Braun‹. Da lachte Göring schallend und meinte: ›Oh, die ganze braune Front!‹ Eva ärgerte sich sehr darüber und sagte uns später: ›Wir dürfen hier niemals alle drei zusammen sein.‹«

Diese Anekdote zeigt, wie empfindlich und argwöhnisch Eva war. Immerhin half Hitler Ilse, wieder eine Stellung zu finden – auch im privaten Kreis, denn sie wurde im Büro Speer beschäftigt. Sie gehörte weiter zu diesem Kreis und erinnert sich noch: »Ich denke an die Fahrten im Wagen mit Speer, wenn wir im Rückwärtsgang vom Obersalzberg auf den Kehlstein hinauffuhren.«

Speer über Bormann

Bormann, der sich immer dienstfertig anzupassen wußte, schien alle anzuerkennen, die in der Gunst des Führers standen.

Er hatte sich freudig bereit erklärt, ein neues Atelier für den Architekten Speer nach dessen Plänen zu bauen, das dieser im Mai 1937 beziehen konnte, aber er behielt diesen möglichen Rivalen wachsam im Auge.

Speer machte sich darüber keine Illusionen: »Ein paar kritische Worte Hitlers hätten genügt, und alle die zahlreichen Feinde Bormanns wären ihm an die Kehle gesprungen. Aber Hitler war mit Blindheit geschlagen, wenn es sich um seinen Sekretär handelte, der immer bereit war, seine Befehle mit vorbildlicher Ergebenheit auszuführen, und der sich Hitler gegenüber niemals die Grobheiten erlaubte, unter denen die anderen leiden mußten. Außerdem benutzte Bormann im Verlaufe der Arbeit sehr geschickte Täuschungsmanöver, vor allem dann, wenn er einen führenden Mann oder auch einen anderen Mitarbeiter zu Fall bringen wollte – natürlich mit Zustimmung des Führers, denn anders wäre es ihm wohl kaum gelungen. Aus diesem Grunde verbündete er sich oft mit der einen oder anderen Clique der verschiedenen Würdenträger; er spionierte und nutzte dann aus, was er so über bestimmte Personen erfahren hatte, ohne daß jemand etwas davon ahnte. Aber er band sich an keine Gruppe.«

Speer sagt weiter: »Es war Bormann gelungen, sich als so unbedeutend erscheinen zu lassen, daß er seine Stellung ausbauen konnte, ohne aufzufallen. Aber auch unter Leuten, die sich durch moralische Bedenken wenig stören ließen, zeichnete er sich durch seine Brutalität und Gefühllosigkeit aus. Ihm fehlte das Mindestmaß an Kultur, das ihn hätte hemmen können. In allen Fällen setzte er es durch, daß Hitlers Befehle ausgeführt wurden, oder auch Andeutungen, die Bormann als Befehle auffaßte. Er war eine subalterne Natur und behandelte seine Untergebenen wie ein Bauer seine Ochsen. Ich mied Bormann; von Anfang an konnten wir uns nicht riechen. Wir unterhielten korrekte Beziehungen, wie es das enge Zusammenleben auf dem Obersalzberg verlangte. Aber ich habe niemals für ihn gearbeitet, mit Ausnahme der Pläne, die ich für mein Atelier anfertigte.«

Eines Tages wird man die Geschichte dieser Zeit wesentlich auf den Einfluß Bormanns zurückführen. Schon jetzt steht fest, daß viele Anordnungen Hitlers oder die als solche von Bormann bezeichneten auf diese von Grund auf bösartige Persönlichkeit zurückzuführen sind, die tatsächlich wie ein mittelalterlicher Hausmeier herrschte.

Die Görings und die Juden

Ein anderer Paladin des Dritten Reiches, Göring, hatte sich im Jahre 1932 ein kleines Haus auf dem Obersalzberg bauen lassen. Es entsprach dann nicht mehr seinem Rang. Hitler genehmigte eine Erweiterung.

1937 war Görings Landhaus fertig, und Hitler stattete dem Ehepaar mehrmals einen Besuch ab. Frau Göring erinnert sich an einen dieser Besuche: »Auf der Wiese vor unserer Villa war ein Schwimmbad errichtet worden, das wir an einem heißen Sommertag benutzten. Hitler war bei uns. Wir luden ihn natürlich ein, mit uns zu baden, aber er lehnte es hartnäckig ab und blieb angezogen. Später fragte ich Dr. Morell nach dem Grund. ›Ich kann mir diese Scheu selbst nicht erklären‹, erwiderte er, ›Hitler ist vollkommen normal und in guter Verfassung. Ich behandle ihn schon lange, aber es widerstrebt ihm immer noch, sich vor mir auszuziehen.‹ Ein Mann, der Millionen Menschen begeistert, andererseits unter solchen Hemmungen leidet, ist ein Widerspruch in sich, aber vielleicht erklärt das eine das andere. Nur wenige Menschen kannten dieses zweite Gesicht Adolf Hitlers. Wenn er ausländische Gäste empfing, konnte er sich glänzend, offen, unterhaltsam geben, so daß alle, die ihn näher kannten, immer wieder staunen mußten.«

Wie bereits erwähnt, hatte Göring sich die Aufsicht über das Staatliche Schauspielhaus und die Staatsoper in Berlin vorbehalten. Emmy Göring benutzte das, um verfolgte jüdische Freunde dort unterzubringen. Mit Hilfe ihres Mannes setzte sie sich in zahlreichen Fällen bei Himmler zugunsten jüdischer Kollegen aus der Theaterwelt ein. In den meisten Fällen war es vergeblich, aber es war aufgefallen, und so wurde Görings Frau fast ständig überwacht.

Hitlers Einstellung zu den Juden war offenbar ein für allemal festgelegt, ohne daß man bis zum heutigen Tage seine Beweggründe mit Sicherheit bestimmen könnte. Die beiden einzigen Frauen, die dem Diktator in dieser Frage entgegenzutreten wagten, waren wahrscheinlich Frau Göring, die ihren Standpunkt kompromißlos vertrat, und Ilse Braun, die mehr an bestimmte Maßstäbe dachte.

Als Ilse sich nicht scheute, von guten Juden zu sprechen, antwortete Hitler spöttisch: »Wenn jeder Deutsche einen guten Juden beschützen will, wird es bald nicht mehr genug Juden für alle geben.«

Frau Göring, die sich schärfer ausdrückte, wurde zurechtgewiesen und verdarb sich alle Chancen, die erste Dame des Dritten Reiches zu werden.

Aber hatte General Göring nicht unter Mißachtung aller Bestimmungen den General Milch zum Staatssekretär im Reichsluftfahrtministerium ernannt? Dieser war Halbjude, aber Göring hatte ein für allemal erklärt: »Wer Jude ist, bestimme ich!«

Die Görings zogen es vor, nicht länger auf dem verminten Gelände des Obersalzberges um Einfluß zu ringen, sondern künftig in Karinhall zu regieren, ihrem Märchenschloß bei Berlin. Das paßte Hitler sehr gut, denn er wollte in seinem Privatleben nicht gestört werden und vor allem jeden Kontakt zwischen Emmy Göring und Eva Braun vermeiden.

Der private Kreis

Während Bormann in München und Himmler in Berlin sich bemühten, ihre Unterlagen über die Brauns, die Görings und ihre verdächtigen nichtarischen Beziehungen auf dem laufenden zu halten, war Eva Braun die unentbehrliche Gefährtin des Führers geworden.

Wir wissen, daß Hitler an die Geburtstage und Jubiläen des einen oder anderen dachte und daß er zwar Weihnachten nicht feierte, aber in der Silvesternacht das neue Jahr begrüßte. Zu Evas Geburtstag im Jahre 1936 schenkte Hitler ihr eine Reise nach Italien, die sie mit ihrer Mutter, ihrer Schwester Gretl und einer Freundin in einem Mercedes aus der Berghofgarage

unternahm. In den folgenden Jahren erhielt sie Schmuckstücke.

Würden die Beziehungen der beiden legalisiert werden?
Hitler wollte es nie, aber Eva konnte nicht aufhören, daran zu
denken. So haben die Zeugen es damals gesehen: »In Hitlers
Gegenwart war sie ruhig und zurückhaltend, aber wenn sie mit
uns allein war, oder wenn wir Sport trieben, Ski liefen oder
wanderten, dann konnte sie sehr entspannt sein« (A. Speer).
»Sie war sportlich und natürlich, ein bürgerliches Mädchen,
sehr spontan, nicht intellektuell« (R. Schulze-Kossens). »Sie
war nicht intrigant und wollte keine große Rolle spielen. Ich
glaube, daß sie lieber Kinder gehabt hätte« (Henriette von
Schirach). »Ich weiß nicht, ob sie sich Kinder von Hitler
wünschte, aber sie wäre eine gute Hausfrau gewesen – unter
anderen Umständen, mit einem normalen Mann« (A. Speer).
»Wie oft hat sie gesagt, daß sie gern eine Familie gehabt hätte,
wie alle anderen, einen Mann und Kinder. Sie wollte Kinder
und ein Familienglück« (Ilse Braun).

Es steht fest, daß Hitler Kinder sehr liebte. Er posierte nicht
nur öffentlich für die Fotografen mit Kindern, sondern er
hatte auch sehr freundschaftliche Beziehungen zu ihnen.

Wir haben gesehen, daß die Ehepaare Goebbels, Speer,
Bormann und noch andere zahlreiche Kinder hatten, und daß
diese Kinder oft auf dem Berghof eingeladen waren. Eva
spielte mit ihnen wie eine große Schwester. »Sie waren so laut,
daß man manchmal sein eigenes Wort nicht verstand«, erzählt
Richard Schulze-Kossens. »Eines Tages machten Ribbentrops
Kinder einen solchen Lärm, daß Hitler sich im Nebenzimmer
mit ihrem Vater nicht mehr unterhalten konnte. Er beauftragte mich, sie zur Ruhe zu bringen. Ich rief sie zusammen
und ließ sie ein Gebet lernen. Sie wurden so brav, daß Hitler
nach Beendigung seiner Unterredung mit Ribbentrop erstaunt
fragte: ›Schulze, was haben Sie für ein Rezept?‹ – ›Ich habe
ihnen ein Gebet beigebracht.‹ – ›Ein Gebet?‹ – Ich ließ sie es
aufsagen, und Hitler lachte schallend. Wenn später lärmende
Kinder kamen, rief er mich und schrie: ›Schulze! Das Gebet!‹«

Bei dieser Liebe Hitlers zu Kindern kann man um so weniger begreifen, daß auch Kinder in den Konzentrationslagern gequält wurden. War er darüber unterrichtet?

Liebte Eva Kinder? Sie wünschte sich, Kinder zu haben; war sie aber glücklich in der Gesellschaft von Kindern anderer? Das erscheint nicht so sicher. Ihr nicht sehr empfänglicher, introvertierter Charakter hinderte sie, auf andere einzugehen, und so empfand sie auch kein wirkliches Interesse für Kinder.

»Ich glaube nicht, daß sie Kinder besonders liebte«, sagt uns Frau von der Borch: »Gegen Kriegsende fielen die Bomben so kurz nach dem Fliegeralarm, daß Leute mit Kindern die beiden Schutzräume in unserer Gegend nicht mehr erreichen konnten. So wandten sie sich an meine Mutter und ließen Eva Braun bitten, wenigstens die Kinder in den Luftschutzkeller ihrer Villa aufzunehmen. Meine Mutter fragte sie, aber sie erwiderte: ›Nein, das kann ich nicht erlauben. Ich mag keine Kinder und will kein Kind in meinem Haus haben.‹«

Charaktere mit dieser Gleichgültigkeit gegenüber ihrer Umwelt ändern ihre Auffassungen bekanntlich nie. Hitlers Mitarbeiter und Evas Familie, das war der private Kreis auf dem Berghof. So finden wir in Evas Fotoalbum vor allem Aufnahmen von den alljährlichen Silvesterfeiern dieses Kreises.

Auf diesen Bildern sehen wir im Vordergrund das Ehepaar Bormann, die Ärzte Professor Morell und Dr. Brandt mit ihren Frauen, den Fotografen Hoffmann, den Architekten Speer und seine Frau. Dahinter erkennt man die engsten Mitarbeiter: den Chef der Kanzlei des Führers, Philipp Bouhler mit seiner Frau, Heinz Lorenz vom Pressedienst, den Mercedes-Direktor Werlin, die Adjutanten Schmundt und Albert Bormann (Martins Bruder), den Intendanten Arthur Kannenberg sowie die Sekretärinnen Gerda Daranowski und Christa Schröder. Zu den ständigen Gästen gehörten Evas Schwestern Ilse und Gretl sowie die mit Eva befreundeten Schönemanns.

Im großen und ganzen waren es nur wenige Frauen, mit denen Eva sich anfreunden konnte. Die Damen Speer und

Bormann hatte sie sehr gern, aber diese waren von ihren großen Familien stark in Anspruch genommen. Frau Bouhler war sehr temperamentvoll und von Eva recht verschieden. Annie Brandt und Frau Morell scheinen mit ihr befreundet gewesen zu sein. Vor allem mit Annie Brandt, einer erfolgreichen Schwimmerin, war Eva durch ihre sportlichen Neigungen verbunden. Aber Dr. Brandt und Professor Morell haßten sich aus beruflichen Gründen gegenseitig, und das erleichterte die Beziehungen zwischen ihren Frauen nicht gerade. Es kam hinzu, daß der fette Stubenhocker Morell ein ganz anderer Typ war als der schlanke, athletische Brandt, der ein bevorzugtes Modell des Bildhauers Arno Breker war. Im Grunde lebte Eva sehr einsam.

Der Anschluß Österreichs

Zu Silvester 1937 schenkt Eva mit ihren Neujahrswünschen Hitler einen Kupferstich des Wiener Stephansdomes. Zu erwähnen ist, daß die katholische Kirche in Braunau, in der Hitler am 22. April 1889 getauft wurde, auch eine Stephanskirche ist.

Man sieht, daß Eva begriff, was den Führer bewegte, und da dieser an Symbole glaubte, kann man sich fragen, ob er darin ein Zeichen des Schicksals gesehen hat.

1938 ist vor allem das Jahr des »Anschlusses«. Im Verlauf einer Krise, auf die wir nicht eingehen wollen, zieht Hitler am 12. März 1938 in Österreich ein. Er überschreitet die österreichisch-deutsche Grenze zwischen Simbach in Bayern, unweit des Kosters, in dem Eva bis 1929 erzogen wurde, und dem österreichischen Braunau, seiner Geburtsstadt. Am 13. März fährt er über Leonding, wo er seinen alten Geschichtslehrer trifft und am Grabe seiner Eltern Blumen niederlegt. Abends steigt er im Hotel Weinzinger in Linz ab, der Stadt, die er über alles liebt.

Die österreichische Bevölkerung empfängt ihn mit so überschwenglicher, ihn überraschender Begeisterung, daß er in Linz seinen ursprünglichen Plan, aus Österreich einen Satellitenstaat zu machen, ändert.

»Am Sonntag, dem 13. März«, so berichtet der Pressechef Dr. Dietrich, »unterrichtete ich ihn gegen Mittag über die Reaktionen der ausländischen Presse; sie stellte den Anschluß bereits als vollendete Tatsache dar und machte Hitler Vorwürfe; als er das alles las, kam er auf den Geschmack. Er fragte sich, warum er das nicht tun sollte, was man ihm als bereits geschehen vorwarf, so daß er seine Strafe also schon empfangen habe. Er zögerte einige Stunden, dann entschloß er sich, den Anschluß zu vollziehen; er zog Verwaltungsfachleute hinzu und beauftragte sie mit der Ausarbeitung der verfassungsmäßigen Modalitäten.«

Am nächsten Tag, Montag, dem 14. März, fährt er nach Wien, umgeben vom Jubel der Bevölkerung. Er trifft nachmittags ein und schlägt sein Quartier im Hotel Imperial auf. Eine große Kundgebung auf dem Heldenplatz und eine gemeinsame Parade (reichs-)deutscher und österreichischer Truppen auf dem Ring lassen die einmütige Zustimmung der Bevölkerung erkennen.

Hitler verbringt nur eine Nacht in Wien, und hier besteht noch eine Unklarheit: Evas Aufenthalt in Wien. Einer ihrer Biographen, Glenn Infield, behauptet, Eva sei aus eigenem Antrieb in ihrem Mercedes mit dem Fahrer Jung und in Begleitung ihrer Mutter nach Wien gefahren. Beide seien am 15. März um halb fünf Uhr früh im Hotel Imperial eingetroffen. Ein anderer Biograph, Nerin Gun, will wissen, daß Eva sich auf Einladung Hitlers schon am 14. März nach Wien begeben und im Hotel Imperial abgestiegen sei.

Diese beiden Versionen erscheinen uns in mehreren Punkten unwahrscheinlich. Es ist ausgeschlossen, daß Eva den Entschluß zu einer solchen Reise ohne Hitlers Genehmigung hätte fassen können. Und wenn sie mit oder ohne diese Genehmigung gefahren wäre, so hätte sie nicht vor dem 15. März nachmittags in Wien eintreffen können, denn man muß die

Verstopfung der Straßen durch Panzer, Infanteriekolonnen und begeisterte Menschenmassen berücksichtigen. Wenn sie aber erst am 15. März nachmittags in Wien angekommen war, so war Hitler mit seinem Gefolge bereits nach Berlin abgeflogen.

Es dürfte feststehen, daß sie Hitler im Laufe des 14. März in Wien nicht treffen konnte. Gerda Daranowski, die gleichzeitig mit Hitler im Hotel Imperial war und mit ihm nach Berlin zurückflog, erinnert sich nicht, Eva Braun in Wien gesehen zu haben. Es müßte ihr aber als unprogrammäßig aufgefallen sein.

Das Rätsel scheint sich aufzulösen, wenn man von der erwiesenen Tatsache ausgeht, daß Eva und ihre Mutter tatsächlich mit dem von Jung gesteuerten Mercedes nach Wien gefahren sind, dabei aber folgendes berücksichtigt: Am nächsten Sonntag, dem 20. März, ist Hitler nach Wien zurückgekehrt und hat zwei Nächte im Hotel Imperial verbracht. Dann also hat er sich mit Eva getroffen. Und er wird mit ihr seinen Triumph in dieser Stadt ausgekostet haben, die er fünfundzwanzig Jahre zuvor nach vielen Demütigungen verlassen hatte.

Im übrigen kann man sich vorstellen, wie verblüfft die Mutter Braun gewesen sein muß, wenn sie gesehen hat, daß der katholische Primas von Österreich, Kardinal Innitzer, das Hotel Imperial verließ, nachdem er dem Helden des Tages gehuldigt hatte. Sie muß gedacht haben, daß der Freund ihrer Tochter wohl nicht so ungläubig sein konnte, wie manche Leute behaupteten.

Aber auch wenn Frau Braun am 15. März noch nicht im Hotel Imperial in Wien war, mußte sie am 20. März die Plakate mit dem Datum vom 18. März gesehen haben, die in den Straßen der Hauptstadt angeschlagen waren. Diese Plakate gaben im Faksimile folgenden Brief des Kardinals an den Gauleiter Bürckel wieder:

»Sehr geehrter Herr Gauleiter! Beigeschlossene Erklärung der Bischöfe übersende ich hiermit. Sie ersehen daraus, daß wir Bischöfe freiwillig und ohne Zwang unsere nationale Pflicht erfüllt haben. Ich weiß, daß dieser Erklärung eine gute Zusammenarbeit folgen wird.

Mit dem Ausdruck ausgezeichneter Hochachtung und Heil Hitler!

Th. Kardinal Innitzer.«

Es folgte noch eine lange, von den sechs österreichischen Bischöfen unterzeichnete Erklärung, in der diese ihrer Freude über die Rückkehr der deutschen Österreicher in das Deutsche Reich Ausdruck gaben, den Nationalsozialismus als Schutz gegen den gottlosen Bolschewismus anerkannten und alle Gläubigen aufforderten, bei der Volksabstimmung diese Entscheidung zu bestätigen.

Hitler hatte bestimmt, daß eine Volksabstimmung der Reichsdeutschen und der Österreicher über das Anschlußgesetz am 10. April 1938 stattfinden sollte. Zum letzten Mal führt er nun im ganzen Reich einschließlich Österreichs einen Wahlfeldzug durch. Vom 1. bis 9. April spricht er in Graz, Klagenfurt, Innsbruck, Salzburg, Linz und zum Schluß in Wien.

Es wird ein triumphaler Erfolg: 99,08 v. H. Ja-Stimmen im Altreich, 99,73 in Österreich. Das bedeutet, daß 4 453 772 Österreicher mit Ja und nur 11 929 mit Nein gestimmt haben.

Am Abend des 11. April erklärt Hitler der Wiener »Reichspost«: »Das ist der Tag meines Lebens, auf den ich am meisten stolz bin.«

Hitler – mit 49 ein kranker Mann?

Einen kleinen Satz in Hitlers Reichstagsrede vom 18. März 1938 haben sich aufmerksame Beobachter gemerkt: »Deutsches Volk, gib mir noch vier Jahre Zeit, damit ich den vollzogenen Zusammenschluß zum Segen für alle fruchtbar gestalten kann!«

Vier Jahre: 1938 bis 1942. Was bedeutet dieser Termin? Man

kann alle möglichen Vermutungen darüber anstellen. Wir glauben, daß Hitler durch die Spannungen dieser Tage erschöpft war, sich nicht wohl fühlte und an den Tod dachte. Er litt an den Augen und konnte das Sonnenlicht nicht vertragen. Verdauungsstörungen quälten ihn, und er begann, immer größere Mengen von Medikamenten zu verbrauchen.

Eva Braun war der treue Spiegel dieser krankhaften Vorstellungen. »Mit der Zeit«, sagt Ilse Braun, »hatte meine Schwester viel von ihrer Heiterkeit verloren. Früher war sie immer fröhlich und interessierte sich für alles. Sie trieb gern Sport, aber Hitler wollte nicht, daß sie sich beim Skilaufen ein Bein brach; sie wollte gern reiten, aber er befürchtete einen Sturz. So verzichtete sie auf alles.«

Wir schließen uns der Meinung des Historikers Werner Maser an, daß Hitler damals nicht an Krieg dachte, aber sich Sorgen über seinen Gesundheitszustand machte, obwohl sein Arzt Professor Morell seine Gesundheit positiv beurteilte.

Zur damaligen Zeit beschäftigte man sich wenig mit dem Problem des Aufhörens der Sexualfunktion. Die Ärzte, die wir befragt haben, finden bei dem Hitler des Frühjahrs 1938 alle äußeren Merkmale einer nervösen Depression und eines Aufhörens der Sexualfunktion: Schlaflosigkeit durch Erwachen gegen 3 oder 4 Uhr früh (eine Erklärung für die langen Nachtsitzungen auf dem Berghof), Angstzustände, Verdauungsstörungen mit unklaren Selbstmordgedanken, Zweifel am eigenen Wert, verminderte Leistungskraft, schnellere Ermüdung und Abnahme der Sexualkraft.

Eva Braun teilte Speer im Vertrauen mit, daß Hitler ihr sagte: »Ich werde dir bald deine Freiheit wiedergeben. Was sollst du mit einem alten Mann anfangen?«

Das von Maser veröffentlichte graphologische Gutachten über das Testament vom Mai 1938 bestätigt das alles. Es sind die klassischen Ursachen des schlechten Befindens: altersbedingte Hormonstörungen (49 Jahre), Neurose vom Kriege her, Überanstrengung. Die Heilmittel sind auch die gleichen: das psychoanalytische Gespräch, die Schlafkur, die Psychotherapie oder Medikamente. Man weiß, daß Hitler sich mit Dr. Morell für diese letzte und einzige Lösung entscheiden sollte: für die Medikamente.

Die Tschechenkrise und das Testament vom 2. Mai 1938

Nachdem der Oberbefehlshaber der Wehrmacht, Feldmarschall von Blomberg, und der Oberbefehlshaber des Heeres, Generaloberst von Fritsch – letzterer mit Hilfe einer Polizeiintrige –, die beide als zu weich galten, am 4. Februar 1938 verabschiedet worden waren, trat Hitler selbst an die Stelle von Blomberg und vereinigte nun alle militärischen Vollmachten in seiner Hand. Dem neuernannten gefügigen Chef des OKW, General Keitel, erteilte er am 21. April 1938 folgende Weisung:

»Ein Plan zum Durchbruch der tschechoslowakischen Befestigungen ist vorzubereiten. Politisch gesehen, werden die ersten vier Tage der militärischen Aktion entscheidend sein. Wenn wir nicht durchschlagende militärische Erfolge erzielen, werden wir zweifellos eine europäische Krise herausfordern. Durch vollendete Tatsachen müssen die fremden Mächte überzeugt werden, daß jede militärische Intervention aussichtslos wäre.«

Es ist klar, daß Hitler die Zerschlagung des tschechoslowakischen Staates beschlossen hat. Die Vorbereitungen sind getroffen, und er kann einer offiziellen Einladung des Königs von Italien nachkommen. Die Reise wird auf die Tage vom 3. bis 8. Mai 1938 festgelegt.

Bevor er am 2. Mai Berlin verläßt, verfaßt er sein Testament, da er immer mit seinem Tode rechnet. In diesem eigenhändigen Text vermacht er sein ganzes Vermögen der Partei, mit der Auflage, verschiedene Legate an seine Brüder und Schwestern, seine Adjutanten und Diener auszuzahlen. Zwei Personen werden besonders bedacht: Eva Braun und

Martin Bormann. Zum Testamentsvollstrecker wird der Reichsschatzmeister der Partei, F. X. Schwarz, bestimmt, bei dessen Behinderung oder Ableben Martin Bormann. In Österreich war Bormann wieder sehr geschäftig. Nachdem er in München die Wohnung am Prinzregentenplatz für Hitler mit Geld aus dessen Privatkasse gekauft hatte, erwarb er mit Mitteln der Adolf-Hitler-Stiftung sein Geburtshaus in Braunau und das Gasthaus in Leonding bei Linz, in dem die Eltern des Führers gewohnt hatten. Am Rande bemerkt: Als Bormann die schmiedeeisernen Beschläge an der Haustür in Braunau erneuern ließ, befahl er dem Schmied, seine Initialen »M. B.« anzubringen; sie waren während der Aufnahmen zu unserem Film »Eva Hitler, geborene Braun« noch zu sehen.

Im übrigen ist Eva die einzige mit Hitler nicht verwandte Frau, die in dem Testament vom 2. Mai 1938 ausdrücklich bedacht wird. Sie soll, vor allen anderen Legaten, eine lebenslängliche Rente von 1000 Reichsmark monatlich erhalten, die gleiche Summe wie Hitlers Schwestern Angela in Dresden und Paula in Wien. Außerdem wird der Fotograf Hoffman angewiesen, die vollen Besitzrechte des Hauses in der Wasserburger Straße auf Eva zu überschreiben.

So konnte Hitler beruhigt seinen Sonderzug für die Nachtfahrt von Berlin nach Rom besteigen.

»Mein Führer!
Geben Sie uns den Frieden!«[1]

Italienreise

Die Reise nach Italien war ein sagenhaftes Erlebnis für die großen Damen des Dritten Reiches, die sonst nicht eingeladen wurden, an den offiziellen Reisen ihrer Männer teilzunehmen. Die unerwartende Aussicht, an einem königlichen Hof empfangen zu werden, war für sie eine aufregende Überraschung.

Oberst Dollmann, der bei den Gesprächen zwischen Hitler und Mussolini als Dolmetscher fungierte, hat es anschaulich geschildert: »Die Gattin des Feldmarschalls Keitel war der Typ der braven ostpreußischen Generalsfrau, Frau Heß die Verkörperung einer deutschen Studentin im Ausland, Frau Frank eine juristische Germania mit ausgesprochener Vorliebe für klassische Formen in bunten Kleidern. Die Gattin des Außenministers, Frau von Ribbentrop, litt unter starken Migränen und beschäftigte sich ständig mit Fragen der Rangordnung und ihrer Stellung als der rangältesten Dame. Frau Himmler wußte nichts anderes zu sagen als: ›Gewiß, mein Mann, der Reichsführer, wird es erfahren...‹ Die Gruppe wurde von Frau Bouhler beherrscht, der Frau des Chefs der Kanzlei des Führers. Sie wurde wegen ihrer Erfolge bei Männern beneidet, wegen der Blumen, die man ihr schickte, und der gelegentlichen Flirts.«

Frau Göring nahm nicht an der Reise teil. Sie sollte am 2. Juni entbinden. Im übrigen waren die Görings schon im Januar 1937 vom König von Italien und von Mussolini empfangen worden.

Frau Goebbels und Frau Bormann waren ebenfalls hoch in anderen Umständen und blieben in Berlin oder auf dem

---

1 Germaine Lubin, Bayreuth, 12. August 1939

Obersalzberg. Die an der Reise beteiligten Damen waren in Rom im Grand Hotel an der Via Sistina einquartiert. Sie wurden von der Frau des italienischen Botschafters in Berlin, der Gräfin Eleonora Attolico, betreut, einer großen Dame, deren Intelligenz und Kultur Hitler schätzte. »Ihr gelang es«, erzählt Dollmann, »einige modische Ungeschicklichkeiten zu verbessern. Aber als die Damen sich noch entrüsten wollten, betrat Frau Bouhler, in duftige Gewänder gekleidet, den Raum. Während sie die Komplimente der anwesenden schönen Italienerinnen entgegennahm, beantwortete sie die entrüsteten Blicke der deutschen Damen nur mit einem kühlen Lächeln.«

Dann mußte man den Damen den Hofknicks beibringen. Die Gattin des deutschen Botschafters in Rom, Frau von Mackensen, übernahm mit Frau Attolico diese eilige und entsprechend komische Aufgabe. Die Damen schienen wenig begabt zu sein, denn man schloß einen Kompromiß: der Hofknicks wurde durch einen halben Knicks mit folgendem deutschem Gruß ersetzt, der dem Faschistengruß entsprach.

Am Hof kam es zu einem Konflikt zwischen Frau von Ribbentrop und Frau von Mackensen, die von der Königin aufgefordert worden war, während der Vorstellungen neben ihr Platz zu nehmen. Frau von Ribbentrop ärgerte sich, lehnte einen Sessel ab und blieb während der Vorstellungen stehen.

In Neapel erreichte das Spiel seinen Höhepunkt. Frau Bouhler, die sich über die Huldigungen der schönen Neapolitaner freute, hatte es vorgezogen, den Weg zur Galavorstellung in der Opera San Carlo in ihrem dekolletierten Abendkleid zu Fuß zurückzulegen. Sie stand schon vor dem Theater, von einigen Gecken umgeben, die sie unterwegs mit gelben Rosen und Komplimenten überhäuft hatten, als die anderen Damen eintrafen und sie deren Vorwürfe einstecken mußte.

Die Damen Keitel, Heß und Frank betraten das Theater im Gefolge von Frau von Ribbentrop, während Frau Himmler sich beklagte, daß man ihr ihre Handtasche gestohlen habe.

Dollmann fand die Handtasche in dem Auto, das die Damen nach Italien gebracht hatte.

Die Rückfahrt nach Rom war nicht weniger dramatisch. Der Zug bestand nur aus Schlafwagen, und die Damen machten es sich nach all den Aufregungen bequem. Aber eine Achse von einem ihrer Waggons lief heiß und entwickelte einen dicken Rauch, der durch den Gang zog. Man mußte den Zug anhalten und den Schlafwagen räumen. Die Damen von Ribbentrop und Himmler nahmen ihre Sachen in die Hand und stritten sich darüber, in welcher Richtung sie den Waggon verlassen sollten, während die anderen panikartig ihre Koffer ergriffen und, nur notdürftig bekleidet, den Waggon verließen. Der Schaden wurde schnell behoben, aber Dollmann war froh, daß er sich dieser Reise entzogen hatte.

Eva in Neapel und Rom

Oberst Dollmann erhielt noch einen vertraulichen Auftrag. Er berichtet darüber:

»An dem Tag, als Hitler in Rom eintraf, rief der Innenminister mich an: ›Kommen Sie bitte sofort her. Man hat mir eine junge Dame mit einem Offizier geschickt. Sie soll unbedingt die Flottenschau in Neapel sehen.‹

Und der Minister fuhr fort: ›Wir wissen überhaupt nicht, wer diese Dame ist. Kennen Sie ein Fräulein Eva Braun?‹

Ich erwiderte: ›Ja, flüchtig.‹ – ›Es ist sehr schwierig, alle Hotels sind besetzt. In welcher offiziellen Eigenschaft ist sie hier?‹ – ›Es ist eine Freundin des Führers, mehr kann ich Ihnen nicht sagen . . .‹ Ich ging ins Ministerium, wo ich sie im Vorzimmer mit einem schüchternen und höflichen Offizier antraf.

›Was kann ich für Sie tun?‹, fragte ich sie. – ›Ich möchte unbedingt die Schiffe sehen.‹ – ›Das ist nicht so einfach. Sie können nicht auf ein Kriegsschiff gehen. Auf dem Admiralsschiff ist der König, der Großadmiral und Hitler. Ein Luxusdampfer ist für den Hof, den Adel von Neapel und auch für die Damen des Reiches, Frau von Ribbentrop und die anderen, gemietet. Dort kann ich sie nicht hinbringen, denn die wollen Sie nicht sehen. Sonst ist nur die Kriegsflotte da, und die nimmt keine Frau an Bord.‹ – Da sagte uns ein Italiener, der zugegen war: ›Das bringen wir in Ordnung. Wir haben Polizeiboote, um den Verkehr auf dem Wasser zu regeln. Ich bringe Sie an Bord eines dieser Schiffe, mit einem Offizier, der deutsch spricht.‹ – ›O, das ist wunderbar‹, erwiderte sie.

Und so wohnte sie an Bord dieses Polizeibootes während des ganzen Tages der großen italienischen Flottenparade bei. Abends kehrte sie zurück und verbrachte die Nacht in Neapel. Sie wurde niemandem vorgestellt und war zu keinem Essen geladen. Sie war nicht in der Oper, als die Aida aufgeführt wurde, obwohl sie gern die Ausstattung gesehen hätte, sie nahm auch nicht an dem Galadiner teil, das in einem wunderbaren Schloß gegeben wurde. Sie hatte nichts zu tun und war vollkommen isoliert. Am nächsten Tag habe ich sie auf ihren Wunsch in Rom begleitet. Sie war außerordentlich liebenswürdig.

›Ich möchte gern etwas einkaufen‹, sagte sie, ›und der deutsche Offizier, der mich begleitet, kann kein Wort Italienisch. Hätten Sie eine Stunde Zeit für mich?‹ – ›Ja‹, sagte ich, ›wollen Sie Schmuck kaufen? Dann können wir zu Bulgari gehen.‹ – ›Oh nein. Was denken Sie? Wie könnte ich Schmuck bezahlen?‹ – ›Also keinen Schmuck. Was möchten Sie dann?‹ – ›Krokodil‹, rief sie fröhlich. – ›Aber das ist ein Tier. Wir können doch kein Krokodil kaufen!‹ – ›Ich möchte eine Handtasche und alles, was es von Krokodil gibt.‹

In Rom gab es damals ein herrliches, sehr teures Geschäft für Lederwaren. Wir gingen hin, und sie kaufte ein: Krokodilschuhe, Handschuhe, eine Handtasche, alles, was man von einem Krokodil anfertigen kann. Und dann war sie überrascht, als sie die Rechnung las:

›Mein Gott, das darf niemand wissen!‹

›Aber haben Sie kein Geld bei sich?‹

›Nein, nein. Ich bin vom italienischen Innenminister eingeladen und habe nur wenig Geld bei mir.‹ – ›Dann überlassen

Sie das mir ... Geben Sie mir die Rechnung, ich werde sie weiterreichen.‹ – ›Ich bin Ihnen so dankbar. Bitte, versprechen Sie mir, daß es niemand erfährt. Womit wollen Sie das bezahlen?‹ – ›Nicht aus meiner Tasche, aber es gibt Fonds für unvorhergesehene Fälle, und das ist so ein Fall.‹

Sie hätte mich fast umarmt.

›Dann ist das also erledigt, und Sie versprechen mir, daß es unter uns bleibt?‹ – ›Ja, packen Sie alles gut ein.‹

Und so begleitete ich sie mit ungefähr acht Gegenständen aus Krokodilleder zum Bahnhof. Jahre später (am 19. Januar 1941) traf ich sie auf dem Berghof wieder. Wir tranken Kaffee mit einem Adjutanten. Es war ein scheußlicher Kaffee. Sie saß da und sprach kaum ein Wort. Dann zeigte sie mir ihre Handtasche und sagte lächelnd: ›Das ist noch ein Andenken an Rom‹.« – Damit schloß Oberst Dollmann seinen Bericht.

Emmy Göring entbindet

Die Entbindung von Frau Göring war ein historisches Ereignis. Seit seiner Liebesheirat hoffte der General auf einen Erben. Aber anfangs wurden seine Hoffnungen enttäuscht. Die Gesundheit des Vaters? Das Alter der Mutter? Emmy war 1938 fünfundvierzig Jahre alt. Man wußte nicht, was man denken sollte.

»Zu dieser Zeit«, sagte uns der renommierte Frauenarzt Dr. G., »begann man in Berlin mit künstlicher Befruchtung. Professor Hans Müller war dafür Spezialist. Junge Studentinnen stellten sich freiwillig zur Verfügung, aber die Ergebnisse waren in höchstens 5 v. H. der Fälle positiv. Göring, den seine Gegner als impotent hinstellten, hätte wahrscheinlich darauf zurückgegriffen. Aber Görings Tochter, die ich selbst entbunden habe, war ganz normal und sicher von ihren legitimen Eltern gezeugt.«

Sie wurde am 2. Juni 1938 in Berlin geboren und Edda getauft. Die Görings erhielten aus diesem Anlaß 628 000

Glückwunschtelegramme. Der Führer begrüßte dieses Ereignis fast wie einen nationalen Feiertag und übernahm die Patenschaft für das kleine Mädchen.

Die Affäre Goebbels – Baarowa

Eine andere Persönlichkeit hatte sich bemüht, auf dieser Italienreise nicht aufzufallen. Sie befand sich im Gefolge des Führers. Es war Joseph Goebbels.

Während seine Frau ihr fünftes Kind erwartete, spielte der kleine Doktor unbekümmert den Casanova, und ganz Berlin wußte Bescheid. Er genoß seine flüchtigen Siege über das weibliche Geschlecht, das für den Charme dieses ungewöhnlich intelligenten Mannes empfänglich war. In seinem Ministerbüro hatte er ein Schlafzimmer mit Bad, und im Park seines Hauses auf Schwanenwerder gab es kleine Pavillons für Gäste, die für Schäferstunden geeignet waren. Jedenfalls soll er eine Liste der in Frage kommenden jungen Schauspielerinnen und Sekretärinnen geführt haben.

Dieser große Schürzenjäger fing sich eines Tages selbst in einer Falle. Es handelte sich um die junge tschechische Schauspielerin Lida Baarowa, die zweiundzwanzigjährige Tochter des Generalsekretärs der Prager Stadtverwaltung, der eine glänzende Laufbahn in den Berliner Filmateliers winkte. Goebbels war ihr im Jahre 1936 kurz vor den Olympischen Spielen begegnet. Als er sie auf dem Nürnberger Parteitag wiedersah, verliebte er sich glühend in sie. Über diese Geschichte stehen uns zwei Berichte zur Verfügung: die Darstellung Lida Baarowas und die von Ello Quandt, der Schwägerin von Frau Goebbels. Kein Wunder, daß diese Erinnerungen nicht übereinstimmen. Versuchen wir, uns ein Bild zu machen.

Die Schauspielerin hatte einen Freund, den Schauspieler Gustav Fröhlich, der sich von seiner Frau, der jüdischen Sängerin Gitta Alpar, getrennt hatte und den sie zu heiraten beabsichtigte. Die beiden lebten auf Schwanenwerder in einer gemieteten Villa, nur hundert Meter von der Goebbels-Villa entfernt. Lida, die er Liduschka nannte, war in mehreren Filmen erfolgreich durch ihren slawischen Charme und ihre mongolischen Backenknochen. Ist das nicht aufreizend für einen Minister, der die Slawen als Untermenschen bezeichnen sollte? Sie ist größer als er (1,68 m), aber zierlich, eine hübsche, brünette Frau, die Protektion sucht, und er ist glücklich, daß er großzügig sein kann.

»Eines Tages«, so erzählt sie, »kam Hitler zu einer Besichtigung in die Ufa-Ateliers. Er beobachtete mich längere Zeit, und ich fühlte, daß ein Kontakt entstand. Ich wurde ihm vorgestellt, und er lud mich ein, einmal zum Tee in die Reichskanzlei zu kommen. Schon nach einigen Tagen wurde ich dazu aufgefordert, und da sagte er mir: ›Sie erinnern mich an meine Nichte Angelika.‹ Ich wußte nicht, was das zu bedeuten hatte. Aber ich hatte seine Sympathie gewonnen.«

Goebbels erfuhr es schnell und war nicht unzufrieden. Als er aus Rom zurückkehrte, hatte seine Frau gerade ihr fünftes Kind geboren (am 5. Mai). Aber Goebbels lebte mehrere Tage mit Lida Baarowa zusammen, so daß das Verhältnis nicht verborgen blieb. Die ausländische Presse stürzte sich darauf und verbreitete eine falsche Geschichte, die sich Berliner Schauspieler erzählten: daß der Schauspieler Fröhlich Goebbels geohrfeigt habe.

Magda Goebbels erfährt von dem Skandal und fordert von ihrem Mann eine Erklärung. Mit flüchtigen Liebschaften findet sie sich ab, aber nicht mit einem festen Verhältnis. Sie weiß, daß die Baarowa Fröhlich verlassen hat und allein in einer kleinen Wohnung im Grunewald wohnt, wo Goebbels sie nachts besucht, und das schon seit zwei Jahren. Goebbels bestreitet es: alles sei eine Erfindung seiner Feinde.

Lida hat jetzt den Höhepunkt ihrer Karriere erreicht. Sie freundet sich mit Danielle Darrieux an, die zu Dreharbeiten nach Berlin gekommen ist, und hat einen kleinen Flirt mit Charles Boyer.

»Was ist denn nun wahr von allem, was die Presse über Sie

erzählt hat?«, fragen wir Lida Baarowa vierzig Jahre später, am 16. März 1978. – »Im großen und ganzen stimmt es, abgesehen von manchen Einzelheiten, die ungenau oder frei erfunden sind. Aber meine Beziehung zu Goebbels war rein romantisch. Wir sprachen nie über Politik. Aber eines Tages, in einem Augenblick voller Glück, sagte er mir: ›Und wenn alles zu Ende ist, werde ich mir das Leben nehmen.‹ Ich konnte das nicht verstehen. Warum ein Ende? Krieg, Untergang des Dritten Reiches? Nichts deutete darauf hin.«

Frau Baarowa war eine junge Frau von Format. Sie war sehr gebildet und sprach fünf Sprachen akzentfrei, so daß man die Leidenschaft verstehen kann, die Goebbels für diese außergewöhnliche Frau empfand.

Magda lädt nun Lida zu einer Teestunde ein, und Ello Quandt wohnt dieser Auseinandersetzung bei. »Wir lieben uns«, gestehen die beiden Verliebten; aber Lida versichert Magda, daß sie ihr nicht ihren Mann nehmen will. Goebbels dagegen schlägt seiner Frau ein Zusammenleben zu dritt vor: Lida soll als Magdas Gast in einem Turmgemach von Schwanenwerder wohnen. Magda lehnt es kategorisch ab und beschließt, die Scheidung einzureichen. Sie findet Unterstützung bei dem engsten Mitarbeiter von Goebbels, dem Staatssekretär Karl Hanke.

Es scheint, daß dieser überzeugte und idealistische Nationalsozialist empört darüber war, daß sein Chef, der während der Kampfzeit erklärt hatte, die guten deutschen Filmschauspielerinnen könnten nur über das Bett der jüdischen Produzenten Karriere machen, sich nun aufführte »wie der schlimmste Filmjude«. Lida Baarowa sieht es anders: »Hanke wollte den Posten von Goebbels haben und Magda heiraten.«

Jedenfalls hilft er Magda bei der Beschaffung der für die Scheidung nötigen Beweise. Er soll sogar den Skandal bei der Uraufführung eines neuen Baarowa-Filmes veranlaßt haben, als »Unbekannte« die Schauspielerin auspfiffen und riefen: »Raus, du Ministerhure, raus!«

Nach mehreren Versöhnungsversuchen verläßt Goebbels,

der sich weiter mit Lida trifft, Magda und zieht in den Kaiserhof.

Nachdem der Konflikt zu einem öffentlichen Skandal geworden ist, muß etwas unternommen werden. Goebbels fährt nach Karinhall, um Görings Rat zu erbitten. »Man muß mit dem Führer darüber sprechen«, erklärt der General, der sofort in Berchtesgaden anruft.

Hanke wiederum erbittet eine Audienz für Magda, die immer noch verbannt ist. Hitler läßt sie sofort mit seinem eigenen Flugzeug auf den Berghof kommen. Es gibt eine sehr ernste Aussprache. Magda spricht eine ganze Stunde über den von ihrem Mann verschuldeten Skandal; sie erklärt, daß sie zur Scheidung entschlossen sei, und erbittet dazu Hitlers Genehmigung. Hitler ist empört, daß Goebbels Magda betrogen hat, vor allem aber darüber, daß durch seine Schuld ganz Berlin davon spricht und das Ansehen der Sache geschädigt wird. Im Grunde unterhält man sich mehr über die öffentlichen Auswirkungen als über die Liebesgeschichte selbst.

Der Führer erklärt, daß man nichts überstürzen dürfe und daß er darüber nachdenken werde. Am nächsten Tag kehrt er nach Berlin zurück, läßt Goebbels kommen und hält ihm eine ernste Vorlesung über das Verhalten eines Ministers in der Öffentlichkeit. Die erregte Auseinandersetzung dauert zwei Stunden. Hitler erklärt, daß eine Scheidung nicht in Frage käme, und Goebbels gibt nicht nach, sondern versichert, daß er die Baarowa nicht aufgeben werde. Er sei bereit, auf sein Ministeramt zu verzichten und zum Beispiel Botschafter in Japan zu werden.

Nun fällt Hitler, offenbar im Zorn, sein Urteil: »Wer Geschichte macht, hat keinen Anspruch auf Privatleben! Sie können sich in einem Jahr scheiden lassen, wenn Ihre Gefühle sich bis dahin nicht geändert haben. Aber während des nächsten Jahres dürfen Sie die Baarowa weder sehen noch mit ihr sprechen. Ich verlange Ihr Ehrenwort.«

Goebbels verspricht es, und Magda wird von Hitler unterrichtet. Er empfängt sie wieder und sagt ihr: »Ich glaube alles, was Sie mir gesagt haben, aber ich bitte Sie, auf die Scheidung zu verzichten, um das Ansehen Deutschlands und der Partei nicht zu schädigen.«

Magda hat keine Wahl. Sie nimmt den Rat an, der ein Befehl ist. Das Ganze wird in einem Protokoll festgelegt, das Hitler und die beiden Eheleute unterschreiben.

Hitlers Adjutant Julius Schaub sucht am nächsten Tag Lida Baarowa auf und erklärt ihr »auf Befehl des Führers«, daß sie den Minister mindestens ein Jahr lang nicht mehr wiedersehen dürfe. Ihre Wohnung wird nun von der Gestapo überwacht.

Goebbels hat Lida nicht mehr wiedergesehen. Sie wartete drei Monate. Und da sie im Film nicht mehr beschäftigt wurde, ihre Mittel auch erschöpft waren, ging sie in ihre Heimat zurück, wo man sie sehr unfreundlich empfing. In Deutschland hatte man alle ihre Filme vom Spielplan abgesetzt. Ein amerikanischer Verleger bot ihr die Veröffentlichung ihrer Memoiren an, mit einer Prämie für jeden antinazistischen Satz, aber sie lehnte dieses Angebot und auch Vorschläge des französischen Rundfunks ab.

Eva als Vermittlerin

Wir wissen nicht, was Eva Braun über die Affäre Baarowa dachte. Sie konnte nur vom Führer etwas erfahren haben. Im übrigen hatte sie seit dem Prager Zeitungsbericht, über den ihr Vater und Hitler so ärgerlich gewesen waren, eine Abneigung gegen die Tschechen. »Sie tat nichts in dieser Sache«, hat Gretl Braun Lida versichert.

Eva hat sich auch nicht für Frau von Blomberg eingesetzt, als die von der Polizei vorgelegten Akten über ihre Vergangenheit im Januar 1938 zum Sturz ihres Mannes führten. Und trotz ihrer Abneigung gegen Frau Goebbels hat Eva die große Liebe des Ministers zur Baarowa nicht unterstützt. Allerdings war sie nur durch Hitler unterrichtet, und dieser dürfte ihr die Vorgänge einseitig dargestellt haben.

Dagegen hat Eva Braun sich erfolgreich zugunsten der Frau von Schuschnigg eingesetzt. Hitler hatte den österreichischen Kanzler am 12. März verhaften lassen. Schuschnigg hatte seine erste Frau im Jahre 1935 durch einen Autounfall verloren. Im Mai 1938 erteilte ihm der Vatikan die kirchliche Genehmigung, im Gefängnis die Gräfin Vera Czernin zu heiraten, deren erste im Jahre 1924 geschlossene Ehe mit dem Grafen Fugger 1936 zivilrechtlich geschieden und 1937 vom Vatikan für ungültig erklärt worden war. Hitler war zunächst nicht einverstanden, aber Eva Braun stimmte ihn um und erreichte, daß er seine Genehmigung erteilte.

Diese Sondergenehmigung hängt sicher auch mit dem Brief zusammen, den Schuschnigg am 11. Juni 1938 an Hitler richtete: »Der Entschluß des Führers, Österreich vollständig dem Reich einzuverleiben, ist auf längere Sicht der halben Lösung eines verschleierten Anschlusses, wie ich ihn mir gedacht hatte, vorzuziehen ... Ich bin glücklich, dazu beigetragen zu haben, daß der Tag des 11. März ohne Reibungen und ohne Opfer verlaufen ist ... Nachdem jetzt die geschichtliche Entscheidung durch unwiderbringliche Tatsachen gefallen ist, vor denen – und ihrem Urheber – wir uns in dankbarem Gehorsam beugen, erbitte ich Nachsicht für die Unterlegenen. Für meine Person erkläre ich meinen festen und freien Willen zu bedingungsloser Loyalität, ohne Vorbehalt gegenüber ›einem Führer, einem Reich und einem Volk‹, und ich wäre glücklich, wenn ich der deutschen Sache dienen könnte ...«

Mit einem Wort: er bat um Gnade.

Eva Braun hat noch einmal vermittelt: sie hat sich, auch im Jahre 1938, bemüht, anläßlich der Vertreibung der Juden aus Linz Vergünstigungen für Dr. Bloch zu erreichen, den Arzt, der Hitlers geliebte Mutter mit großer Sorgfalt behandelt hatte. Der Doktor konnte in die Vereinigten Staaten auswandern, aber ohne besondere Vergünstigung. Das heißt, daß er ohne sein Vermögen abreisen mußte.

Das Münchner Abkommen

Dann bricht die Sudetenkrise aus. Erinnern wir uns an die Tatsachen. Hitler will aus der Tschechoslowakei einen Satellitenstaat des Reiches machen. Dieses künstliche Staatsgebilde ist ein Erzeugnis des Versailler Vertrages, es muß verschwinden, weil es ein im Herzen Deutschlands verankertes französisch-russisches Flugzeugmutterschiff ist. Die deutschen Bevölkerungsteile sollen heim ins Reich geholt, die übrigen Gebiete ein Protektorat werden. Bei diesen Plänen kann Deutschland mit zwei potentiellen Verbündeten rechnen: Polen und Ungarn, die auch Teile der Tschechoslowakei beanspruchen.

Man muß diese Vorstellung berücksichtigen, die Hitler ab April 1938 beherrschte, um zu erkennen, daß es sich entgegen der Meinung von London und Paris nicht nur um das Problem der Befreiung der Sudetendeutschen handelte, das die Krise auslöste. Wir wissen, daß die von Berlin unterstützten Forderungen der Sudetendeutschen Europa an den Rand des Krieges und schließlich Chamberlain und Daladier nach München führen sollten.

Der Freund Mussolini hat mit Hitler einen Kompromißvorschlag ausgearbeitet, den er vorlegt, als die Spannung zwischen Deutschland einerseits, England und Frankreich andrerseits ihren Höhepunkt erreicht hat. Und am 29. September 1938 unterzeichnen die vier in München das geschickt redigierte Dokument. Das Jahr 1938 schließt wieder mit einer positiven Bilanz für Hitler ab, der ein weiteres Absinken der Arbeitslosenziffer auf 429 461 und einen Stand der Lebenshaltungskosten von nur 125,6 gegenüber dem Index 100 des Jahres 1913 verzeichnen kann.

Der Volkswagen

Am 9. Januar 1939 weiht Hitler die neue, von Speer erbaute Reichskanzlei ein. Ein Zimmer ist für Eva Braun bestimmt, und Speer hat dafür sogar die Möbel entworfen.

Ein großes Jahr bricht an.

Am 6. Februar 1939 schenkt Hitler Eva zu ihrem Geburtstag einen der ersten Volkswagen, ein Geschenk des Konstrukteurs Porsche. Es ist das berühmte Projekt, das Hitler im Gefängnis von Landsberg erdacht hatte und im Laufe der Jahre ausarbeitete. Jetzt beginnen die Wagen in Wolfsburg vom Band zu laufen, der neuen Industriestadt, der er diesen Namen gegeben hat: die Burg des Wolfes. Immer wieder dieselbe Vorstellung!

Erinnern wir uns kurz an die Geschichte des VW. Als Hitler seine Pläne endlich fertiggestellt hatte, rief er im Jahre 1936 seinen Fahrer Kempka, der inzwischen Chef des Wagenparks der Reichskanzlei und des Berghofes geworden war, und beauftragte ihn, Verbindung zu dem österreichischen Ingenieur Porsche, einem Freund des Mercedes-Direktors Jacob Werlin, herzustellen.

Dieser österreichische Konstrukteur, der schon den Erzherzog Franz-Ferdinand gefahren sowie Eisenbahnzüge und motorisierte Geschütze entworfen hatte, ist bekannt durch seine technischen Fähigkeiten und seine Phantasie. Hitler aber hatte die Motorisierung als wichtigen Punkt in sein Programm aufgenommen, als er an die Macht gelangte.

»Die Begegnung zwischen Hitler und Porsche«, erzählt Kempka, »fand Ende 1936 im Café Heck in München statt. Ich hatte dem Ingenieur, der seit 1932 an Entwürfen arbeitete, die Einladung übermittelt. Hitler skizzierte auf einer Papierserviette den Wagen, an den er dachte, und sagte zu Porsche: ›Er soll 900 Mark kosten, und es sollen 50 000 Stück im Jahr hergestellt werden. In zehn Jahren wird man eine Million jährlich verkaufen.‹ Porsche lachte über die Prophezeiung, aber er nahm die Skizze mit. Nach dem Krieg habe ich mit dem Sohn Porsches nach dieser ersten prophetischen Zeichnung gesucht, aber wir haben sie nicht gefunden.«

Später regelte Hitler die Finanzierung des Anlaufens der Produktion: Jeder Deutsche kann einen VW bestellen, indem er Gutscheine für 1 oder 2 Mark kauft. 90.000 Käufer haben sich eingetragen, und das Werk ist ab 26. Mai 1938 aufgebaut worden. Die ganze Welt sollte eines Tages den VW kaufen – über 19 Millionen bis 1977! Aber bis 1945 wurde nur die militärische Version (Kübelwagen) in großer Serie gebaut.

Der Einmarsch in Prag

Am Ende dieses Winters 1938/1939 sind die Europäer wieder beruhigt. Am Tage nach dem Münchner Abkommen hat Hitler Chamberlain in seiner Privatwohnung am Prinzregentenplatz ein Dokument übergeben, das der britische Premier als Garantie des »Friedens für unsere Zeit« betrachtete. Da die Franzosen auf dieses Papier etwas eifersüchtig waren, fuhr Ribbentrop am 6. Dezember 1938 nach Paris, um ihnen ein ähnliches Dokument anzubieten. Paris und London hielten den deutschen Ausdehnungsdrang für beendet. Berlin aber glaubte, »freie Hand im Osten« zu haben.

Hitler macht sich immer noch Gedanken über seine Gesundheit. Er hat es daher eilig, die Tschechoslowakei zu erledigen und so den zweiten Teil seines Planes durchzuführen. Nach verschiedenen Differenzen wird der tschechoslowakische Präsident Hacha am 15. März in Berlin empfangen, und es wird ihm mitgeteilt, daß die Tschechoslowakei in das Reich eingegliedert ist.[1] Im Verlauf einer dramatischen Szene kapituliert Hacha und befiehlt seiner Regierung, keinen Widerstand gegen den Einmarsch der Wehrmacht zu leisten. Schon am nächsten Tag verbringt Hitler die Nacht auf dem Hradschin von Prag. »Ich glaube«, sagt Gerda Daranowski, »daß

1 Tatsächlich hatte die Slowakei bereits ihre Trennung von der Tschechei proklamiert. – Anm. d. Verlages.

ich Hitler nie so glücklich gesehen habe wie an diesem Tag, weil er seinen Plan ohne Krieg, ohne Blutvergießen verwirklicht hatte.«

Die Kristallnacht

Während dieser ganzen Periode hörte man nichts von Dr. Goebbels, der immer noch in halber Ungnade war. Wenn er auf den Berghof gerufen wurde, quartierte Hitler ihn in dem Adjutantenhaus ein, und nicht in dem Hauptgebäude wie früher. Und als Goebbels sich erbot, ein Buch über den Menschen Hitler zu schreiben, lehnte es dieser glatt ab: ein Mann mit solcher Moral sei für ein Werk dieser Art nicht geeignet.

In Berlin nahmen Goebbels und seine Frau, anscheinend vereinigt, an allen offiziellen Veranstaltungen teil. In der übrigen Zeit konzentrierte sich Goebbels auf seine Arbeit im Amt. Aber Magda ging viel aus – mit Hanke. Man sah sie im Theater, auf Rennplätzen oder bei Ausritten auf Schwanenwerder. Diese Freundschaft scheint aber platonisch geblieben zu sein, trotz Hankes Bemühungen.

Nach sechs Monaten der Ungnade wurde Goebbels mit Magda und den Kindern am 23. Oktober 1938 auf den Berghof eingeladen. Der Führer nahm das gute Verhalten der Eheleute zur Kenntnis und veranlaßte sie, sich mit ihm von dem Fotografen Hoffmann für die Weltpresse fotografieren zu lassen, um alle Gerüchte zu widerlegen. Die Aufnahme ist aufschlußreich: Magda und Joseph scheinen sichtlich gelangweilt und vermeiden es, sich anzusehen. Nur Hitler wirkt glücklich.

Dr. Goebbels unternimmt nichts, um der Frau zu helfen, die seine große Liebe gewesen war. Er stürzt sich mit wahrer Verbissenheit in die Arbeit. Wahrscheinlich hat das auch zur Durchführung des ersten Pogroms des Deutschen Reiches beigetragen, der Kristallnacht, für die er der Hauptverantwortliche war – gegen den Rat von Göring, Heß, Himmler und Hitler selbst. »Hitler und ich«, sagte uns der Adjutant

Engel, »wir verließen München abends mit dem Zug. Als wir in Berlin ankamen, war alles schon geschehen. Ich kann bezeugen, wie überrascht der Führer war; er konnte nur noch die Tatsachen hinnehmen, um die Lage unter Kontrolle zu behalten.«

Im März 1939 unternahm Speer mit seiner Frau und seinen engsten Freunden eine längere Reise nach Süditalien und Sizilien. Die Bildhauer Breker und Thorak, der Architekt Kreis, der Maler Kaspar, der Industrielle Robert Frank, Dr. Karl Brandt und ihre Frauen nahmen daran teil. Speer hatte Magda in dem Konflikt mit ihrem Mann immer beigestanden. Er schlug ihr vor, sich der kleinen Gruppe anzuschließen, was sie auch unter einem Decknamen tat. »Hanke, der sich in die viel ältere Frau seines Ministers verliebt hatte«, erzählt Speer, »tat alles, um die Dinge zu komplizieren. Um sie aus dieser Verlegenheit zu befreien, hatte ich Frau Goebbels zu dieser Italienreise in unserer Gesellschaft eingeladen. Hanke wollte ihr nachfahren und belästigte sie während der ganzen Reise mit Liebesbriefen; aber er wurde energisch abgewiesen. Während dieser Reise verhielt sich Frau Goebbels als liebenswürdige und ausgeglichene Frau.«

Hitlers 50. Geburtstag

Der Kanzler trägt sich mit anderen Plänen. Am 20. April 1939 feiert er in Berlin seinen fünfzigsten Geburtstag, und Eva Braun schenkt ihm goldene Manschettenknöpfe mit dem Danziger Wappen und einem Hakenkreuz darüber. Das sagt viel über die Absichten des Führers in diesem Augenblick.

Im Mai macht Eva mit ihrer Mutter und ihrer Schwester Gretl eine Kreuzfahrt in die norwegischen Fjorde. Fritz Braun, der auch eingeladen ist, hat abgelehnt. Die Brauns sind jetzt entschieden gut angeschrieben.

Das Schicksal der Baarowa
und die Versöhnung des Ehepaars Goebbels

Der Sommer 1939 war schön und heiß. Deutschland, das wieder eine Großmacht geworden war, schien sich nun der Wohltaten des Friedens erfreuen zu wollen.

Die Zeitungen sprachen nur von Feiern: dem Derby in Hamburg, den Festspielen in Bayreuth.

In Hamburg findet im Juli ein großes Reitturnier statt. Man sieht dort den Botschafter von Großbritannien, Sir Neville Henderson, den Fürsten und die Fürstin Bismarck und viele andere Persönlichkeiten. Niemand beachtet Martin Bormann, der sich über den Sieg seines besten und einzigen Freundes freut, des SS-Hauptsturmführers Fegelein, der als Sohn eines Münchner Stallbesitzers Ratgeber für seine Pferdezucht auf dem Obersalzberg ist.

In diesem Monat Juli war der Direktor der Ufa in Berlin auf den Gedanken gekommen, die alten Filme der Baarowa wieder aufzuführen und ihr sogar eine neue Rolle anzubieten. Frau Goebbels, die es sofort durch Hanke erfuhr, begab sich zur Ufa, stellte sich vor und ohrfeigte den Produktionsleiter. Damit war Lida Baarowas Karriere im Dritten Reich endgültig beendet.

»Das alles nahm für mich ein böses Ende«, sagt Lida Baarowa. »In Prag versuchte ich, in der tschechischen Produktion zu spielen, aber meine Filme waren in Deutschland verboten und hätten daher nicht aufgeführt werden können. Ich mußte verzichten. Da lernte ich in einem Filmklub einen Dr. Holm kennen, der mir erklärte, daß ich bei Ärger mit der Gestapo ihn anrufen solle, und daß er mir dann helfen würde. Ich wußte nicht, daß es sich um den Doppelagenten Paul Thümmel handelte, der mit der tschechischen Widerstandsbewegung zusammenarbeitete. Ich weiß auch nicht, was mir passiert wäre, wenn ich während der Säuberungen, die auf das Attentat gegen Heydrich folgten, in Prag geblieben wäre.

1941 war ich nach Rom gefahren, wo ich in der Cinecitta in

mehreren italienischen Filmen spielte. Ich kam 1943 nach Prag
zurück, als Mussolini gestürzt worden war, und ich lebte von
1943 bis zum Ende des Krieges in Prag. Dort heiratete ich den
Regisseur J. Kopecki. 1946 wurde ich von den Kommunisten
verhaftet, die mir einen Prozeß wegen Kollaboration machen
wollten. Ich blieb sechzehn Monate im Gefängnis, weil diese
Herren so lange nach einem Paragraphen suchten, der meine
Verurteilung ermöglicht hätte. Als sie ihn nicht fanden, ließen
sie mich frei. Inzwischen waren meine Eltern gestorben, und
meine Schwester, die an Leukämie litt, hatte Selbstmord begangen. Ich wanderte nun aus. Meinen ersten Mann habe ich
verloren und mich mit dem schwedischen Gynäkologen Dr.
Lundwall wieder verheiratet. Er starb 1976.«

Das war Lida Baarowas Schicksal. Doch nun zurück zum
Jahr 1939.

Der Führer bereitete sich auf den Besuch der traditionellen
Bayreuther Festspiele vor. Sie waren schöner denn je, dank
einer großzügigen Unterstützung durch Bormann aus Mitteln
der Adolf-Hitler-Stiftung. Unter den Ehrengästen befand sich
der alte König Ferdinand von Bulgarien, einer der Besiegten
des Ersten Weltkrieges. Die Stars waren der Dirigent Vittorio
de Sabata und Germaine Lubin. Und unter den berühmten
Gästen bemerkte man Herbert von Karajan mit seiner Gattin
sowie Magda und Joseph Goebbels.

Im August 1939 endete das Jahr der Läuterung für das Ehepaar Goebbels. Hitler rief sie beide nach Bayreuth und ließ sie
einen Versöhnungsvertrag unterschreiben.

Es wird vereinbart, daß beide wieder zusammenwohnen und
daß die unerwünschten Personen entfernt werden: die Baarowa kehrt nie wieder nach Deutschland zurück, Hanke wird
als einfacher Soldat zur Wehrmacht eingezogen und nimmt am
Polenfeldzug teil. Dann wird er zum Gauleiter von Niederschlesien mit dem Sitz in Breslau ernannt.

Auf dem Programm der Bayreuther Festspiele steht Wagners Oper »Tristan und Isolde«. In der großen Loge sieht man
Hitler und Winifred Wagner, das Ehepaar Goebbels und

Speer. Eva Braun ist bei den Festspielen in Venedig.

»Während der Vorstellung«, erzählt Speer, »weinte Frau Goebbels, die zu meiner Rechten saß, leise vor sich hin. Während der Pause blieb sie sitzen, tief ergriffen und erschüttert, während Hitler und Goebbels sich dem Publikum zeigten.«

Am nächsten Tagen ließ Hitler Goebbels rufen und teilte ihm in Gegenwart von Speer kurz und bündig mit, daß es besser wäre, wenn er noch am gleichen Tage Bayreuth mit seiner Frau verlassen würde.

Unter vier Augen sagte er zu Speer: »Mit den Frauen ist Goebbels ein Zyniker.«

In der Rolle der Isolde scheint die Sängerin Germaine Lubin überragend gewesen zu sein. Sie war die Gattin und Anregerin des Dichters von »Du und ich«, Paul Géraldy, gewesen und dann Gegenstand der Verehrung des Marschalls Pétain: Bei der Siegesparade am 14. Juli 1919, der sie auf einem Balkon in der Rue Royale in Paris beiwohnte, hatte der Marschall seinen Schimmel kurz durchpariert und den Degen vor ihr gesenkt.

Am 12. August 1939 glänzte sie in der Wagner-Rolle. Hitler war von dieser majestätischen Isolde begeistert. Am Schluß der Vorstellung ging er auf die Bühne und erklärte ihr: »Ich habe in meinem ganzen Leben eine solche Isolde niemals gesehen und gehört.«

Arno Breker, der dabei war, erzählt uns, daß Hitler sie dann mit leiser Stimme bat, in Deutschland zu bleiben, und hinzufügte: »Verlangen Sie, was Sie wollen!«

Germaine Lubin erwiderte: »Führer, ich bitte Sie nur um eine einzige Sache: Geben Sie uns den Frieden!«

Es fiel ein Reif . . . Hitler verstand es nicht: wollte er nicht immer den Frieden?

Das erklärt wohl das zwischen ihm und den Westmächten bestehende Mißverständnis. Sir Neville Henderson hat es ausgedrückt, indem er von zwei unangenehmen Charakterzügen des Deutschen sprach: »seiner Unfähigkeit, eine Frage anders als von seinem eigenen Standpunkt zu beurteilen, und seiner

Verständnislosigkeit für die Bedeutung des Maßhaltens.«

Bei Hitler kommt hinzu, daß er alles allein entschied, denn, wie Göring sagte: »Wenn es sich um eine Entscheidung handelte, war keiner von uns mehr als ein Stein, dem unser Fuß einen Stoß gibt.«

Das Ehepaar Goebbels war nach Berlin zurückgekehrt. Am 29. Oktober 1940, dem Geburtstag von Goebbels, sollte ein sechstes Kind geboren werden und ihre Versöhnung besiegeln.

Die Danziger Frage

Hitler begab sich wieder nach Berchtesgaden, um seine nächsten Aktionen vorzubereiten, denn er hatte natürlich auf keinen seiner Pläne verzichtet. Diesmal ging es darum, ein letztes Kapitel des Versailler Vertrages auszuradieren: den Danziger Korridor.

Nach der Invasion der Tschechoslowakei – Böhmen und Mähren ist nun ein Protektorat und die Slowakei selbständig unter deutschem Schutz geworden – fühlen Paris und London sich getäuscht. Sie beschließen, keinen Fußbreit Boden mehr aufzugeben.

Hitler ist dennoch überzeugt, daß Frankreich und England im letzten Augenblick nachgeben werden. Auf jeden Fall muß ein Zweifrontenkrieg vermieden werden, und diese Sicherheit gibt ihm der deutsch-sowjetische Nichtangriffspakt vom 23. August 1939.

Würde wieder eine internationale Konferenz wie die von München den Krieg verhindern? Nein, denn Hitler, der alle seine Ziele ohne Krieg erreichen wollte, übernimmt jetzt ein kalkuliertes Risiko. Die polnische Armee ist schwach. Frankreich und England – so meint er – werden nichts unternehmen. Im übrigen offenbart er seine Gedanken, als er dem englischen Botschafter Henderson erklärt: »Wenn ein Krieg ausbrechen soll, dann besser jetzt, als erst, wenn ich 55 oder 60

Jahre alt bin ... Ich bin mehr Künstler als Politiker, und wenn einmal die polnische Frage geregelt ist, dann werde ich mein Leben als Künstler beschließen und nicht als Führer von Kriegen. Ich will Deutschland nicht in eine riesige Kaserne verwandeln. Wenn die polnische Frage gelöst ist, werde ich mich aus dem politischen Leben zurückziehen.«

Am 1. September 1939 begründet Hitler vor dem in der Krolloper versammelten Reichstag den Einmarsch in Polen, und er schließt mit folgenden Worten: »Ich will nun nichts anderes sein als der erste Soldat des Reiches. Ich habe damit wieder jenen Rock angezogen, der mir selbst der heiligste und teuerste war. Ich werde ihn nur ausziehen nach dem Sieg, oder ich werde dieses Ende nicht mehr erleben.«

Er fügt noch hinzu, daß, falls ihm etwas zustieße, Göring sein Nachfolger sein werde, und nach diesem Heß.

Auf der Tribüne ist eine Zuschauerin nicht aufgefallen: Eva Braun, die aus Venedig telegrafisch zurückgerufen wurde und gerade noch rechtzeitig eintraf, um dieses sehr wagnerische Programm zu hören.

»Ich habe einen Bruder verloren«[1]

Am 3. September 1939 brach Europa zusammen, und mit ihm die Möglichkeit eines deutsch-englischen Bündnisses, von dem Hitler träumte.

Selbstmordversuch Unity Mitfords

Für Unity Mitford war dieses Bündnis das Ziel ihres Lebens, und nun war sie aufs tiefste erschüttert. Als sie von der englischen Kriegserklärung an Deutschland erfuhr, ging sie zu dem Münchner Gauleiter Adolf Wagner und übergab ihm einen versiegelten Umschlag, adressiert an den Herrn Reichskanzler Adolf Hitler und als dringend bezeichnet. Wagner rief im Hauptquartier an. Hitlers gepanzerter Sonderzug, in dem er den Operationen folgte, befand sich in Oberschlesien südlich von Oppeln. Erst am 18. September, gegen Ende des Polenfeldzuges, verlegte er sein Hauptquartier in das Zoppoter Kasinohotel bei Danzig.

Hitler befahl Wagner, den Umschlag zu öffnen und Unity aufzusuchen, um sie zu beruhigen. Der Gauleiter brach das Siegel auf und fand in dem Umschlag ein Parteiabzeichen, ein Bild von Hitler mit Widmung und einen beunruhigenden Brief: »Ich bin zerrissen zwischen meiner Anhänglichkeit an Sie, mein Führer, und meiner Pflicht als Engländerin ... Unsere beiden Nationen haben sich in einen Abgrund gestürzt; die eine wird die andere mitreißen ... Mein Leben ist nichts mehr wert ...«

1 Hitler zur Frau Winter Ende Mai 1941

Wagner schickt sofort seine Mitarbeiter auf die Suche nach Unity; es war vergeblich. Erst am nächsten Tag, dem 4. September, wurde die Polizei von der Klinik in der Nußbaumstraße benachrichtigt, daß am Tage zuvor eine Unbekannte eingeliefert worden war. Man hatte sie auf einer Bank im Englischen Garten bewußtlos aufgefunden, mit einer Pistole zu ihren Füßen. Es war kein Zweifel, daß sie versucht hatte, sich mit zwei Pistolenkugeln das Leben zu nehmen.

Eine der Kugeln war entfernt worden, aber die andere befand sich an einer ungünstigen Stelle und hatte das ganze Nervensystem in Mitleidenschaft gezogen. Ihr Zustand wurde als hoffnungslos angesehen. Die Polizei konnte sie identifizieren: es war Unity Mitford.

Der Gauleiter meldete es Hitler erst am Abend, denn der Führer fuhr jeden Morgen mit dem Wagen an die Front und kehrte erst abends, erschöpft und verstaubt, zurück. Hitler befahl, die junge Frau auf Staatskosten von den besten Ärzten behandeln zu lassen und ihre Eltern über die Deutsche Botschaft in Bern zu benachrichtigen. Das geschah auch.

Am Sonntag, dem 10. September, kam Hitler zu einem kurzen Aufenthalt nach München und begab sich an das Krankenlager des jungen Mädchens. Er beauftragte Eva Braun, ihr Blumen zu schicken und alles, was sie gebrauchen konnte. Dr. Morell wurde angewiesen, sich mit den behandelnden Ärzten in Verbindung zu setzen. Mehrmals rief Hitler in der Klinik an, um sich nach ihrem Befinden zu erkundigen.

Unity blieb bis zum Frühjahr 1940 in einem halb bewußtlosen Zustand. Sie war noch nicht gesund, aber sie wollte lieber nach England zurückkehren, als in Deutschland zu bleiben. Hitler ließ sie am 16. April über Zürich mit dem Zuge Basel-Calais repatriieren. Ihr Vater, Lord Redesdale, holte sie in Folkestone vom Schiff ab.

Dann hörte man nichts mehr von ihr. Sie wurde niemals ganz wiederhergestellt, blieb halbseitig gelähmt und lebte zurückgezogen auf einer kleinen englischen Kanalinsel, die ihrem Vater gehörte. Dort starb sie am 20. Mai 1948 im Alter von 33 Jahren. Eva hatte es Unity nicht nachgetragen, daß sie die unschuldige Ursache für ihren zweiten Selbstmordversuch gewesen war.

Das Attentat im Bürgerbräukeller

Der Polenfeldzug war kurz, er dauerte nicht einmal einen Monat. Hitler konnte sogar seine alte Gewohnheit beibehalten: zwei Wochen an der Front, eine Woche auf dem Berghof.

Er scheint überhaupt nicht begriffen zu haben, daß die Westmächte zwar die Einverleibung des Sudetenlandes zugestehen, sich aber mit der Eroberung von Böhmen und Mähren nicht abfinden konnten. Tatsächlich war es sein ursprünglicher Plan. Deshalb gaben sie ihre Garantie an Polen und entschlossen sich zum Krieg.

In Polen handelte er nach dem gleichen Plan. Anstatt seine Truppen in Danzig und im polnischen Korridor anzuhalten und den Krieg zu beenden, eroberte er ganz Polen. Mit der Zurückeroberung Danzigs und des Korridors hätten sich die Westmächte wahrscheinlich abgefunden und den Krieg beendet. Aber ein Hitler denkt an keinen Rückzug.

Auf dem Obersalzberg entwirft er seine Pläne für eine Offensive im Westen. Aber am 8. November 1939 entgeht er knapp einem Attentat in München.

Wie in jedem Jahr findet an diesem Tag im Münchner Bürgerbräukeller eine Feier zum Gedenken an den Putsch des Jahres 1923 statt. Nach einem unveränderlichen Brauch spricht Hitler zu den Alten Kämpfern. Um 20.26 Uhr ergreift er das Wort, aber er hört schon um 21.20 Uhr auf. Warum diese ungewohnte Eile? Bis zum heutigen Tage hat niemand dieses Geheimnis lüften können. Dann zieht er sich zurück und fährt zum Bahnhof. Um 21.40 Uhr explodiert eine Zeitbombe an der Stelle, an der er sich zwanzig Minuten zuvor befand. Die meisten von einigen hundert Teilnehmern hatten das Lokal mit ihm verlassen, aber die Nachzügler werden Op-

fer der Explosion. Sieben werden getötet und dreiundsechzig
verwundet. Unter den Anwesenden befindet sich auch Fritz
Braun. Im Jahre 1938, nach der Wiederannäherung zwischen
Eva und ihren Eltern, hatte der Vater sich entschlossen, der
Nationalsozialistischen Partei beizutreten. Seiner Tochter verdankte er es, daß er sogar ein zurückdatiertes Mitgliedsbuch
erhielt, welches ihn als Alten Kämpfer auswies. So kam es,
daß er dieses gefährliche Ereignis miterlebte.

»Unser Vater«, sagt Ilse Braun, »ging ins Bürgerbräu. Es
war die erste Parteiversammlung, an der er teilnahm. Und er
war unglücklicherweise noch da, als die Bombe explodierte.
Er wurde nicht verletzt, erlitt aber einen solchen Schock, daß
er nicht einmal mehr seinen Namen wußte.«

Jedenfalls hatte Fritz Braun sich eine Beförderung verdient,
und Eva erreichte, daß er als Major d. Res. zum Verwaltungs-
chef des Militärlazaretts in Ruhpolding, unweit von Berchtesgaden, ernannt wurde.

Hitlers und Evas glücklichste Zeit

Auf den endlosen »Komischen Krieg« (drôle de guerre sagten
die Franzosen) und den Norwegen-Feldzug folgte die Schlacht
von Frankreich. Es war wieder ein Blitzkrieg, der diesmal
dreiundvierzig Tage bis zum Waffenstillstand von Rethondes
(Wald von Compiègne) dauern sollte.

Hitler hat jetzt den Höhepunkt seiner Macht und seines
Ruhmes erreicht. Wenn er sich jetzt zurückzog, würde er
zweifellos als einer der größten Männer der Menschheit in die
Geschichte eingehen.

Am Ende dieses Spätsommers 1940 verleben Hitler und Eva
Braun, ohne es zu wissen, ihre glücklichsten Tage.

Sie hatten miteinander einen modus vivendi gefunden.
»Hitler wollte keine Heirat«, sagt Frau von Schirach, »und er
lehnte jeden Zwang ab. Er glaubte nicht für die Ehe geschaffen zu sein, und Eva drängte nicht mehr auf die Heirat. Für

ihn war es bequem, und sie fand sich damit ab. Er war nicht allein, aber er lebte ohne Zwang.« Ilse Braun erklärt: »Sie hatte seinen Standpunkt anerkannt und fand es richtig, daß ein Staatsmann sich dem Staat widmet und nicht der Familie.« Und Speer versichert: »Hitler war überzeugt, daß seine politische Bestimmung ihm nicht erlaube, eine legitime Frau zu haben. ›Meine Frau ist Deutschland‹, sagte er. ›Durch eine einzige, mit mir verheiratete Frau würde ich die Wertschätzung der Frauen verlieren, die für mich gestimmt haben.‹«

Eva hatte Sicherheit gewonnen, als sie sah, daß ihre Rivalinnen eine nach der anderen ausschieden: Winifred Wagner und Unity Mitford als mögliche Gattinnen des Führers, Frau Goebbels oder Frau Göring als erste Damen. So wurde die Heirat für Eva weniger dringlich.

Sie hatte selbst ihre Rolle gefunden. »Wenn Eva auf dem Obersalzberg war und Hitler Zeit hatte, dort zu sein«, sagt Gerda Daranowski, »dann sah sie ihre Aufgabe darin, ihn zu zerstreuen und zu entspannen, ihm Freude zu geben. Wenn er beschäftigt war, hatte sie nichts zu tun.«

Wie sah sie ihre Zukunft?

»Hitler sprach oft von Linz«, erzählt Speer, »und von seiner Absicht, sich dorthin zurückzuziehen. Er sagte, daß die einzigen Wesen, die ihm treu bleiben und die er nach Linz mitnehmen würde, Fräulein Braun und sein Hund Blondi wären!«

Eva dachte immer noch an Heirat, aber auf weite Sicht, und Hitler hatte es nicht endgültig abgelehnt. Wiederholt lud er die Eltern Braun auf den Berghof ein. »Hitler hatte gegenüber meinen Eltern ein schlechtes Gewissen«, meint Ilse Braun. »Wenn er ihnen begegnete, war er voller Rücksicht, aber eine herzliche Verbindung konnte zwischen ihnen nicht entstehen.«

Hitler und Eva waren einander sicher. »Eva Braun hatte alle Freiheiten«, erklärt Speer. »Er verließ sich vollkommen auf ihre Treue. Im Laufe des Winters 1940/1941 schlug ich ihr vor, meine Frau und mich nach Zürst zu begleiten, einem großen Ski-Ort im Vorarlberg. Sie war sofort einverstanden. Ich wunderte mich, daß sie sich in unserem Hotel nach dem Abendessen verabschiedete, um tanzen zu gehen. Am nächsten Tag sagte sie uns dann: ›Ich habe bis drei Uhr früh getanzt. Es war wunderbar!‹ Niemand wußte, wer sie war, sie war einfach unsere Begleiterin.«

Vom Sommer 1940 bis zum Sommer 1941 lebte das Paar immer auf die gleiche Weise: Hitler zwei Wochen in Berlin, Eva zwei Wochen in München, die dritte Woche beide zusammen auf dem Berghof. »Sie war immer sehr gut gekleidet«, berichtet Frau von der Borch. »Ich erinnere mich, daß meine Mutter mich, etwas eifersüchtig, darauf aufmerksam machte. Nach dem Juni 1940 kamen die Kleider aus Frankreich, und sie wirkte noch eleganter.«

Himmler und seine Freundin

In dieser Zeit beherrscht Hitler das ganze westliche Europa von Narwik bis Hendaye, von Brest bis Rom, da die deutsche Wehrmacht der italienischen Armee zu Hilfe eilen mußte, die in Nordafrika in Schwierigkeiten geraten war. Und so unternehmen die Paladine des Dritten Reiches ihre Streifzüge durch die eroberten Gebiete.

Der Reichsführer-SS Himmler fährt vor allem nach Italien, wo ihn Oberst Dollmann empfängt. Aber dieser erinnert sich auch an eine junge Sekretärin des Reichsführers, die man ihm besonders anempfohlen hatte. Sie war die Geliebte des Polizeichefs, der ab 1943 auch Reichsinnenminister war.

Die hübsche, sehr liebenswürdige, reizende Blondine, die Himmler »Rehchen« nannte, hieß tatsächlich Hedwig Potthast. Ihr Ariernachweis war natürlich einwandfrei. In diesem Dokument fiel uns ein Datum auf: Hedwig war am 6. Februar 1912 geboren worden, am selben Tag wie Eva Braun. Himmler muß es auch bemerkt haben. Wer in seinem weiteren Bekanntenkreis nach Leuten mit seinem eigenen Geburtsdatum sucht, wird kaum einen finden. Für einen abergläubischen Menschen, der Hitler ähnlich zu sein versuchte, muß das ein schicksalhaftes Zeichen gewesen sein.

Himmler hatte mit 28 Jahren im Juli 1928 die sieben Jahre ältere preußische Krankenschwester Margarete Boden geheiratet, eine Blondine mit blauen Augen. Sie war evangelisch und geschieden, während er katholisch, unverheiratet, Bayer und Patenkind des Prinzen Heinrich von Bayern war, einem ehemaligen Schüler von Himmlers Vater.

Himmler war Diplomlandwirt, während seine Frau sich für Heilpflanzen und Homöopathie interessierte. Ihre gemeinsame Vorliebe für die Landwirtschaft und für ein natürliches Leben hatte sie zusammengeführt.

Marga besaß eine kleine Klinik in Berlin. Sie verkaufte sie und kaufte ein kleines ländliches Grundstück in Waltrudering, 15 Kilometer von München. Um das Einkommen ihres Mannes aufzubessern, betrieb sie eine kleine Geflügelfarm. Im Jahre 1929 wurde ihre Tochter Gudrun geboren, aber nachdem Himmler sich aus den Armen seiner Frau gelöst hatte, um Hitlers Stern zu folgen, entfremdete er sich ein wenig von Marga, die mit dem Alter immer mehr zu einer menschenscheuen Hüterin des Hauses wurde. Jedenfalls gab es nichts Gemeinsames zwischen dieser ländlichen Matrone mit okkulten Neigungen und der jungen, hübschen, städtischen Eva Braun, die neunzehn Jahre jünger war als sie.

Nach 1933 richtete sich Himmler nach dem Rhythmus des Führers, indem er zwei Wochen in Berlin und eine Woche in München verbrachte. In der Reichshauptstadt kümmerte er sich um seine Polizeigeschäfte, in Waltrudering um das kleine häusliche Unternehmen.

»Wenn er uns besuchte«, sagt Frau Himmler, die auf ihrem Landsitz mit ihrer Tochter Gudrun lebte, »kümmerte er sich nur um unseren landwirtschaftlichen Betrieb. Ich hatte keine Ahnung von den abscheulichen Geschäften, die er woanders leitete.«

Die Tochter, die heute verheiratet ist, hat nur diesen ländlichen Vater gekannt, den Hüter seines Gemüsegartens, und sie hat ihm ein rührendes Andenken bewahrt. Im November 1944, als sie fünfzehn Jahre alt war, hat sie ihren Vater zum letzten Mal gesehen. Mit ihrer Mutter mußte sie aus Bayern fliehen, und beide wurden am 13. Mai 1945 in Bozen von den Amerikanern gefangengenommen. Sie wurden zuerst in Verona eingesperrt, dann in Florenz und schließlich in den Gebäuden der römischen Filmstadt Cinecitta, die ein riesiges Gefängnis geworden war. Erst im November 1946 wurden sie freigelassen und gingen nach München zurück, wo Gudrun allmählich ein Geschäft mit Waschautomaten aufbaute, das sie immer noch erfolgreich leitet. Sie ist ihrem Vater treu geblieben und trägt seinen Namen heute noch mit Stolz. Aber wir greifen vor.

Himmler führte während des Krieges in Berlin ein geregeltes Leben und verbrachte das Wochenende in der bescheidenen Vorortvilla, die er Rehchen geschenkt hatte. Er hatte mit ihr zwei Kinder: Helge, geboren am 5. Februar 1942, und Nanette, geboren am 3. Juni 1944, die er am 25. Juli und am 12. September 1944 anerkannte.

Himmler hielt sich für einen guten Menschen. Er rühmte sich, gleichzeitig ein Freund von Kräutern und Homöopath wie seine Frau und ein Rassist und Vegetarier wie Hitler zu sein, aber auch Astrologe und Sonnenanbeter. So hat ihn jedenfalls Rehchen gesehen. Wir wissen heute mehr über diesen schwachen, wirren Geist und über seine aus Minderwertigkeitskomplexen erwachsene Grausamkeit.

Er begnügte sich mit seiner Besoldung: einem Monatsgehalt von 3000 Mark. Aber dann wurde er von Bormann abhängig. Dieser war gern bereit, Himmler aus der Kasse der Adolf-Hitler-Stiftung ein Darlehen in Höhe von 80 000 Mark zu geben, damit er die Schwierigkeiten seiner beiden Haushalte überwinden und für Rehchen eine Villa auf dem Obersalzberg bauen konnte. Himmler revanchierte sich, indem er den engen Freund Bormanns, den schönen Fegelein, zum Verbindungsoffizier der SS bei Hitler ernannte. Von diesem Tage an hatte Bormann den Reichsführer überrundet.

Rehchen lebt noch. Sie hat einen anderen Namen angenommen, geheiratet und lebt friedlich im Rheinland. Himmlers Sohn leidet unter geistigen Störungen und entspricht durchaus nicht dem schönen Arier aus den utopischen Träumen des Reichsführers.

Frau Göring und Eva Braun

Die Görings lebten in ihrem Jagdschloß Karinhall, das mit »Kriegsbeute« reich ausgestattet war. Der Reichsmarschall hatte nach der Niederlage der Luftwaffe bei der Schlacht über England jedes Ansehen verloren.

Er genoß sein üppiges Leben, während Emmy Göring sich weiter für jüdische Freunde und für die von der Gestapo verfolgten Pfarrer einsetzte. Sie wandte sich an Himmler, ohne sich um die Telefonüberwachung zu kümmern. Ihre Bemühungen waren wenig erfolgreich.

Im Frühjahr 1941 wurde Emmy auf dem Berghof empfangen, und Hitler war sehr aufmerksam zu ihr. Als er sie zu ihrem Wagen begleitete, fragte sie ihn: »Erlauben Sie mir, mein Führer, alle Damen, die bei Ihnen sind, zum Tee einzuladen?« – »Aber ja, natürlich, das ist doch selbstverständlich.« – »Danke.«

Am nächsten Tag kam General Bodenschatz, der Generalstabschef des Reichsmarschalls, auf den Berghof, um den Damen Morell und Brandt, den Sekretärinnen sowie Eva Braun und ihrer Schwester die Einladung zu übermitteln. Alle sagten zu.

Sehr spät am Abend rief Hitler Göring telefonisch dringend zu sich. Der Reichsmarschall kam um drei Uhr früh zurück. Emmy erwartete ihn besorgt.

»Weißt du«, sagte Göring, »warum er mich mitten in der Nacht gerufen hat? Er will nicht, daß Eva Braun zu deinem

Tee kommt. Er behauptet, daß sie in deiner Gegenwart sehr verlegen sein würde. Ich habe ihm erklärt, wie liebenswürdig du bist, und daß niemand verlegen sein könnte, wenn er sich fünf Minuten mit dir unterhalten hätte. Aber er ließ sich nicht umstimmen.«

»Ich empfing also nur die anderen Damen«, berichtet Emmy. »Eva Braun wäre sehr gern gekommen, wie mir Bodenschatz sagte, aber Hitler hat es ihr verboten. Dieses Zwischenspiel zeigte, daß Eva Braun gern mehr an seinem Privatleben teilgenommen hätte. Vertraulich gab mir Bodenschatz zu verstehen, wie tragisch das Schicksal dieser Frau war, die Hitler völlig von mir und auch – seltsam – von Frau Winifred Wagner fernhielt.«

Wie dem auch sei, dieser Zwischenfall war die Ursache dafür, daß Frau Göring in Ungnade fiel. Bald danach litt Emmy an heftigen Zahnschmerzen, während sie sich in ihrem Haus auf dem Obersalzberg aufhielt. Hitler erfuhr es und stellte ihr seinen Zahnarzt und dessen Behandlungsraum zur Verfügung. Sie mußte acht- oder zehnmal hingehen und wollte zum Schluß der Sprechstundenhilfe etwas schenken. Diese erklärte, daß alles von Eva Braun veranlaßt worden sei, die täglich persönlich darauf geachtet hätte, daß Frau Göring gut behandelt würde. Emmy wollte sich also bei Eva bedanken. Göring rief Hitler an und bat ihn, diesen Besuch zu gestatten. Hitler lehnte kategorisch ab.

Als Emmy später zu einem offiziellen Besuch auf den Berghof kam, hatte sie festgestellt, »daß eine unsichtbare Mauer zwischen Hitler und mir errichtet war. Er sprach mich plötzlich mit ›Frau Reichsmarschall‹ an und war sehr zurückhaltend«.

Hitler duldete nicht, daß Personen seiner offiziellen Umgebung ohne seine Aufforderung die Schranke seines Privatlebens überschritten. Frau Göring war offensichtlich nicht mehr die erste Dame des Dritten Reiches.

Winifred Wagner und Eva Braun

Wir haben schon gesagt, daß auch Winifred Wagner niemals mit Eva Braun zusammengekommen war. Als Frau Wagner sich im Jahre 1975 bereitfand, fünf Stunden lang vor der Kamera von Hans Syberberg ihre Erinnerungen zu erzählen, versicherte sie, daß sie Eva Braun überhaupt nicht gekannt habe. Sicher war sie ihr niemals vorgestellt worden, aber Eva hatte an mehreren Festspielen teilgenommen und hätte ihr auffallen müssen.

Aber die glühende Verehrung, die Frau Wagner immer noch für Hitler empfindet, zeigt, daß sie ihn liebte, wenn sie sich auch dagegen wehrt und erklärt: »Er besaß die Wärme und die guten Manieren eines charmanten österreichischen Gentleman. Unsere Beziehungen beruhten auf der gemeinsamen Liebe zu dem verehrten Richard Wagner.«

Ihre Tochter Friedlind, eine Gegnerin des Nationalsozialismus, verbreitete dagegen in der Emigration ehrenrührige Gerüchte, die Winifred ihr niemals verziehen hat.

Hitler, der für die Kinder der »Onkel Adolf«, für die große Dame Winifred, die er immer noch duzte, »Wolf« war, hielt seit 1938 Abstand. Wenn er, gewöhnlich einmal im Monat, von Berlin nach München und zurück fuhr, übernachtete er künftig im Nürnberger Deutschen Hof oder in dem Gasthaus von Bad Berneck statt in Bayreuth.

Winifred hatte auch keine Aussicht mehr, die erste Dame des Dritten Reiches zu werden.

Seit Kriegsbeginn war Bayreuth allerdings ein großes Lazarettzentrum geworden, und im Festspielhaus wurden Freiaufführungen für die Verwundeten veranstaltet. Die geistige Elite war nicht mehr dabei. Die einzige Aufführung, der Hitler noch beiwohnte, war die der »Götterdämmerung« im Jahre 1944. Und man muß unwillkürlich an sein prophetisches Wort denken: »Wagners Werk umschließt alles, was der Nationalsozialismus erstrebt.«

Julius Streicher und Adele Tappe

Wir haben schon gesagt, daß Hitler in jedem Monat die Strecke von Berlin nach München im Wagen zurücklegte. Aber im Winter benutzte er bei klarem Wetter das Flugzeug von Berlin-Tempelhof zu dem kleinen Flugplatz Feldafing.

Jedesmal, wenn er im Deutschen Hof von Nürnberg abstieg, fand er auf seinem Tisch die örtlichen Zeitungen, darunter Streichers berühmtes Wochenblatt »Der Stürmer«[1].

Dieses heftig antisemitische Blatt überschlug sich in der Aufreizung zum Haß, so daß vielen Lesern, darunter auch Hitler, bei diesen wüsten Hetzartikeln übel wurde.

Der Pressechef Otto Dietrich hatte Hitler empfohlen, diese Zeitung, die der Sache nur Schaden zufügte, verbieten zu lassen. Es war vergeblich. Der Führer ärgerte sich selbst über das Blatt, aber er blieb Streicher treu, dem alten Kameraden vom Novemberputsch und dem Landsberger Gefängnis.

Streicher, Gauleiter von Franken, begrüßte die Maßnahmen gegen die Juden und zögerte nicht, seinen Freunden Geschäfte mit beschlagnahmtem jüdischem Besitz zu ermöglichen.

Die meisten führenden Männer des Reiches wollten mit dieser wenig sympathischen Persönlichkeit nichts zu tun haben. Und Streicher wurde immer schamloser. Da hatte sich Heß, der immer noch seine Meinung sagen konnte, in Übereinstimmung mit dem Bürgermeister von Nürnberg, Willy Liebel, entschlossen, etwas zu unternehmen. Er stellte die Beweise für Streichers Veruntreuungen zusammen und sprach darüber mit dem Führer, der, wie gewohnt, nicht darauf einging. Aber Heß gab nicht auf. Mit Liebels Unterstützung legte er den Fall dem Parteigericht vor, und Ende 1939 wurde Streicher verurteilt.

Hitler war damit sehr unzufrieden. Er erteilte dem Vorsitzenden des Parteigerichts, Walter Buch, der Bormanns

1 S. Dokumentation von Fred Hahn. Seewald Verlag, Stuttgart 1978

Schwiegervater war, eine Rüge. Bormann, der Hitlers Sekretär, aber immer noch der Kanzleichef von Heß war, nahm für Buch Partei, und Hitler gab nach: das Urteil wurde aufrechterhalten. Streicher wurden zunächst öffentliche Reden untersagt. Im Juni 1940 wurde er dann vom Amte des Gauleiters auf die Dauer von fünf Jahren enthoben und mit einem Aufenthaltsverbot für Nürnberg belegt.

Streicher zog sich auf einen Hof in Pleikersdorf, zehn Kilometer von Nürnberg, zurück, wo er völlig isoliert mit einer Sekretärin, der sehr hübschen Adele Tappe, lebte. »Er beschäftigte sich mit Arbeit in der Landwirtschaft und im Garten«, erzählt diese, »und er schrieb von Zeit zu Zeit Artikel für den ›Stürmer‹. Gelegentlich besuchte er seine Nachbarn, manchmal für einen ganzen Tag, aber niemals über Nacht. Den Parteigenossen war es verboten, ihn zu besuchen. Der ›Stürmer‹ zahlte ihm 1000 Mark monatlich, und er ließ acht französische Kriegsgefangene sowie eine Polin und eine Slowenin für sich arbeiten. Alle wurden so gut behandelt, daß sie uns nach dem Kriege mit ihren Familien besuchen wollten. Im April 1945 wollte Julius Streicher am Kampf um Nürnberg teilnehmen, und so verließen wir Pleikersdorf. Ich wollte ihn begleiten, und so gab er mir vorsorglich seinen Namen. Wir heirateten und wollten zusammen sterben.«

Im Jahre 1945 war Streicher 60 Jahre alt, seine neue Ehefrau Adele 35. Der Mut und die Selbstverleugnung dieser Frau, die sich im Nürnberger Prozeß als Entlastungszeugin für ihn stellte, mußten Eindruck machen. Aber es war vergeblich, denn Streicher, der doch während des Krieges überhaupt keine Rolle gespielt hatte, wurde wegen antisemitischer Propaganda und geistiger Vorbereitung zum Mord verurteilt und gehenkt.

Andere Angeklagte von Nürnberg, wie Raeder, Speer, Schirach, Funk und Neurath, die derselbe Ankläger der Verbrechen gegen die Menschlichkeit beschuldigte, sollten billiger davonkommen.

Speer berichtet, daß im Laufe der Nürnberger Verhandlung

Streicher, der vor ihm saß, sich eines Tages umdrehte und ihm »mit einem haßerfüllten Blick, den ich nie vergessen werde«, sagte: »Ihren Freund Liebel (den Bürgermeister von Nürnberg), dieses Schwein, den habe ich ein paar Stunden vor dem Einmarsch der Amerikaner liquidieren lassen.«

Heß fliegt nach England

Der Fall Streicher ist aufschlußreich für die Beurteilung von Heß, der sich nicht scheute, sich auch Entscheidungen des Führers zu widersetzen – und auch bezeichnend für den ungewöhnlichen Aufstieg Bormanns.

Der Vorhang zerreißt am 10. Mai 1941, als Rudolf Heß den Mut hat, einen letzten Schritt zu wagen. Seit dem 4. Mai weiß er, daß Hitler sich entschlossen hat, die Sowjetunion anzugreifen. In diesem Augenblick ist ganz Europa in deutscher Hand, einschließlich Jugoslawien und Griechenland, und Hitler will Großbritannien nicht ein neues Friedensangebot machen, weil er glaubt, daß man es ihm als Zeichen von Schwäche auslegen würde. Als er seinen Entschluß vor siebenundneunzig hohen Amtswaltern der Partei bekanntgibt, fügt Hitler hinzu, daß seine besten Freunde ihm geraten hätten, den Konflikt mit England gütlich zu regeln.

Zu diesen gehörten, wie wir wissen, Göring, Heß und Bormann. Da Heß den Entschluß des Führers kannte, opferte er sich und flog über das Meer, um den Engländern folgenden Vorschlag zu machen: eine deutsche Nichtangriffsgarantie für das britische Imperium, und dagegen freie Hand für Deutschland in Europa. Im Grunde also die Rückkehr zum Status quo.

Wurde diese Reise – als geheime diplomatische Sondierung – im Einverständnis mit Hitler unternommen? Ja, meint Bohle, der Gauleiter der Auslandsorganisation der NSDAP. Er glaubt, daß Hitler mit mehreren Karten zugleich spielte und Heß nur zum Schein verurteilte. Er habe seinen engsten Freund mit diesem verzweifelten Versuch beauftragt und ihm gesagt, daß er ihn desavouieren würde, wenn der Versuch scheiterte.

Nein, meint Speer, der glaubt, daß Heß aus eigenem Antrieb gehandelt hat: »Ich habe damals gedacht, daß es Bormanns Ehrgeiz war, der Heß zu diesem Verzweiflungsschritt veranlaßte.«

Jedenfalls zeigte sich Hitler, als er am 11. Mai erfuhr, daß Heß abgeflogen war, äußerst zornig, und zwar in Gegenwart von Göring, Goebbels, Ribbentrop und Ley, die sofort auf den Berghof gerufen wurden. Und alle teilten die Ansicht des Führers. Aber nachdem der erste Sturm sich gelegt hatte, erschien Hitler erstaunlich ruhig. Er sollte an diesem 11. Mai den französischen Admiral Darlan empfangen, der mit ihm über Syrien und den Aufstand im Irak sprechen wollte.

Jacques Benoist-Méchin, der den Admiral begleitete, schildert diesen Tag: »Ich hatte erwartet, einen entspannten, triumphierenden Führer anzutreffen. Aber entgegen meiner Erwartung war sein Gesicht unglaublich traurig.« Die Besprechung dauerte mehrere Stunden, bis zum Abend. Dann verabschiedete sich der Admiral.

Benoist-Méchin war noch damit beschäftigt, die Karten in seiner Aktentasche zu verwahren: »Ich mußte sie mehrmals zusammenlegen und wieder auseinandernehmen, bevor ich sie einpacken konnte, weil einige sehr groß waren, und das dauerte eine Weile. So vergingen einige Minuten in einer vollkommenen Stille. Es war schon fast dunkel. Nur ein schwaches Dämmerlicht erhellte durch die große Fensterscheibe den unbeleuchteten Raum. Plötzlich bemerkte ich zu meiner Überraschung den Reichskanzler, der einige Meter von mir entfernt im Halbdunkel stand, unbeweglich, mit gefalteten Händen, der berühmten Haarsträhne in der Stirn und wie in einen Traum versunken. Sein Gesicht wirkte noch viel trauriger als bei unserer Ankunft. Ich war erstarrt bei diesem Anblick, denn ich hatte geglaubt, daß er mit dem Admiral hinausgegangen und das Zimmer leer war.«

Auf einem Tisch neben Hitler lag ein Aktendeckel mit Dokumenten, darunter einem Bild von ihm, das für seine Unterschrift bereitgelegt war. Er zeigte dieses sehr ernste Bild Benoist-Méchin und sagte ihm: »Ich kann dieses Bild nicht verbreiten lassen. Ich sehe auf ihm aus, als verkörperte ich das ganze tragische Schicksal Deutschlands ... Ich schenke es Ihnen.« Und er drückte die Hand des französischen Diplomaten.

Bormann schikaniert Frau Heß

Zu dieser Stunde ließ Bormann die genauen Anweisungen Hitlers ausführen: Verhaftung der engsten Mitarbeiter von Heß, Überwachung von Frau Heß.

Diese wußte von nichts. »Er ist«, so berichtet sie, »kurz nach Mittag nach Augsburg abgefahren und hat mir gesagt: ›Ich komme morgen spät zurück.‹ Und ich dachte, daß er den Marschall Pétain in Vichy besuchen wollte. Er hatte immer ein Bündnis mit England gewünscht. Vor dem Kriege hatte er gute Verbindungen zu den Engländern. Aber er täuschte sich über ihre Absichten. Er war bedrückt, aber durchaus nicht hysterisch. Und ich halte nichts von den Testen, die englische Ärzte gemacht haben. Hitler war sehr verschlossen, und man weiß nicht, was er mit meinem Mann insgeheim besprochen hat.«

Bormann war äußerst eifrig und verfolgte Frau Heß pausenlos. Er ließ sogar in ihrer Wohnung die Möbel und die Schreibmaschine von Heß beschlagnahmen. Sie beschwerte sich bei Himmler, der ihr erwiderte: »Regen Sie sich nicht auf, ich schicke Ihnen neue Sachen.« Bormann ließ in der Vergangenheit von Heß nach allem suchen, was seinen ehemaligen Chef kompromittieren könnte.

Eva Braun war empört und bemühte sich mit allen Mitteln, diese Verfolgung zu beenden. Sie sprach mit Hitler darüber, der unzugänglich blieb, und dann handelte sie, ohne zu zögern und ohne Hitlers Wissen auf eigene Faust und mit Erfolg.

Während der Besprechung mit den führenden Männern erbot sich Ley gegenüber dem Führer, alle Aufgaben von Heß
zu übernehmen, aber Bormann war auf der Hut. Er wußte die
Fehler des trunksüchtigen Ley geschickt hervorzuheben. Am
20. Mai hatte er das Spiel gewonnen, und während ein trauriger Hitler einsam grübelte und sich in vollkommenes Schweigen hüllte, gab Bormann in seinem Haus auf dem Obersalzberg einen großartigen Empfang, der seinen Triumph erkennen ließ. Am nächsten Tag bereitete er die Verfügung vor, die
ihn zum Nachfolger von Heß in allen seinen Ämtern und mit
allen Vollmachten bestimmte. Dieses Dokument wurde von
Hitler am 29. Mai 1941 unterzeichnet.

Er übernahm alle Ämter von Heß mit einer Ausnahme,
nämlich der des Bevollmächtigten und des Stellvertreters des
Führers. Indem Hitler diese Entscheidung offenließ, gab er
dem Konkurrenzkampf unter seinen Gehilfen neuen Auftrieb.
Göring, der ziemlich abgemeldet war, Goebbels, der langsam
wieder anerkannt wurde, Himmler, der von seinen Mitarbeitern Heydrich und Schellenberg angetrieben wurde, und vor
allem Bormann sollten künftig einen gnadenlosen Krieg ge-
geneinander führen.

Hitler, der das vielleicht nicht so genau wußte oder es einfach für geschickt hielt, die Kräfte zu teilen, um besser zu
herrschen, brauchte Zeit, um sich von dem Schock zu erholen.
Und Ende Mai ließ er in seiner Münchner Wohnung gegenüber seiner Wirtschafterin Frau Winter eine Bemerkung fallen, die verriet, wie tief er getroffen war: »Ich habe einen
Bruder verloren!« Ein einziger Mensch blieb ihm nun bedin-
gungslos treu: Eva Braun.

Das Attentat

Welches Spiel trieb Bormann wirklich? Er strebte nach Macht, gewiß. Aber auf dem Gebiet der Außenpolitik ist noch ein Rätsel ungelöst.

Bormann und das Unternehmen Barbarossa

Inzwischen hat General Gehlen behauptet, daß nach seiner Überzeugung Bormann geheime Beziehungen zu den Sowjets gehabt habe. Seine Erklärungen haben uns nicht überzeugt. Immerhin gibt uns ein Bericht von Arno Breker über ein Erlebnis am Nachmittag des 22. Juni 1941 zu denken.

An diesem Tag arbeitete der Bildhauer kurz nach dem Mittagessen in seinem Atelier in Jäckelsbruch, 70 Kilometer ostwärts von Berlin. Er sah Bormann ankommen, der sich nur zu diesem Besuch auf die Reise begeben hatte. »Es war sein erster Besuch«, sagt Breker, »und es sollte sein letzter sein. Er mußte mir etwas Wichtiges zu sagen haben. Die Begrüßung war kühl; ich bat ihn, in den Salon zu kommen, er lehnte ab. Die strahlende Sicherheit, die diesem untersetzten Mann, der mich immer an einen Stier denken ließ, einen gewissen Charme verlieh, war verschwunden. Er schien sehr bedrückt zu sein. Wir blieben im Vorraum, und er sagte zu mir: ›Sie werden heute morgen im Rundfunk gehört haben, daß der Krieg gegen Rußland begonnen hat. Seit Tagesanbruch sind unsere Truppen auf breiter Front im Vormarsch... Heute abend verlassen wir Berlin auf unbestimmte Zeit...‹

Er machte eine Pause, dann fuhr er fort: ›Es wird hart sein, und wir können nicht voraussehen, was geschehen wird!...‹

Hatte ich wirklich aus seiner, Bormanns Stimme einen leicht pessimistischen Ton herausgehört? ›Wir stehen zwischen Sein und Nichtsein‹, fügte er hinzu, machte wieder eine Pause und schloß: ›Das ist alles, was ich Ihnen zu sagen hatte . . .‹ Dann fuhr Bormann sofort wieder fort. Ein geheimnisvoller Besuch, der immer geheimnisvoll bleiben wird. Mir schien, daß er mir nicht gesagt hatte, was er mir sagen wollte. Aber ich hatte keinen Zweifel, daß er gegen diesen Rußlandkrieg war.«

Rastenburg und das Reich ohne Frauen

Hitler fuhr mit seinem Sonderzug an die Front. Er bezog ein neues Hauptquartier in Ostpreußen, das er »Wolfsschanze« nannte, 14 km von Rastenburg, einer bescheidenen Stadt in Masuren. Er sollte dort annähernd drei Jahre bleiben, mit Ausnahme eines kurzen Aufenthalts in einem zweiten, »Wehrwolf« benannten Hauptquartier bei Winnitza in der Ukraine von Mitte Juli bis zum September 1942.

Die einzigen Frauen, die ihn begleiteten, waren seine Sekretärinnen: Gerda Daranowski, die sich während der Zeit in Winnitza in Danzig mit General Christian, dem Vertreter Görings im Führerhauptquartier, verheiratete, sowie Christa Schröder, Traudl Junge und Johanna Wolf.

Die Wolfsschanze war sehr unbehaglich, aber mit der Zeit wurde sie besser ausgestattet. »Allmählich«, erzählte Christa Schröder, »wurde ein Kinosaal gebaut, ein kleines Teehaus und eine recht behagliche Villa für Göring, der aber nur zweimal im Monat zu kurzen Besuchen erschien. Hitler erklärte den Bau dieser prächtigen Villa mit der philosophischen Entschuldigung, daß es Leute gäbe, die das Bedürfnis hätten, sich mit Luxus zu umgeben, um einen Krieg zu führen. Auch für uns wurde das Leben angenehmer. Ein großes Café wurde errichtet, in dem Hitlers Umgebung die Abendstunden verbrachte. Aber während wir alle glücklich waren, als wir nicht mehr in Bunkern schlafen mußten, weigerte sich Hitler beharrlich, seinen Bunker zu verlassen. Wenn wir uns bemühten, ihm klarzumachen, daß dieses Termitenleben ungesund sei, behauptete er, daß er in Baracken nicht schlafen könne, weil sie wahre Resonanzkästen seien. Und so verbrachte er die letzten beiden Jahre des Krieges in seinem Bunker begraben, aus dem er nur auftauchte, um etwas frische Luft zu schnappen. Aber während wir alle unter Kreislaufstörungen und Kopfschmerzen litten, wenn wir in der schlechten Luft der Bunker schliefen, schien er sich in dieser künstlichen Atmosphäre sehr wohl zu fühlen.«

Eva Braun kam nie nach Rastenburg, und Hitler mußte auf seine regelmäßigen Fahrten zwischen Berlin und München verzichten. Aber er hielt sich, wie das Kriegstagebuch des OKW verzeichnet, durchschnittlich eine Woche im Monat auf dem Berghof auf.

Der Krieg nahm ihn immer stärker in Anspruch, da er die gesamte militärische und politische Verantwortung auf seine Person konzentriert hatte. Die ersten Jahre waren voller Hoffnungen, aber im Winter 1942/43 bot Stalingrad dem deutschen Vormarsch ein endgültiges Halt, und Hitler versank in tiefe Verbitterung.

Ein einziger Mann folgte dem Führer unter allen Umständen: Bormann. Die Sekretärinnen waren dazu verurteilt, ihre Abende mit Hitler zu verbringen, das heißt, ihn über alle möglichen Themen reden zu hören, nur nicht über den Krieg. Es waren Monologe mit ständigen Wiederholungen derselben Thesen.

Beim Mittagessen, zu dem der eine oder andere Gast des Hauptquartiers eingeladen wurde, ließ der immer anwesende Bormann mit stillschweigender Genehmigung des Führers von einem Dr. Heim, später von Dr. Picker[1] mitstenographieren. Beim Lesen dieser interessanten Aufzeichnungen muß man berücksichtigen, daß Hitler zusammenhanglos sprach, abschweifte und ohne Unterbrechung redete. Die entscheiden-

1 Dr. Henry Picker: Hitlers Tischgespräche im Führerhauptquartier. Neue Ausgabe, Seewald Verlag, Stuttgart 1976

den Bemerkungen fehlen nicht, aber sind es wirklich die ganzen Tischgespräche? Man kann ihn auch nicht auf Worte festlegen, die er für unverbindlich halten mußte. Man kann aber gewisse Tendenzen erkennen. Seine Äußerungen über die Frauen sind die eines Soldaten im Felde, obwohl er an seiner Gewohnheit festhielt, Eva Braun jeden Abend um 22 Uhr in München anzurufen.

Einige Bemerkungen aus den Tischgesprächen:

»Es ist ein Glück für manche führenden Persönlichkeiten, daß sie nicht geheiratet haben. – Darum ist es besser, nicht zu heiraten.«

»Das ist das Schlimme an der Ehe: sie schafft Rechtsansprüche! Da ist es schon viel richtiger, eine Geliebte zu haben. Die Last fällt weg, und alles bleibt ein Geschenk. Das gilt natürlich nur für hervorragende Männer.«

»Daß ein Mann wie ich noch heiraten wird, glaube ich nicht. Er hat sich – intellektuell – ein Idealbild geschaffen, indem er von der einen den Wuchs, von der anderen das Haar, von der dritten den Geist, von einer vierten die Augen genommen hat, und mit dieser Sonde geht er an jedes neue Geschöpf heran. So etwas gibt es aber nicht. Man muß froh sein, wenn ein Mädel etwas Nettes hat! Es gibt doch nichts Schöneres, als sich ein junges Ding zu erziehen: ein Mädel mit 18, 20 Jahren ist biegsam wie Wachs. Einem Mann muß es möglich sein, jedem Mädchen seinen Stempel aufzudrücken. Die Frau will auch nichts anderes!« (25. Januar 1942).

Ist das nicht eine Auffassung aus dem neunzehnten Jahrhundert? Aber er sagt auch: »Wenn es einmal einen Männerstaat gibt, geht es wieder bergab mit der Menschheit. In der Vorzeit gab es sicher mehr Staaten mit dem Mutterrecht: An dem Verlust an Männern stirbt ein Volk nicht aus. Nur, wenn es an Frauen fehlt! Nach dem Dreißigjährigen Krieg wurde weithin die Vielweiberei wieder gestattet: Durch das illegitime Kind ist die Nation wieder in die Höhe gekommen. Gesetzlich kann man das nicht regeln. Aber solange man zweieinhalb Millionen hat, die alte Jungfern werden müssen, darf man das außereheliche Kind nicht ächten!« (1. März 1942).

War er sich über den absolut männlichen Charakter des nationalsozialistischen Staates klar? Gewiß, die Frauen wurden ermutigt, Kinder zu kriegen, aber kam man nicht auf die drei K (Kirche, Kinder, Küche) zurück? Keine politische oder militärische Macht war den Frauen überlassen, nicht einmal auf dem sozialen Gebiet. Und hatten die führenden Männer des Dritten Reiches nicht alle sehr unterwürfige Frauen?

Hitler und seine junge Freundin, Heß und seine Frau, die Studentin, Goebbels und seine zu ehelicher Resignation gezwungene Frau, Bormann und seine Penelope, Himmler, der seinem Mannweib entfloh, um sein Rehchen zu beherrschen. Die einzige, die sich eine gewisse Selbständigkeit bewahrt hatte, Emmy Göring, war in ihre Grenzen verwiesen worden. Im Grunde war es ein Reich ohne Frauen, wie Dollmann sagt.

Der ungarische Ministerpräsident Gömbös, der eines Tages zu einem offiziellen Besuch nach Berlin kam, hatte es bemerkt. Er sagte zu Frau von Mackensen: »Interessant, interessant, ein Reich ohne Frauen, aber wie gefährlich!«

Hitler ließ sich durch geistvolle Frauen beeindrucken, die er wirklich bewunderte, wie die Prinzessin Marie-José von Italien oder die Gräfin Edda Ciano, aber die Frauen, die ihm als Künstler im Augenblick gefielen, waren schnell vergessen.

Allerdings hatte er auch folgende Überlegungen angestellt: »Es sei seines Erachtens verständlich, daß der Mann sich nach einer Ergänzung seines Lebens durch eine Frau sehne, die ihm in ihrem Wesen und in ihren Qualitäten so nahe komme, daß sie mit ihm wachse und dadurch tatsächlich zu einer Ergänzung seines Lebens beitrage.« (24. April 1942).

Bormann isoliert Hitler

Wenn jemand alle diese Erklärungen wörtlich nahm, so war es Bormann. »Er hatte in allen Taschen seines Rocks kleine weiße Zettel«, erzählt Speer, »von denen er sich nicht trennte.

Er notierte jede Bemerkung Hitlers, die ihm wichtig erschien.« So ließ er auch die Tischgespräche Hitlers aufzeichnen.

Arno Breker hat die gleichen Beobachtungen gemacht: »Bormanns ungeheure Arbeitskraft bestimmte ihn dazu, Hitlers wichtigster Mitarbeiter zu werden. Er wohnte nur ein paar Minuten von Hitlers Wohnsitz entfernt, um sofort und unter allen Umständen verfügbar zu sein ... Er kümmerte sich persönlich um die Ausführung der Befehle Hitlers. Dieser Dienst war seine Leidenschaft. Sein Leben verschmolz mit seiner vollkommenen Hingabe an Adolf Hitler, bei Tag und bei Nacht, da Hitler kaum vor 2 Uhr früh schlafen ging ... Er kannte nach langer Beobachtung alle seine Gewohnheiten. Er notierte jedes seiner Worte, jeden seiner Gedanken ...«

Gewiß hatte Bormann auch Vorzüge, die Breker wie folgt beschrieb: »Schnelle Auffassungsgabe, ein phänomenales Gedächtnis, eine gewaltige Arbeitskraft, ein besonders entwickeltes Organisationstalent, seine absolute Ergebenheit, seine Treue. Zu seinem Arbeitsgebiet gehören unzählige Aufgaben, aber er ist der unermüdlichste, der unerschütterlichste aller Mitarbeiter. Die Organisation, die er unter Hitlers Befehl aufgebaut hat, verschafft ihm mühelosen Zugang zu den geringsten Details.« So konnte er jede Frage Hitlers beantworten, und er kannte jeden Gedanken seines Herrn. Alles, was für Hitler bestimmt war, mußte durch seine Hand gehen.

Diese Stellung wurde übrigens durch zwei kleine, scheinbar unbedeutende Verfügungen bestätigt, die er am 24. Januar 1942 und am 12. April 1943 von Hitler unterschreiben ließ: »Reichsleiter Bormann überwacht die Ausführung der Gesetze und der erlassenen Befehle vom heutigen Tage an.« Das war eine unbegrenzte Vollmacht. Und die zweite Verfügung lautete: »Reichsleiter Martin Bormann wird zum Sekretär des Führers ernannt.«

Diese beiden Verfügungen dehnten die Zuständigkeit des Sekretärs der Partei auf alle Angelegenheiten des Reiches aus.

Hitler war ein Dilettant mit geringen Voraussetzungen für

die Organisation der Verwaltung. Er fällt seine Entscheidungen an irgendeinem Ort, in einer Besprechung, bei Tisch, in seinem Arbeitszimmer, in einem Restaurant, in seinem Sonderzug: seine einzige Organisation war Bormann.

So wurde der Führer unmerklich zum Gefangenen seines Empfängers und Ausführers, und das war Bormann. »Sein Eifer«, sagt Breker, »verführte ihn allmählich dazu, Tatsachen zu vertuschen, was zu falschen und verhängnisvollen Beurteilungen der Lage führte. Während der letzten Kriegsjahre verschwieg er Hitler manche zu schlechten Nachrichten, um ihn zu schonen.«

Es ist nicht unsere Aufgabe, uns mit den Krankheiten Hitlers zu beschäftigen. Man weiß, daß er überlastet war und daß seine Gesundheit bei seiner ungesunden Lebensweise von Tag zu Tag immer mehr verfiel. Dr. Morell, den uns alle deutschen Ärzte, die ihn kannten, als Scharlatan beschrieben haben, behandelte ihn mit zahlreichen und gifthaltigen Medikamenten. Hitler muß eine sehr kräftige Konstitution gehabt haben, um dieser mörderischen Behandlung so lange zu widerstehen.

So wurde er immer mehr von Bormann abhängig. Das hatte tragische Folgen, weil Bormann sich immer für die radikalsten Lösungen einsetzte, auch wenn Hitler seine Absichten nur flüchtig andeutete. Die deklamatorische Heftigkeit des Führers wurde von Bormann in schonungslose Befehle verwandelt, deren Ergebnisse Hitler nicht kannte oder nicht kennen wollte: er hatte blindes Vertrauen zu Bormann.

Theoretisch hatte Hitler drei enge Mitarbeiter: Keitel für die militärischen Angelegenheiten, Lammers für die Verwaltung und Bormann für alles übrige. Aber die Radikalisierung aller wichtigen Entscheidungen durch Bormann zog auch die beiden anderen – immer »im Namen des Führers« – in manche Exzesse hinein.

Evas Einfluß

Nur zwei Menschen aus Hitlers Umgebung hatten bis zum Schluß noch unmittelbaren Zugang zu ihm: sein Freund Albert Speer und seine Gefährtin Eva Braun.

Wie hat Eva Braun ihre Einflußmöglichkeiten wahrgenommen? »Eva Braun verstand nichts von den Geschäften«, meint Henriette von Schirach. »Ich glaube nicht, daß sie jemals einen Globus betrachtet hat. Sie las auch keine Zeitungen.«

»Ich glaube nicht, daß sie einen Einfluß gehabt hat«, erklärt Gerda Christian. »Sie hörte gern zu, und ich kann mir vorstellen, daß Hitler ihr gewisse Dinge erzählte, aber nicht mit ihr darüber diskutierte ... Eva machte ihn darauf aufmerksam, daß bestimmte Anzüge, Hüte oder Schuhe ihm nicht standen. Hitler nahm es zur Kenntnis, aber er änderte nichts. Er sagte, das sei für einen Staatsmann nicht wichtig.«

Er erlaubte seinem Schneider nicht, an ihm Maß zu nehmen. Und er hielt an seiner steifen Schirmmütze fest, die seine seit der Gasvergiftung von 1918 empfindlichen Augen vor der Sonne schützte. Eva konnte ihm sagen, daß diese Briefträgermütze lächerlich sei, aber er zog daraus keine Folgerungen.

Dabei müssen wir an einige junge Deutsche denken, denen wir Filme von Hitler zeigten und die uns sagten: »Wie konnten unsere Eltern diesem Herrn mit seiner lächerlichen Stationsvorstehermütze folgen?«

Doch zurück zu Eva: Sie mußte von manchen Greueln wissen, die sie gegenüber ihrer Schwester andeutungsweise erwähnte. Hitler wollte nichts darüber hören, daß es auf seinen Befehl geschehen sei. »Eva setzte sich manchmal für den einen oder anderen ein«, sagt Speer. »Das geschah heimlich, meist in Gesprächen mit Bormann.«

Tatsache ist, daß sie wiederholt für verfolgte Geistliche eintrat. Es geschah auf Bitten ihrer Schwestern Ilse und Gretl, die oft von Dritten darum gebeten wurden, oder auf unmittelbare Ansprache durch Personen, die sie in ihrer Wohnung in der Wasserburger Straße aufsuchten. Wenn sie bei Hitler Verständnis fand, schickte er sie zu Bormann.

Während Hitler nichts mehr von den Juden hören wollte, sah Bormann rot, wenn man von den Geistlichen sprach. In mehreren Fällen sorgte er dafür, daß Evas Schützlinge besonders hart behandelt wurden, so daß sie schließlich auf jede Intervention über Bormann verzichtete.

In den Jahren 1941 und 1942 hatte Hitler ihr erlaubt, ihre Ferien in Portofino zu verbringen, unter der Bedingung, daß sie sich nicht zu sehr der Sonne aussetzte, weil er davon ein Krebsrisiko befürchtete. Sie kam goldblond zurück (durch ein bleichendes Haarwaschmittel) und mit zahlreichen Schuhen aus den besten Geschäften von Mailand. Hitler, der sich bemühte, eine Woche im Monat auf dem Berghof zu verbringen, um seinem Rastenburger Konzentrationslager der 70 Bunker zu entfliehen, war glücklich darüber, aber Bormann wartete ... auf die zu begleichenden Rechnungen. Er war sogar mißtrauisch gegen Eva Brauns Einfluß geworden und versuchte sie zu kompromittieren, obwohl niemand an ihrer Uneigennützigkeit zweifelte. Eva wußte sich zu wehren, aber mit weiblichen Waffen.

Bormanns Freundin Manja

Bormann regierte seine hübsche Frau und seine Kinder mit eiserner Faust. »Gerda Bormann war eine auffallende Schönheit«, erzählt uns Breker, der eine Büste von ihr modellierte. »Sie war immer zu Hause und wartete auf die Befehle ihres tyrannischen Mannes.«

Der Sekretär des Führers hatte wohl gemerkt, daß die guten Deutschen mit unverheirateten jungen Mädchen Kinder zeugen sollten. Er nahm sich eine Geliebte aus der Welt des Films, die im Jahre 1942 achtundzwanzigjährige Manja Behrens, eine Schauspielerin vom Dresdner Theater, die man in dem Film »Susanna im Bade« gesehen hatte. Sie lebt noch und ist in der DDR Staatsschauspielerin geworden.

Er nötigte sie seiner Frau auf, indem er sie manchmal in seinem Hause wohnen ließ. Ein erschütternder Briefwechsel zwischen Gerda und ihrem Mann über diese Angelegenheit zeigt ihre Absicht, diese Ehe zu dritt nach dem Kriege zu legalisieren. Eva erfuhr es und konnte sich so den unersättlichen Sekretär vom Leibe halten. Als der Krieg nach Stalingrad total wurde, erreichte Eva beim Führer eine Milderung der Anordnungen Bormanns über den Fraueneinsatz. Im Grunde war es nicht viel.

Speers Einfluß und Krankheit

Speer hatte gewiß mehr Einfluß. Als der Krieg im Osten eine besorgniserregende Wendung nahm, mußten seine gewaltigen Entwürfe für Neubauten und die Arbeiten an der Umgestaltung der Städte unterbrochen werden.

Der tödliche Absturz von Dr. Todt am 8. Februar 1942 in Rastenburg veränderte Speers Schicksal. Er war gerade in Rastenburg und hatte aus persönlichen Gründen darauf verzichtet, Todt auf dem Rückflug nach Berlin zu begleiten. Am nächsten Tag rief Hitler ihn zu sich: »Herr Speer, ich ernenne Sie zum Reichsminister und Nachfolger von Dr. Todt. Sie werden seine sämtlichen Aufgaben übernehmen.«

So wurde Speer mit 37 Jahren Rüstungsminister, und er sollte Wunder vollbringen, die von Historikern belegt sind. War es ein Kraftstück? »Glauben Sie das nicht«, sagt Speer. »Alles war so schlecht organisiert, daß man sich in bürokratischem Papierkrieg verlor. Ich habe mich damit begnügt, diese künstlichen Hindernisse zu zerschlagen. Das übrige wurde dann durch die Arbeit geschafft.«

Tatsächlich besaß Speer das volle Vertrauen des Führers und konnte alle Hindernisse beseitigen, ohne auf Bormann zurückzugreifen. Er hatte immer Zutritt zum Führer, und auf dem Berghof verhalf ihm gelegentlich auch Eva Braun dazu. Er hatte einen Augenblick gehofft, sich auf den Reichsmarschall Göring stützen zu können, zumal er mit seinem Staatssekretär, dem Feldmarschall Milch, befreundet war. Speer bemerkte dann Görings vorübergehende Euphorie, aber auch seine verengten Pupillen. Er wußte nicht, daß Göring immer unter Morphiumwirkung stand, mit Ausnahme der Zeit, in der er sich alljährlich in der Klinik des Professors Kahle in Köln einer Entziehungskur unterzog. Nach seiner Spritze war der Reichsmarschall voller Energie. Dann wurde er müde, versank allmählich in einen tiefen Schlaf, und der junge, dynamische Speer beobachtete erstaunt dieses unerwartete Verhalten.

Er wußte aber nicht, daß die Gestapo eine Akte über Göring und sein Rauschgift führte, daß Hitler aber seinem alten Kriegskameraden, der ja ein Opfer seiner Verwundung am 9. November 1923 wurde, alles verzieh. Man konnte Göring auch nicht gegen Bormann ausspielen, denn dieser hatte dem Reichsmarschall einen Millionenbetrag aus der Adolf-Hitler-Stiftung geschenkt.

Im Grunde war Speer, da Göring nicht mehr zählte, der zweite Mann des Reiches geworden. Er hat uns auch nicht verschwiegen, daß er ehrgeizige Pläne hatte und in naher Zukunft zu den höchsten Aufgaben des Staates berufen zu sein glaubte. Nach Stalingrad und dem Entschluß zum totalen Krieg verbündete sich Speer mit Goebbels, der von Jahr zu Jahr seine Stellung bei Hitler wieder gefestigt hatte. Es ging darum, die Macht nicht in den Händen der drei Sekretäre Bormann, Keitel und Lammers erstarren zu lassen.

Aber dann hielt es Goebbels für geschickter, sich Bormann zu nähern und mit ihm zu verbünden, wodurch Speers Einfluß geschwächt wurde. Er hatte schließlich noch das Pech, am 18. Januar 1944 an einer Lungenentzündung zu erkranken. Nach mehreren Berichten, die wir allerdings nicht nachprüfen konnten, soll Speer von Professor Gebhardt, einem SS-Arzt und persönlichen Freund Himmlers, falsch behandelt worden sein. Mit oder ohne Absicht? Man kann nur Vermutungen über verbrecherische Absichten des Reichsführers anstellen.

Jedenfalls steht fest, daß Speer nur durch das Eingreifen von Dr. Brandt gerettet wurde, den Eva Braun wohl auf Veranlassung von Frau Speer alarmiert hatte. Brandt war damals noch Hitlers Arzt. Es war zu der Zeit, als Eva Braun anfing, sich Sorgen über Hitlers körperlichen Verfall zu machen, und sich bemühte, die Gewaltkuren des Dr. Morell zu bremsen. Dr. Brandt hatte den Mut, Hitler zu warnen, aber es war vergeblich. Er erreichte nur, daß er das Vertrauen des Führers verlor.

Bormann verstärkt seine Macht

Da Speer sich nur langsam von seiner Krankheit erholte, war Bormann im Frühjahr 1944 der Mann, der dem Führer am nächsten stand.

Einen aus dem engeren Kreis, der nach seiner Meinung mit Hitler zu vertraut war, schaffte er aus dem Weg. Es handelte sich um den Fotografen Hoffmann. Bormann behauptet, daß er schlecht aussähe, und läßt ihn von Dr. Morell untersuchen, der sich die Diagnose vorbehält und zunächst Blutuntersuchungen anstellt. Ergebnis: Die mikroskopische Aufnahme zeigt Spuren von Typhusbazillen im Blut. Diesen unwahren Bericht legt Bormann dem Führer vor, und Hoffmann darf nun nicht mehr zu Hitler kommen. Diese Quarantäne dauert sechs Monate.

Nun gibt es nur noch eine Bremse, die Bormanns Macht beschränken kann, und das ist Eva Braun. Man muß sie also vollkommen einkreisen, um sie zu neutralisieren. Bormann unternahm zwei verschiedene Aktionen. Frau von der Borch, Evas Nachbarin in der Wasserburger Straße, erzählt uns folgendes: »Neben Evas Haus stand eine sehr schöne Villa, die nach dem Kriege abgerissen worden ist. Mein Vater war Rechtsanwalt und hatte viele Klienten. Man wußte, daß er auch Leuten half, die Schwierigkeiten mit dem Regime hatten. Eines Tages sucht der Eigentümer dieses Hauses, ein Herr

Kund, meinen Vater auf und bittet ihn, ihm zu helfen. Er berichtet, daß die Gestapo zu ihm gekommen sei, um ihm mitzuteilen, daß er ausziehen und sein Haus freigeben müsse. Man würde ihm ein anderes Haus am Tegernsee geben. Herr Kund sagte: ›Wenn ich ein Haus am Tegernsee bekomme, wird dieses wahrscheinlich irgendeinem anderen fortgenommen worden sein, und ich werde eines Tages Schwierigkeiten haben. Was soll ich machen? Helfen Sie mir.‹ Mein Vater erkundigte sich, wer an diesem Haus interessiert war, und stellte fest, daß es sich um den Reichsleiter Bormann handelte. Er rief ihn an und sagte ihm: ›Herr Reichsleiter, dieses Haus ist für Sie ganz ungeeignet. Es hat diese und jene Mängel.‹ Im übrigen riet er Herrn Kund: ›Verkaufen Sie Ihr Haus freiwillig. Sie werden sich niemals durchsetzen können.‹ Das tat er auch, um weiteren Ärger zu vermeiden.«

Gretl Brauns Heirat

Aber Bormann hatte Eva Braun noch von einer anderen Seite eingekreist. Er bewog seinen Freund Fegelein, seinen einzigen Freund, Evas Schwester Gretl zu heiraten. Das geschah am 3. Juni 1944 im Rathaus von Salzburg. Abends fand ein großartiger Empfang auf dem Kehlstein statt, vorbereitet von Eva Braun und Bormann, die zum letzten Mal scheinbar verbündet waren. Aber es war ein Sieg Bormanns.

Vorher hatte Hitler, dessen Hauptquartier sich damals in Klessheim bei Salzburg befand, für die Brauns und die Fegeleins ein Essen auf dem Berghof gegeben. Danach fuhren die jungen Leute auf den Kehlstein, wo man bis zum Morgengrauen trank und tanzte. Bormann, der sie begleitet hatte, trank so viel Sekt, daß man ihn in sein Bett tragen mußte.

Auf einer Aufnahme von diesem Fest sieht man die Teilnehmer; es waren die letzten Mitglieder des privaten Kreises: Bormann, Dr. Brandt mit seiner Frau und seinem Adjutanten Dr. von Hasselbach, Hitlers Pressechef Dr. Dietrich, die Sekretärin Gerda Christian, der Fotograf Hoffmann, dessen Untersuchungsergebnis noch nicht vorlag, Eva Braun und ihre intime Freundin Herta Ostermayer.

Es war drei Tage vor der Invasion in der Normandie.

Das Attentat in Rastenburg

Hitler wurde nun durch den neuen Feldzug in Frankreich vollkommen in Anspruch genommen. Vorahnungen bedrückten ihn.

Zwei Hauptquartiere waren mit großen Kosten in Frankreich vorbereitet worden, um Hitler die Leitung der neuen Schlacht zu ermöglichen: das eine bei Tours, das andere bei Soissons (Margival).

Am 17. Juni ist Hitler in Margival, der Wolfsschlucht II, wo er eine Besprechung mit Rommel hat. Da schlägt, nach Ende der Besprechung, eine außer Kurs geratene V I in der Nähe des Befehlsbunkers ein, ohne Menschen zu verletzen. Aber Hitler beschließt, dieses Hauptquartier niemals zu benutzen, und fährt noch in der gleichen Nacht nach Berchtesgaden zurück.

Ende Juni wird München von schweren Luftangriffen heimgesucht, und auch Evas Haus wird von einigen Splittern getroffen. Ihre Eltern wohnen jetzt bei ihr, weil ihre eigene Wohnung in einem noch mehr bedrohten Stadtteil liegt.

»Während des Krieges«, sagt Frau von der Borch, »war angeordnet, daß in jeder Straße jemand für den Luftschutz verantwortlich sein mußte. Diese Person mußte nach jedem Luftangriff feststellen, welche Häuser beschädigt, wer verwundet oder getötet war, und wie es sich ereignet hatte. Für die Wasserburger Straße war meine Mutter verantwortlich. Als sie nach diesem Angriff auf die Straße ging, um ihre Feststellungen zu treffen, kam der Vater Braun auf sie zu: ›Ja, unser Haus ist beschädigt. Und bei Ihnen ist nichts?‹ Er sprach noch mit meiner Mutter, und dann sagte er plötzlich: ›Wie Sie wissen, bin ich Eva Brauns Vater, und ich finde, daß die Lage ernst ist. Ich frage meine Tochter immer wieder: Warum heiratet er dich nicht?‹ Meine Mutter war erschrocken, das zu hören, denn es war damals nicht gut, mehr zu wissen, als man mußte. Man fragte sich immer, welche Folgen es haben konnte. So sagte sie nur: ›Ja, ja, gewiß, aber ich muß jetzt die Schäden feststellen.‹«

Eva hatte dann noch ein ernstes Erlebnis. Der Schauspieler Heini Handschuhmacher, der an Gretls Trauung in Salzburg teilgenommen hatte, war bei diesem Luftangriff getötet worden. Eva, Gretl und ihre Freundin Herta, die an der Beisetzung teilnahmen, kamen erschüttert aus der Stadt zurück, und Eva beschrieb Hitler, was sie gesehen hatte: Ruinen, Tote, Verwundete, die sie kannten. Hitler versicherte, daß man die Toten rächen werde, dann verbot er Eva, nach München zurückzukehren. –

Beide wissen an diesem 11. Juli nicht, daß ein auf dem Berghof anwesender Offizier, der Oberst Graf von Stauffenberg, die Bombe bei sich hat, mit der er Hitler töten will. Er verzichtet darauf, sie auszulösen, weil Himmler nicht da ist und er ihn gleichzeitig mit Hitler beseitigen will.

Am 13. Juli treten die Sowjets wieder zu einer Großoffensive an. Hitler begibt sich in sein Rastenburger Hauptquartier zurück.

Am 20. Juli 1944 wird das Attentat in Rastenburg durchgeführt.

Es gibt nur wenige Berichte aus erster Hand über dieses Ereignis. Um uns in die Situation zurückzuversetzen, zitieren wir einen Zeugen, den damaligen Chef der Operationsabteilung im Oberkommando des Heeres, Genéral Heusinger. Er berichtet:

»Es geschah während der täglichen Lagebesprechung kurz nach zwölf Uhr. Der Saal war ein Ziegelbau, ungefähr 10 Meter lang und 4 bis 5 Meter breit. Die Längsseite war mit einem Betonbunker verbunden. An dieser Seite befand sich, neben dem Bunker, auch die Eingangstür. Gegenüber und auf der rechten Seite waren einige Fenster, links dagegen nicht. Die Wände, die Decke und der Fußboden waren leicht gebaut. In der Mitte des Raumes stand ein 5 bis 6 Meter langer, schwerer Eichentisch mit einer sehr dicken Platte und massiven Füßen. Auf dem Tisch waren Karten ausgebreitet. In der Nähe der Tür befanden sich einige kleine Tische für die Ablage von Akten.

Anwesend sind: Hitler an der Mitte des Tisches mit dem Rücken zum Eingang. Rechts von ihm und um die rechte Seite des Tisches herum: Generalleutnant Heusinger, Oberst Brandt, Generaloberst Korten, Generalleutnant Schmundt, General Bodenschatz, Vizeadmiral von Puttkamer, Generalleutnant Borgmann, der Stenograph Berger, Kapitän z. S. Aßmann, Generalmajor Scherff und Vizeadmiral Voß, der ungefähr gegenüber von Hitler saß. Links von Hitler: Generaloberst Jodl, Feldmarschall Keitel, General Buhle, General Warlimont, ein SS-Adjutant, Oberst von Below, Generaloberst von John, ein Stenograph, SS-Brigadeführer Fegelein und andere.

Hitler: Gibt es Neues von der rumänischen Front?

Heusinger: Von einigen örtlichen Kämpfen abgesehen, herrscht Ruhe.

Hitler: Weiß man, wo die russischen Panzerarmeen stecken?

Heusinger: Die Luftaufklärung hat sie schon seit einiger Zeit nicht mehr feststellen können. Es ist möglich, daß sie noch in ihren alten Räumen sind, falls sie sich nicht schon auf dem Marsch in Richtung Lemberg befinden. Aber sie sind dort noch nicht in Erscheinung getreten.

Hitler: Hat die Luftaufklärung noch immer nichts ergeben?

Heusinger: Leider nicht. Die russischen Jäger sind immer aktiver geworden und lassen unsere paar Aufklärer nur selten durchkommen.

Hitler: Lassen wir das ... Wie ist die Lage im Osten von Lemberg?

Heusinger: Sie verschärft sich immer mehr. Die Vereinigung der beiden russischen Angriffskeile wird sich kaum verhindern lassen. Unsere Reserven sind erschöpft, wir werden uns in das Generalgouvernement zurückziehen müssen. –

In diesem Augenblick trifft Feldmarschall Keitel in Begleitung von Oberst Graf von Stauffenberg ein. Beide grüßen. Hitler dreht sich schnell um und erwidert den Gruß. –

Keitel: Mein Führer, vielleicht kann Stauffenberg dazu gleich etwas sagen.

Hitler: Nein. Ich möchte erst wissen, wie es an der übrigen Front aussieht. Wir werden zum Schluß darauf zurückkommen.

Stauffenberg leise zu Keitel: Herr Feldmarschall, ich muß noch telefonieren ... Ich komme gleich zurück. –

Keitel nickt zustimmend, und Stauffenberg geht zu Oberst Brandt, dem er zuflüstert: »Ich lasse meine Aktentasche hier, während ich schnell einmal telefoniere.« –

Er legt seine Aktentasche neben Brandt unter den Tisch und geht hinaus. –

Heusinger: Die Heeresgruppe ostwärts von Lemberg beabsichtigte, erst den südlichen und dann den nördlichen Einbruch zu bereinigen. Leider ist das nicht mehr möglich. Die Einkreisung des 13. Korps zeichnet sich ab.

Hitler: Die Kräfte aus dem Generalgouvernement werden es freikämpfen.

Heusinger: Man wird sie auf einer Verteidigungslinie am San einsetzen müssen. Zum Angriff sind sie nicht fähig.

Hitler: Wir werden das später sehen. Wie steht es im Mittelabschnitt?

Heusinger: Im Süden der Heeresgruppe hat sich die Lage etwas entspannt. Das Eintreffen von Verstärkungen wirkt sich aus. Die Russen stoßen, wenigstens zu beiden Seiten der Rollbahnen, auf einen sich verstärkenden Widerstand und greifen nur zögernd an. Vielleicht können wir sie an der polnischen Grenze aufhalten.

Hitler: Das muß auf alle Fälle erreicht werden. Wenn wir das in Ordnung gebracht haben, werden wir den Einbruch bei Lemberg bereinigen.

Heusinger: Die Entwicklung der Lage vor Ostpreußen ist um so bedrohlicher. Die Russen nähern sich der Grenze.

Hitler: Sie werden nicht hineinkommen. Feldmarschall Model und Gauleiter Koch sind mir dafür verantwortlich.

Heusinger: Sie werden alles versuchen. Vielleicht zielt der Gegner im Augenblick nicht auf Ostpreußen, sondern will zunächst die Heeresgruppe Nord vernichten. Die Gefahr für diese Heeresgruppe wird immer größer.

Hitler: Er wird auf sich selbst achten müssen, denn er hat nichts zum Schutze seiner rechten Flanke getan, während er nach Süden angriff.

Heusinger: Die Russen schwenken mit starken Kräften westlich der Düna nach Norden; ihre vorgeschobenen Angriffskeile stehen schon südwestlich von Dünaburg. Wenn man die Heeresgruppe nicht auf den Peipussee zurückzieht, ist eine Katastrophe . . .

Eine gewaltige Explosion unter dem Tisch unterbricht den Vortrag. Riesige Flammenstöße schießen durch den Raum. Die Tischplatte fliegt in die Luft. Die Karten stehen in Flammen. Die Offiziere, die an der Besprechung teilgenommen haben, liegen am Boden oder sind durch die Fenster hinausgeschleudert worden.

Man hört Keitels Stimme: ›Wo ist der Führer?‹«

General Heusinger kommt zu sich, kriecht bis zur Tür und schleppt sich nach draußen; er blutet vom Kopf bis zu den Beinen, seine Uniform hängt in Fetzen. Andere verlassen mehr oder weniger verletzt den Raum. Einige werden hinausgetragen. Hitler, dessen Hose zerrissen ist, geht schwankend, von zwei Männern gestützt, zu seinem persönlichen Bunker hinüber. Kraftwagen holen die Verletzten ab.

Hitler und Eva nach dem Attentat

In Rastenburg wußte man noch nicht, wer der Urheber des Attentats war. Hitler änderte seine Pläne kaum. Am Nachmittag sollte er den Duce empfangen. Er begrüßte ihn etwas nervös mit der Erklärung: »Duce, man hat soeben eine Höllenmaschine gegen mich hochgehen lassen!«

Nachdem man den Ort der Explosion besichtigt hatte, verlief die Konferenz wie vorgesehen. Aber Hitler war unruhig und stark beschäftigt. »Er lief dauernd zum Telefon«, berichtete der italienische Botschafter Anfuso.

Hitler telefonierte mit Goebbels und rief auch auf dem Berghof an. Eva war mit ihrer Freundin Hertha zum Schwimmen am Königssee. Beide wurden dringend zurückgerufen.

Als es Hitler gelang, Eva telefonisch zu erreichen, beruhigte er sie. Dann schrieb er ihr die kurzen Worte, die Nerin Gun aufgefunden hat: »Die Vorsehung hat mich beschützt und wir brauchen unsere Feinde nicht mehr zu fürchten.«

Er fügte seine zerfetzte und blutige Hose bei, die sie als Reliquie bewahrte. Am nächsten Tag antwortete sie ihm: »Ich führe jetzt kein Leben mehr, seitdem ich Dich in Gefahr weiß ... Du weißt, daß ich es nicht überleben würde, wenn Dir etwas zustieße. Schon nach unseren ersten Begegnungen habe ich mir versprochen, Dir überall zu folgen, auch in den Tod. Du weißt, daß ich nur lebe, um Dich zu lieben. Deine Eva.«

Goebbels und Himmler

Von Rastenburg aus übertrug Hitler alle Vollmachten auf Goebbels, der in Berlin geblieben war, und auf Himmler, der ins Führerhauptquartier kam, um die Verschworenen zur Rechenschaft zu ziehen.

Nebenbei ist festzustellen, daß die Verschwörung des 20. Juli – genau wie die, die ein Jahr zuvor Mussolini gestürzt hatte – eine im wesentlichen bürgerliche, durchaus nicht vom Volk getragene Angelegenheit war und wahrscheinlich deshalb scheiterte.

Die Säuberungen, die nun folgten, waren unbarmherzig und

mittelalterlich. Gewiß überboten sich Bormann und Himmler in ihrem fanatischen Eifer, und Goebbels tat es ihnen gleich. Aber es erscheint unglaublich, daß Hitler, dieser übersensible »Künstler«, die Greuel veranlassen konnte: das brutale Aufhängen der Verschwörer an Fleischerhaken und die Filmaufnahmen ihres Todeskampfes, deren Vorführung er selbst nicht ertragen konnte. Nur ein unnormaler Mensch, der so vergiftet war wie Hitler durch Morell, konnte sich das ausdenken, konnte es wollen und konnte es dulden.

Aus dieser abscheulichen Prüfung ging nur ein Mann mächtiger und schrecklicher hervor: Himmler, der blind ergebene Henker. Und das ließ viel Unheil erwarten.

Goebbels wiederum, der nun Reichskommissar für den totalen Krieg wurde, hatte sich unentbehrlich gemacht und damit seinen Platz im ersten Rang zurückerobert. Und da Magda am 20. Juli zur Behandlung einer Gesichtsneurose im Sanatorium auf dem Weißen Hirsch bei Dresden war, hatte er keine Hemmung, sich zu den gleichen Unterdrückungsmethoden zu bekennen wie Himmler. »Wenn der Krieg beendet ist«, sagte er, »werde ich ihnen erklären, wie ich eine solche Verschwörung aufgezogen hätte! Und die wäre gelungen, das garantiere ich.« Im übrigen muß man anerkennen, daß Goebbels im Gegensatz zu Hitler die bombardierten Städte besichtigte und sich in Berlin als der verantwortliche Mann ständig ohne Furcht allen Gefahren aussetzte.

Im August 1944 mußte Magda an der rechten Gesichtshälfte operiert werden, und man brachte sie zu dem besten deutschen Spezialisten nach Breslau, wo Hanke ja damals Gauleiter war. Er besuchte Magda in der Klinik.

Hanke hatte damals eine kleine französische Freundin, und das beruhigte Magda. Sie fühlte sich noch immer etwas schuldig an der Entlassung Hankes aus dem Ministerium, und sie hatte auch befürchtet, daß er den Tod auf dem Schlachtfeld suchen würde. Aber jetzt war alles in Ordnung.

Als Goebbels seine Frau in der Klinik besuchte, gab der Gauleiter beiden zu Ehren ein offizielles Essen im Breslauer

Schloß. Aber der Abend scheint unter kriegsbedingten Schwierigkeiten gelitten zu haben. Das Essen verspätete sich und die Gerichte waren kalt, einige Gäste fanden keinen Platz, andere kein Besteck, und schließlich stolperte ein Diener und stürzte mit einer Platte.

Nach dem Essen fuhr der Minister mit Magda ins Hotel Monopol zurück. Der Portier hörte, wie Goebbels lachend zu seiner Frau sagte: »Wenn du die Frau eines Gauleiters geworden wärest, hättest du ein Vergnügen gehabt!« Sie erwiderte: »Wenn ich die Herrin des Hauses gewesen wäre, dann wäre das alles nicht passiert.«

Magda und Hanke sollten sich nicht mehr sehen. Goebbels trug Hanke nichts nach. Ein halbes Jahr später, Anfang 1945, rühmte er mit begeisterten Worten Hanke als den heldenmütigen Verteidiger der umzingelten Stadt Breslau.

Die letzten Tage

Im Osten kündigt sich die Katastrophe an. Im Westen gelingt es dem kranken Hitler, in einer letzten, verzweifelten Anstrengung eine Gegenoffensive in Gang zu bringen. Es ist die Ardennenschlacht, die mehr Opfer fordern sollte als die Invasion in der Normandie.

Das Deutsche Reich wird von einem körperlich verfallenen und gealterten Mann geführt. Er hat seinen Nachfolger nicht bestimmt, oder vielmehr: der ursprünglich bestimmte Nachfolger Göring ist angeschlagen und vollkommen apathisch geworden. Die anderen Würdenträger überwachen sich eifersüchtig: Bormann, Goebbels und Himmler sind immer noch im Rennen. Der nächste, Speer, bleibt der Freund des Führers, aber er liegt noch mehrere Längen zurück.

Wie alle Menschen, die den Tod erwarten, verschiebt Hitler alles auf morgen, was mit seiner Nachfolge zu tun hat. Er hat es ja auch immer vermieden, seine Pläne für die Gestaltung Europas bekanntzugeben, und er hat damit die Sammlung aller Abwartenden verhindert. Jetzt ist es zu spät. Im Januar 1945 ist die deutsche Grenze im Osten und Westen überschritten: alle Europäer sind gegen Hitler und gegen das, was seine neue Ordnung sein sollte.

Der Führer, der den Krieg im Westen von seinem Hauptquartier Adlerhorst in Ziegenberg bei Bad Nauheim leitete, ist nach Berlin zurückgekehrt.

Silvester 1944 und danach

Den Silvesterabend 1944 verbrachten Hitler und Eva gemeinsam in der Reichskanzlei. Bevor sie München verließ, wo sie ihre Wohnung aufgeräumt hatte, unterzeichnete Eva am 24. Oktober noch ihr Testament.

Am 21. Januar 1945 trifft Evas Schwester Ilse auf dem Schlesischen Bahnhof in Berlin ein.

»Das östliche Ufer der Oder«, erzählt Ilse, »war bereits in den Händen der Roten Armee. Eva hatte mich in Breslau angerufen, um mir zu sagen, daß unser Vater in der Nähe von Ruhpolding durch eine Zeitbombe verletzt worden war, und sie bat mich, zu ihm zu fahren. ›Das ist leicht gesagt‹, erwiderte ich, ›aber ich komme hier nicht mehr fort.‹ Sie bestand darauf: ›Wenn es dort schon so weit ist, mußt du unbedingt fort. Ich werde sehen, ob Fegelein euch abholen kann.‹ (Während des Krieges hatte Ilse sich mit einem in Breslau angestellten Arzt verheiratet.) Fegelein kam nicht, aber mein Mann und ich fuhren mit nur einem Koffer mit der Bahn fort. Die Reise dauerte drei Tage und drei Nächte.«

Es ist die größte Völkerwanderung der europäischen Geschichte seit den Zeiten der alten Germanen: 7 500 000 Deutsche fliehen nach Westen. Mit den 13 Millionen Europäern, die bis 1947 umgesiedelt wurden, ist es der Auftakt zur größten Umsiedlung der Geschichte. Es ist die verheerende Auswirkung eines übertriebenen Nationalitätenprinzips.

»Mein Mann war Reserveoffizier«, fährt Ilse fort, »und er mußte sich bei seinem Wehrbezirkskommando in Berlin melden. Ich kündigte Eva unsere Ankunft telefonisch an. Sie sagte: ›Ich habe ein Zimmer im Hotel Adlon bestellt. Dort könnt Ihr bleiben. Walter wird sich morgen beim Wehrbezirkskommando stellen.‹ Sie fügte hinzu, daß Hitler um Entschuldigung bäte, daß er mich nicht empfangen könne, aber er sei mit Arbeit überlastet. Ich erwiderte: ›Das interessiert mich überhaupt nicht‹, und Eva war darüber sehr entrüstet. Nach unserer Flucht ohne Gepäck war es schließlich verständlich.

Erst am übernächsten Tag war ich mit Eva allein zusammen. Wir aßen in der kleinen Bibliothek der Reichskanzlei.«

Hier macht Ilse, sichtlich bewegt, eine Pause. Tatsächlich handelt es sich um die letzte Begegnung mit ihrer Schwester.

»Wenn wir richtig unterrichtet sind«, fragen wir dann, »haben Sie Ihrer Schwester eine große Szene gemacht: Breslau ist verloren, Schlesien verloren, Deutschland verloren! So weit hat dein Führer uns gebracht usw.« – »Gewiß«, sagt Ilse, »das alles war furchtbar traurig. Es war ein Ausbruch meiner Traurigkeit. Eva war tief erschüttert. Sie sprach von der Überlastung des Führers und seiner Großzügigkeit, denn er lade mich ein, auf dem Berghof zu wohnen. Am Ende dieser peinlichen Szene wurde Eva ohnmächtig. Es war wohl eine Wirkung der Beruhigungsmittel des Dr. Morell. Ich fuhr also allein auf den Berghof, wo ich bis zum Ende des Krieges blieb. Mit Eva habe ich nur noch telefonisch gesprochen.«

Jodls Heirat

Ein anderer Paladin des Dritten Reiches, von Ribbentrop, hatte jeden Einfluß verloren. Er hatte die sinnlose Kriegserklärung des Reiches an die Vereinigten Staaten, die nicht unvermeidlich war, nicht verhindern können.

Er fühlte sich isoliert und kämpfte nur noch um Fragen der Rangordnung. Im übrigen beschränkte er sich darauf, die Worte des Führers zu wiederholen, ganz gleich, ob sie sinnvoll waren oder nicht. So gut er konnte, tröstete er sich mit gefälligen Sekretärinnen.

Im Stab des Führers war Generaloberst Jodl Chef des Wehrmachtführungsamtes. Er war ein vom Unglück verfolgter Mann. Seine Frau, eine geborene Gräfin Irma Bullion, war seit mehreren Jahren schwer krank. Sie starb im März 1944 in einem Königsberger Krankenhaus. Er betrauerte sie und begrub ihre Urne auf der Fraueninsel im Chiemsee. Eine Freundin Irmas, die fünfzehn Jahre jüngere Luise von Benda, tröstete ihn. Sie war schon seit 1926 im Reichswehrministerium und dem späteren Reichskriegsministerium beschäftigt, zuerst als Sekretärin im Truppenamt (Generalstab) von General-oberst Beck, dann bei General von Tresckow im Frankreich-feldzug, beim Militärattaché von Rinteln in Rom und schließ-lich bei der Deutschen Militärmission bei Mussolini am Gar-dasee.

Bei dem Attentat des 20. Juli war Jodl verletzt worden. In der folgenden Nacht rief er Luise in Gargnano an: »Ich habe nur verbrannte Haare und kann dich kaum verstehen, weil meine Trommelfelle geplatzt sind. Was sagst du dazu?« Und nach einer Pause fuhr er fort: »Beck ist tot . . .« Luise schwieg. »Er hat Selbstmord begangen . . . Und Tresckow ist auf einer Erkundung gefallen . . . Ich brauche dich jetzt.«

Für Luise war sofort klar, daß der Tod dieser beiden mit dem Attentat zusammenhing. Aber erst im September traf sie Jodl, der einen Tag Urlaub genommen hatte, in Berlin. Ge-meinsam stellten sie eine Liste aller ihrer Freunde aus dem Generalstab auf, die in das Attentat verwickelt waren. Jodl, den die Invasion und dann die Ardennenschlacht vollkommen in Anspruch nahm, bemühte sich, nur an seine Arbeit zu denken.

Luise hatte sich beim Roten Kreuz in Berlin einstellen las-sen, um näher bei ihm zu sein. So erlebte sie Tag für Tag die Tragödie der Luftangriffe und das Flüchtlingselend. Sie war vom Tod umgeben.

Zwischen zwei Luftangriffen heirateten sie am 7. März 1945 in aller Stille in Berlin. Der Standesbeamte übergab ihnen das übliche Exemplar von »Mein Kampf«.

»Hast du es schon einmal gelesen?« fragte der General Luise, als sie das Standesamt verließen. – »Ich auch nicht«, erwiderte sie lachend.

Als sie ihre Wohnung im Grunewald erreichten, läutete das Telefon. Es war das Hauptquartier: Der Generalstabschef des Oberbefehlshabers West, General Westphal, hatte gemeldet, daß Patton über die Brücke von Remagen den Rhein über-

schritten hatte. Um 21 Uhr war Fliegeralarm. Die Jodls verbrachten ihre Hochzeitsnacht im Keller. Es war der Anfang
vom Ende.

Eva sieht dem Schicksal ins Auge

Anfang Februar 1945 hatte Hitler beschlossen, Eva Braun auf
den Berghof zurückzuschicken. Er bagatellisierte die Sache,
indem er ihr sagte, daß es in Berlin zu gefährlich sei und daß er
wieder in sein Hauptquartier fahren werde, vielleicht sogar
auf den Obersalzberg. Auf dem Berghof würde sie in Sicherheit sein, und er wäre beruhigt.

Als sie abends – in Begleitung ihrer schwangeren Schwester
Gretl – in München ankam, erlebte die Stadt einen neuen
Luftangriff. Eva begab sich nicht auf den Berghof, sondern in
ihre Villa, um die gewohnte Feier ihres Geburtstages vorzubereiten.

Zum ersten Mal konnte diese Feier erst am 8. Februar, zwei
Tage nach dem richtigen Datum, stattfinden. Sie hatte ihre
engsten Freundinnen Herta Ostermayer und Annie Brandt
sowie einige Kolleginnen aus ihrer früheren Tätigkeit bei
Hoffmann eingeladen.

Als man beim Sekt angelangt ist, kündigte Eva in aller Ruhe
ihren endgültigen Entschluß an: sie wird nicht auf den Berghof gehen, sondern zurück nach Berlin. Alle widersprechen
ihr heftig und versuchen, sie davon abzubringen: dorthin zu
fahren, sei der sichere Tod. Eva hört es sich an, aber sie bleibt
unerschütterlich: »Hitler hat mir verboten zurückzukommen.
Ich weiß, daß es den Tod bedeutet, aber ich bin dazu bereit. Es
ist mein Schicksal.«

Magda Goebbels in Dresden

Am 13. Februar 1945 hat die anglo-amerikanische Luftwaffe die fürchterlichste Bombardierung in der Geschichte der Menschheit durchgeführt: die Vernichtung Dresdens. Die mit Flüchtlingen überfüllte Stadt wurde vollkommen zerstört, und raffiniert verstreute Brandkanister erzeugten riesige Flächenbrände. Mehr als 135 000 Menschen sollten einen grauenhaften Tod finden.

Es war ein solcher Skandal, daß sogar die Sowjets durch ihren Marschall Konjew protestierten und die Alliierten sich nicht erlauben konnten, beim Nürnberger Prozeß die Zerstörung unbefestigter Städte auf die Liste der Kriegsverbrechen zu setzen. Der amerikanische Hauptankläger Robert Jackson hat dem sowjetischen Historiker Poltorak erklärt: »Es wäre nicht angebracht, den Deutschen ihre Bombenangriffe vorzuwerfen, während hier in Nürnberg der Justizpalast fast das einzige übriggebliebene Gebäude ist.«

Ello Quandt, die Schwägerin und einzige Freundin von Magda Goebbels seit fünfundzwanzig Jahren, war, ebenso wie Gerhart Hauptmann, Zeugin dieser verbrecherischen, apokalyptischen Bombardierung von Dresden.

Sie ist zur Kur im Sanatorium Weißer Hirsch, das auf den Elbhöhen bei Dresden liegt und von dem Angriff nicht betroffen wurde. Magda besucht sie Anfang März. Sie ist mit einem Lieferwagen einer Zigarettenfirma auf dem Sitz neben dem Fahrer von Berlin nach Dresden gefahren. Die schönste Stadt Deutschlands ist ein Schutthaufen und das Sanatorium überfüllt.

Unterwegs ist das Fahrzeug mehrmals von Tieffliegern beschossen worden, und Magda mußte im Straßengraben Deckung suchen.

Als sie völlig erschöpft eintrifft, beruhigt sie noch ihre Schwägerin: »Die Geheimwaffen werden uns retten!«

Am nächsten Tag, nach fünfzehn Stunden Schlaf, ist sie ruhiger und erklärt: »Die Russen werden bald hier sein ... Wir werden alle sterben. Aber von eigener Hand, nicht durch die Hand des Feindes.« Ello erwidert: »Du wirst doch nicht für diesen Mann (Goebbels) sterben, der dich so grausam enttäuscht hat, für diesen Dämon, den du nur zu gut kennst.« – Aber Magda sagt: »Das Leben, das Ihr alle nach der Niederlage führen werdet, ist nicht lebenswert. Früher oder später wird der Kommunismus sich ganz Europas bemächtigen. Wir waren der letzte Schutzwall gegen ihn. Und wir, die wir zur Führung des Dritten Reiches gehörten, wir müssen die Folgerungen aus unseren Handlungen ziehen. Wir haben vom deutschen Volk unsagbare Anstrengungen gefordert und können jetzt nicht feige sein. Alle anderen haben noch ein Recht zu leben … Wir nicht. Ich habe an allem teilgenommen, und ich habe an Hitler und an Joseph Goebbels geglaubt. Ich gehöre dem Reich, das jetzt zusammenbricht.«

Ihre Schwägerin versuchte, sie zu ermutigen und umzustimmen. Aber Magda versicherte: »Nehmen wir an, daß ich am Leben bliebe, dann würde ich natürlich verhaftet und über Joseph ausgefragt. Wenn ich die Wahrheit sage, wenn ich erkläre, was für ein Mensch er wirklich war, wenn ich erzähle, was sich hinter den Kulissen abspielte, dann würde jeder anständige Mensch sich mit Abscheu von mir abwenden. Jeder würde dann – ganz gleich, ob mein Mann tot oder gefangen wäre – denken, daß ich den Vater meiner sechs Kinder in der abscheulichsten Weise verleumde. Denn vor der Welt habe ich an seiner Seite in Glanz und Luxus gelebt und an seiner Macht teilgenommen. Als seine Frau bleibe ich bei ihm bis zum letzten Augenblick. Niemand würde glauben, daß ich ihn nicht mehr liebte – und vielleicht liebe ich ihn noch … Joseph ist mein Mann. Es ist meine Pflicht, ich meine eine unbedingte Pflicht, seine Kameradin zu bleiben, auch über den Tod hinaus … Ich könnte also überhaupt nichts gegen ihn sagen. Ich kann es nicht, gerade, wenn alles zu Ende ist.

Ich könnte aber auch nicht alles verteidigen, was er getan hat, ihn vor seinen Feinden rechtfertigen, mich wirklich für ihn einsetzen – nein, das könnte ich auch nicht. Es wäre gegen mein Gewissen. Du siehst also, Ello, daß es für mich ganz unmöglich ist, weiterzuleben.«

»Und die Kinder?«, fragte Ello. – »Wir werden sie mitnehmen, weil sie zu schön und zu gut für die kommende Welt sind. Diese Welt wird Joseph als einen der größten Verbrecher ansehen, den Deutschland jemals hervorgebracht hat. Man wird seine Kinder quälen, sie verachten und demütigen. Sie werden für das bezahlen, was er getan hat. Man wird sich an ihnen rächen.«

Ello war bestürzt: »Du kannst sie doch nicht selbst töten?« – »Doch ... Alles ist schon vorbereitet. Sie werden ein Schlafmittel bekommen, wenn es soweit ist ... und dann, ich meine, wenn sie schlafen, wird eine Evipanspritze genügen ...«

Die beiden Frauen umarmten sich unter Tränen. Es war ihr Abschied. Magda verließ die Klinik und fuhr mit einem Wagen der Partei in die Stadt zu dem Lieferwagen, der sie nach Berlin zurückbringen sollte.

Hitlers Gespräch mit Christa Schröder

In der Reichskanzlei war Hitler so allein wie noch nie, trotz der Anwesenheit Bormanns. Er war starrsinnig und reizbar geworden. Seit dem 20. Juli fürchtete er überall Verrat und wollte alles selbst machen. Aber im Gegensatz zu Goebbels war er kein systematischer Arbeiter. Für die Ausführung und die Kontrolle mußte er sich auf jemand stützen.

Die Dokumente, die er brauchte, waren oft in dem einen oder anderen Hauptquartier geblieben und standen nicht zur Verfügung. Erschwerend war dabei das Verbot, Abschriften zu machen. Man übertreibt nicht, wenn man feststellt, daß viele wichtige Unterlagen über Waffen und über Flugzeugbau sowie politische Berichte praktisch verschwunden waren, so daß Hitler nicht mehr in der Lage war, das Reich und seine Armeen zu führen. Ohne Generalstab und ohne Unterlagen konnte er sich nur noch um untergeordnete Fragen kümmern.

Am 16. Februar hatte er eine seiner Sekretärinnen, Christa Schröder, zum Mittagessen im Kleinen Saal der Reichskanzlei eingeladen. »Die Vorhänge«, erzählt sie, »waren zugezogen, damit man nicht sehen konnte, in welchem Zustand sich die andere Seite des Gebäudes befand. Der ›Chef‹ kam gegen fünfzehn Uhr. Er ging auf mich zu, mit abwesendem Blick und verbittertem Gesicht, und ich merkte sofort, daß er sehr erregt war. Er küßte mir, wie gewohnt, die Hand, und begann dann einen Monolog: ›Ich kann mich zweifellos auf keinen Menschen mehr verlassen und bin nur noch ein armer, von allen verratener Mann. Das macht mich krank. Wenn ich nicht meinen treuen Morell zur Seite hätte, könnte ich mein Werk nicht zu Ende führen. Wenn man sich vorstellt, daß die beiden Doktoren Brandt und Hasselbach, diese beiden Idioten, mich bestimmen wollten, ihn zu entlassen, ohne sich zu fragen, was ohne seine Behandlung aus mir werden sollte! Wenn etwas passieren sollte, wäre Deutschland ohne Führer, denn ich habe keinen Nachfolger. Der erste, den ich vorgesehen hatte, hat den Verstand verloren (Heß). Der zweite hat sich um jede Sympathie des Volkes gebracht (Göring), der dritte hat nicht mehr das Vertrauen der Partei (Himmler).‹« – Das Vertrauen der Partei hieß: das Vertrauen Bormanns!

Christa Schröder wagte eine Frage zu stellen:

»Aber, mein Führer, im Volk wird viel davon gesprochen, daß Sie Himmler zu Ihrem Nachfolger bestimmt hätten.«

»Ich weiß nicht, wie Sie darauf kommen. Himmler ist ein Mann ohne jedes Kunstverständnis. Reden Sie nicht so dummes Zeug! Was fällt Ihnen ein?« – Die Sekretärin zog es vor, ihre Gedanken für sich zu behalten.

Rückkehr Evas nach Berlin

In München packte Eva Braun ihre Koffer für die letzte Reise. »Sie hat mich im Berghof angerufen«, berichtet Ilse, »um mir zu sagen, daß sie nach Berlin zurückkehre, obwohl es ihr verboten sei. Dann erzählte sie mir, daß man ihren Mercedes mit einer grünen Tarnfarbe angestrichen habe. Und dann fuhr sie trotz des Verbotes ab.«

»Ich glaube nicht«, meint Gerda Christian, »daß sie Hitler gefragt hat, ob sie kommen dürfe, weil er nein gesagt hätte. Sie ist aus eigenem Antrieb gekommen.«

Tatsächlich hat sie Bormann angerufen, um seine Unterstützung für die Rückkehr nach Berlin zu erlangen. Der Sekretär lehnte kategorisch ab: »Der Führer hat gesagt, daß Sie auf den Berghof gehen sollen.«

Sie begab sich nun zu Mercedes in der Dachauer Straße, wo man ihr wieder ihren Wagen zur Verfügung stellte. Auf die Frage, ob es wieder ihr gewohnter Fahrer Jung war, der sie nach Berlin fuhr, meint Ilse Braun, daß es Jung war. Glenn Infield versichert dagegen, daß ein junger SS-Offizier, Walther Glenn, sich ihr als Fahrer zur Verfügung stellte.

Wann ging diese Reise vonstatten? Am 23. Februar, glaubt Nerin Gun, während H. Trevor-Roper und A. Bullock versichern, es sei der 12. April gewesen, und G. Infield den 14. März angibt.

»Ostern haben wir dann zum letzten Mal telefoniert«, fährt Ilse fort. »Das Telefon war auf dem Obersalzberg bis zum Schluß in Betrieb. Am Ostersonntag, dem 1. April, habe ich mit dem Personal des Berghofes Schneeglöckchen gepflückt, die noch unter dem Schnee waren. Und wir haben einen ganzen Korb davon an Eva nach Berlin geschickt.«

Eva muß also schon vor dem 1. April in Berlin angekommen sein. Unterwegs hat sie mehrere Tiefangriffe von zwei Mustangs in der Nähe von Leipzig und bei Dessau sowie einen Bombenangriff bei Zossen erlebt. Da die englischen Jagdbomber tatsächlich am 14. März in dieser Gegend sehr aktiv waren, ist dieses Datum wahrscheinlich zutreffend.

Hitler war überrascht. Wenn er es auch scheinbar mißbilligte, so war er tatsächlich doch sehr glücklich über ihre Rückkehr. »Ich bin stolz auf Fräulein Braun«, sagte er zu seinen Sekretärinnen. »Welcher Mut! Welche Treue!«

Himmler und Frau Heydrich

In diesen Märztagen 1945 findet sich der Reichsführer Himmler müde und unrasiert im Schloß von Panenske Brezany bei Prag ein. Hier wohnt Frau Heydrich, die Witwe des SS-Gruppenführers Heydrich, der Himmlers rechter Arm war.

Heydrich war am 27. Mai 1942 im Alter von achtunddreißig Jahren durch ein Attentat in Prag schwer verletzt worden. Professor Gebhardt soll ihn durch fehlerhafte Anwendung eines damals noch nicht erprobten Sulfonamids so schlecht behandelt haben, daß Heydrich mit seiner Vergiftung rechnete und nur von seiner Frau behandelt und versorgt werden wollte. Es war vergebens[1].

Er starb am 4. Juni 1942, nachdem er seiner Frau geraten hatte, sich auf die Insel Fehmarn zurückzuziehen, wo ihre Eltern auf einem Familienbesitz wohnten.

Der Tod dieses außergewöhnlich klugen Polizeiführers schien Hitler und Himmler sehr zu betrüben und löste blutige Vergeltungsmaßnahmen gegen die tschechische Bevölkerung aus. In Lidice und Lezaky, zwei kleinen Dörfern, wurden 173 Männer über sechzehn Jahre erschossen, die Frauen und Kinder deportiert. Beide Orte wurden dem Erdboden gleichgemacht. Es war eine blutige Rache, die Himmler befohlen hatte.

Hitler hatte an dem Staatsbegräbnis von Heydrich teilgenommen, sich aber dann beeilt, den Panzerschrank dieses »unersetzlichen Mannes« persönlich zu öffnen. Zu seiner großen Überraschung hatte er darin einige zwanzig kompromittierende Personalakten gefunden – einschließlich seiner eigenen. Er scheint diese Akte gelesen und wütend verbrannt zu haben. Die anderen Akten nahm er mit und leistete sich das boshafte Vergnügen, die Akte Bormann diesem persönlich zu

---

1 Für den Verdacht gegen Professor Gebhardt – der auch anläßlich der Erkrankung Speers von den Verfassern nur mit Vorbehalt verzeichnet wurde – gibt es, so weit bekannt, in der deutschen Literatur keinen Hinweis. – Anm. d. Verlages.

übergeben. Sie trug den schlichten Vermerk: »Wegen kriminellen Vergehens verurteilt«.

Himmler war trotz seiner Teilnahme für Lina Heydrich und ihre Kinder nicht unzufrieden gewesen, daß dieser Gehilfe, der sich immer mehr zu einem Rivalen entwickelt hatte, verschwunden war. Frau Heydrich war damals dreißig Jahre alt. Sie bezog die Witwenpension eines Generalleutnants und entschloß sich, entgegen dem letzten Rat ihres Mannes, mit ihren vier Kindern, dem neunjährigen Klaus, dem achtjährigen Heider, der dreijährigen Silke und der kleinen Martha, die erst zwei Monate nach dem Tode ihres Vaters geboren wurde, in Panenske Brezany zu bleiben.

Frau Heydrich war eine Germania, eine eigenwillige Frau, die sich ihrem diabolischen Mann gegenüber von jeher durchzusetzen verstand. Eine Geschichte, die der Gärtner des Schlosses dem Historiker Iwanow erzählte, ist dafür bezeichnend.

Am Morgen des Attentates begleitete Lina im Reitanzug – sie ritt immer noch, obwohl sie schon im siebenten Monat war – ihren Mann zu seinem Wagen. Sie zeigte ihm einige Bäume im Park und sagte: »Laß diese Bäume fällen, sie sind nutzlos.« – »Was hast du gegen diese Bäume?«, fragte er. – »Wir können hier Obstbäume pflanzen und das Holz der anderen Bäume verkaufen.« – »Laß das jetzt sein . . .«

Lina war sichtlich unzufrieden. Heydrich eilte zu seinem Rendezvous mit dem Schicksal. Nach seinem Tod nahm sie an dem Staatsbegräbnis in Berlin nicht teil, aber sie ließ die Bäume schlagen und das Holz verkaufen. Später verkaufte sie die Hirschgeweihe des Schlosses an eine Knopffabrik.

Aber sie wurde vom Unglück verfolgt: An einem Sonntag im Jahre 1943 wurde der kleine Klaus, der vor dem Schloßgitter mit seinem Fahrrad spielte, von einem Autobus, der die Fußballmannschaft des Dorfes beförderte, überfahren und getötet.

Trotzdem ließ Lina Heydrich, die nicht einmal den bevorstehenden Einmarsch der Russen zu fürchten schien, sich nicht so leicht umstimmen. Himmler fürchtete nun, daß sie in russische Gefangenschaft geraten könnte – weniger aus menschlicher Sorge, sondern weil er damit rechnen mußte, daß der sowjetische Geheimdienst von ihr zu viel erfahren könnte. So fand er die richtigen Worte, um sie zu überzeugen: »Frau Heydrich, Sie müssen an Ihr Wohl und an das Wohl Ihrer Kinder denken.«

Sie ließ einen großen Wagen zu einem Karawan umbauen, besorgte sich falsche Papiere auf den Namen Lina Hunger und erreichte schließlich mit ihren Kindern, der Gouvernante und dem Adjutanten Wagnitz die Insel Fehmarn.

Kaltenbrunner, Schellenberg und die österreichischen Freunde

Zu Heydrichs Nachfolger wurde Ernst Kaltenbrunner ernannt, ein katholischer Rechtsanwalt, der 1903 in Linz, der geliebten Stadt des Führers, geboren worden war. Seinen politischen Aufstieg verdankte er einer Folge glücklicher Zufälle. Als nationalsozialistischer Student hatte er das Glück, abwesend zu sein, als alle Führer seiner Organisation verhaftet wurden. So wurde er einstweiliger Gauleiter der Partei für Oberösterreich. Er vertrat den gemäßigten Flügel der Partei, der von einem anderen katholischen Rechtsanwalt, Seyß-Inquart, geführt wurde.

Nach dem Anschluß wurde er in Ermangelung eines anderen Staatssekretär für öffentliche Sicherheit in Österreich. Sein Eifer und seine Ergebenheit waren Himmler aufgefallen und hatten ihn veranlaßt, diesem gehorsamen und maßvollen Mann die Aufgaben des beunruhigenden Heydrich zu übertragen.

Kaltenbrunner enttäuschte den Reichsführer nicht. Er liebte das Polizeigeschäft nicht besonders und milderte, soweit es im Rahmen seiner Möglichkeiten lag, die mittelalterlichen Methoden des Vorgehens gegen die Verschwörer des 20. Juli. Er war ein gemäßigter Vollstrecker der Gesetze. Dagegen entsprach die Leitung des Geheimdienstes (SD) seinen Neigungen, und auf diesem Gebiet sollte er eine beachtliche Initiative entfalten. Die Prüfung der Akten der Verschwörer des 20. Juli eröffnete ihm unerwartete Aussichten: Da der Krieg politisch verloren zu sein schien, konnten Kontakte mit den Alliierten möglich und aussichtsreich sein.

Himmler, der seinen rechten Arm Heydrich verloren und keinen unmittelbaren Zutritt zu Hitler mehr hatte, suchte nach einem Weg. Graf Folke Bernadotte, der Vertreter des Roten Kreuzes, der am 16. Februar 1945 nach Berlin gekommen war, hatte den Eindruck, daß Himmler von Angst beherrscht war.

Der Reichsführer, theoretisch auch Chef der glänzenden Waffen-SS, hatte seine Unfähigkeit auf militärischem Gebiet gezeigt. Bormann hatte ihn bei Hitler ausgeschaltet, so daß er sich meist seines Verbindungsoffiziers Fegelein bedienen mußte, der selbst dem allgegenwärtigen Sekretär vollständig unterworfen war.

Bormanns letzter Schlag: Auf seine Anregung war Himmler zum Oberbefehlshaber der Heeresgruppe Weichsel ernannt worden, so daß er Gelegenheit hatte, sich als militärischer Versager zu erweisen.

Himmler, der sich seiner peinlichen Lage bewußt war, gab seinen Gehilfen freie Hand: Walter Schellenberg, einem Juristen mit ausgesprochener Begabung für geheime Spiele, der den Reichsführer drängte, über eine schwedische Vermittlung mit den Engländern zu verhandeln, sowie seinem finnischen Masseur Kersten, der sich auch in diesem Sinne einsetzte. Kaltenbrunner wiederum suchte eine Verbindung zu den Amerikanern.

Der neue Chef des Reichssicherheitshauptamtes (Gestapo und SD) stützte sich vor allem auf seine österreichischen Kameraden aus der Zeit der Machtergreifung. Neubacher, Höttl und Skorzeny.

»Er liebte den Polizeiberuf nicht«, sagt Hermann Neubacher, der 1938 Bürgermeister von Wien wurde. »Er verstand nichts davon und interessierte sich nur für die Außenpolitik.« Und Wilhelm Höttl, der Stabschef des Auslandsnachrichtendienstes war, bestätigt: »Er kannte die Probleme der Polizei nicht und kümmerte sich nicht darum. Sein ganzes Interesse galt dem Nachrichtendienst, vor allem dessen Tätigkeit im Ausland.« Die Gräfin W., die Kaltenbrunners Freundin war, weiß folgendes zu berichten: »Seine Idee war, daß man den Krieg durch eine politische Lösung beenden müsse. Er dachte, nach seinen Kontakten mit den Amerikanern, an eine Donau-Lösung: einen katholischen Übergangsstaat, der Österreich und Bayern unter der Herrschaft der Wittelsbacher oder der Habsburger vereinigte. Seine Absichten waren vollkommen friedlich.«

Kaltenbrunner, dieser Mann der Gesetzlichkeit, verabscheute die Gewaltmethoden und Brutalitäten Himmlers und seiner Genossen. Vor den Richtern in Nürnberg hat er erklärt, daß er die Leitung der Polizei, deren Methoden er nur zum Teil kannte, nur in der Absicht übernommen hat, diese Methoden zu ändern. Er protestierte wiederholt gegen bedenkliche Verfügungen, die aus dem Büro Bormann kamen, und gewann die Sympathie der katholischen Eva Braun.

Ein anderer katholischer und geheimnisvoller Österreicher sollte es zu seiner Verteidigung mit den Worten ausdrücken: »In Kriegszeiten sind Exzesse unvermeidlich, weil untergeordnete Leute absolute Macht über andere Menschen besitzen und nur unzureichend kontrolliert werden können.«

Schellenberg und Kaltenbrunner versuchten ihren Chef Himmler zu umgehen, ohne sich gegenseitig zu unterrichten.

Nachdem die Alliierten im März 1945 bei Remagen den Rhein überschritten hatten, behielt sich Himmler mit Unterstützung von Schellenberg den Norden Deutschlands vor und gab Kaltenbrunner alle Vollmachten für den Süden. Beide zwangen Himmler, eine bestimmte Anzahl von Gefangenen freizulassen. Kaltenbrunner verhandelte darüber mit dem Präsidenten des Roten Kreuzes, Dr. Burckhardt, während

Schellenberg heimliche Besprechungen mit dem Grafen Bernadotte führte.

Himmler deckte seine Mitarbeiter, aber er fürchtete ständig, entdeckt zu werden. Alle diese Versuche, einschließlich einer Begegnung Himmlers mit Dr. Masur vom Jüdischen Weltkongreß und einem Gespräch des von Kaltenbrunner beauftragten Höttl mit dem amerikanischen Geheimdienstchef Allen Dulles in Bern, blieben erfolglos.

Wie Dulles berichtet, hatte Höttl ihm erklärt: »Kaltenbrunner läßt Ihnen sagen, daß Himmler und er selbst den Krieg so schnell wie möglich beenden und die Kriegstreiber in der Nationalsozialistischen Partei, vor allem Bormann, beseitigen wollen. Sie wünschen, Verbindung zu den Engländern und Amerikanern aufzunehmen.«

Andererseits hatte Schellenberg, den Kaltenbrunner haßte, Bernadotte zu Himmler in dessen neues Hauptquartier in der Klinik von Dr. Gebhardt in Hohenlychen gebracht. Der Reichsführer hatte sich zu dieser Begegnung unter der Bedingung bereiterklärt, daß Kaltenbrunner nicht teilnahm.

Man sprach über die Freilassung der dänischen Gefangenen, der internierten polnischen Frauen und Mädchen, und man sprach darüber, daß keine Juden mehr hingerichtet werden sollten, aber Himmler war sehr unentschlossen.

Bombardierung Bayreuths

Die englische und die amerikanische Luftwaffe setzten die systematische Zerstörung der deutschen Städte fort.

Am 5. April wird Bayreuth angegriffen. 112 Flugzeuge der 8. amerikanischen Luftflotte bombardieren die Stadt. Richard Wagners Haus ist zerstört, aber der Konzertflügel, den das New Yorker Haus Steinway dem Meister zu den ersten Festspielen im Jahre 1876 geschenkt hatte, ist wunderbarerweise unbeschädigt geblieben.

Am 8. April bereiten 51 amerikanische und am 10. April

7 englische Flugzeuge den großen Angriff vor, der am 11. April um 15 Uhr die Stadt in Trümmer legt. Aus 122 Flugzeugen werfen 814 Soldaten der englischen Luftwaffe 1600 Bomben im Gesamtgewicht von 340 Tonnen auf Bayreuth, das bis zum 15. April brennt.

Man zählt 741 Tote, zahlreiche verwundete Soldaten und Zivilisten, darunter 50 Greise, 274 Frauen und 82 Kinder. 35 v. H. der Häuser sind zerstört.

Winifred Wagner hält immer noch die Stellung. Am 14. April bringt ihre Schwiegertochter Ellen, Wolfgang Wagners Frau, in der brennenden Stadt beim Licht einer Kerze ein Mädchen zur Welt. Alles verläuft gut. Wolfgang nennt das Kind Eva. Wenige Tage später muß die Familie Wagner den Amerikanern Platz machen, die in Winifreds Haus die Abteilung Militärische Gegenspionage des CIC unterbringen. Sie sollten dort bis 1957 bleiben.

Hitlers 56. Geburtstag

Am 20. April 1945 feiert Hitler zum letzten Mal seinen Geburtstag, den sechsundfünfzigsten, im Bunker der Reichskanzlei.

Anwesend sind: Goebbels, Bormann, Himmler, Ribbentrop, Speer, Dönitz, Keitel und Jodl, die dem Führer ihre Glückwünsche darbringen.

Göring besteht darauf, daß er schnellstens die »Alpenfestung« erreichen muß, die zur letzten Verteidigung vorgesehen ist. Dann verschwindet er unter dem Vorwand, daß ihn wichtige Aufgaben nach Süddeutschland rufen. Tatsächlich hat der Reichsmarschall seine Frau und seine Tochter schon am 30. Januar auf den Obersalzberg geschickt. Von Karinhall aus stand er mit ihnen in täglicher Telefonverbindung. Bevor er nach Berlin kam, hatte er sein Landhaus Karinhall mit Ausnahme der Grabstätte seiner ersten Frau Karin zur Sprengung vorbereiten lassen. Gleichzeitig hatte er seine wertvollen

Einrichtungs- und Kunstobjekte mit vierundzwanzig Lastwagen der Luftwaffe über Nebenstraßen zum Schloß Veldenstein schaffen lassen, wo 1942 ein zwölf Meter tiefer Bunker gebaut worden war.

Hitler läßt ihn fahren. Seit sechs Monaten sagt er immer wieder: »Es wäre mir lieber gewesen, wenn er diese Frau nicht geheiratet hätte. Er ist sehr verliebt in sie und macht seine Arbeit nicht mehr mit ganzem Herzen.«

Der Führer hat eine Auseinandersetzung mit Speer, der sich seit Wochen weigert, die Operation »Verbrannte Erde« durchzuführen, und der sich bei den Gauleitern bemüht, die kategorischen Befehle zu sabotieren, die Bormann ihnen dazu übermittelt hat. In diesem aufreibenden Kampf, zu dem ihn sein Gewissen treibt, findet Speer nur einen Menschen, der ihm zustimmt und ihn beim Führer unterstützt: Eva Braun.

»In ihr kleines Zimmer im Bunker«, erzählt uns Speer, »hatte sie Möbel gestellt, die ich viele Jahre zuvor für sie entworfen hatte. Ich muß sagen, daß sie der einzige vernünftige Mensch war, den ich im Bunker traf. Die anderen waren verkrampft, angsterfüllt, oder sie versuchten, eine Heldenrolle zu spielen oder sich etwas vorzumachen. Eva Braun war ganz natürlich geblieben. Sie begriff nicht, warum dieser Zusammenbruch sich so lange hinzog.« – »Sie war still und ruhig«, sagt auch Oberst Schulze-Kossens, »aber man wußte, daß der Krieg verloren war. Hitler war sehr erregt, wie immer, wenn die militärische Lage ernst war. Ich nahm an, daß der Kampf nur noch ein paar Tage dauern konnte.«

Das Leben im Bunker

Tatsächlich führt jetzt jeder seinen Krieg, wie er will. »Hitler hatte meinem Mann gesagt«, berichtet Frau Jodl: »›Ich werde so lange kämpfen, wie meine Getreuen noch bei mir sind, und dann werde ich mich erschießen.‹«

Der SS-General Obergruppenführer Berger, Chef des

Hauptamtes der Waffen-SS, trifft im Bunker ein. Man übergibt ihm drei von Hitler unterzeichnete, aber von Bormann aufgesetzte Befehle: es handelt sich um die Erschießung von Kriegsgefangenen, um unverantwortliche, verbrecherische Maßnahmen. Eva Braun empfängt Berger und führt ihn zu Hitler, der den Befehl widerruft.

Am 21. April beginnt der Auszug aus dem Bunker. Hitler erlaubt und empfiehlt allen, die nicht unbedingt benötigt werden, sich nach Süddeutschland zu begeben. Zwei Sekretärinnen verlassen den Bunker: J. Wolf und C. Schröder, die gesundheitlich angeschlagen sind. »Hitler hatte sich sehr verändert«, erinnert sich Johanna Wolf. »Er sah sehr schlecht aus, bewegte sich mit unsicheren Schritten und in gebeugter Haltung. Auch das Zittern seiner linken Hand belastete ihn. Er sagte uns: ›Ich wünsche, daß Sie, Wölfin, und Sie, Fräulein Schröder, beide von hier fortfahren.‹ Wir packten unsere Koffer und verabschiedeten uns. Ich hatte wirklich das Gefühl, daß ich ihn nicht mehr sehen würde.«

Am Morgen dieses Sonnabends, des 21. April, hatte Dr. Morell seinen Patienten in deprimierter Stimmung angetroffen und ihm eine Koffeinspritze vorgeschlagen. »Er wehrte sich und wurde zornig«, berichtet Morell. »Er sagte mir, er wisse, daß ich ihm Morphium injizieren würde. Er dachte, daß ich ihn einschläfern wollte, damit die Generale ihn mit Gewalt nach Berchtesgaden schaffen könnten. Ich protestierte. Er schrie mich an: ›Halten Sie mich für verrückt?‹ Und dann erklärte er mir: ›Ich entziehe Ihnen mein Vertrauen. Sie sind nicht mehr mein Arzt.‹ Ich wurde wütend. Dann beruhigte er sich. Aber ich mußte am selben Tag abreisen.«

Wo blieb Dr. Brandt? Es ist schnell gesagt. »Er hat seine Frau und sein Kind in Thüringen von den Amerikanern überrollen lassen«, erklärte Bormann, der am 2. April eine Verfügung unterzeichnet hatte, die über jeden, der seinen Posten verließ, die Todesstrafe wegen Desertion verhängte.

Hitler regierte nun einen Hofstaat von Fanatikern. Er war umgeben von Goebbels, dem SS-General Berger und Axmann, dem Führer der Hitler-Jugend. Vor diesem Kreise verlangte er die Todesstrafe für Brandt. Er sei schuldig, seiner Frau Annie die Flucht ermöglicht zu haben, »wahrscheinlich mit Staatsgeheimnissen«.

Brandt wurde verhaftet und in einer Villa der SS eingesperrt, aber Himmler ließ die Exekution unter dem Vorwand aufschieben, daß er noch einen wichtigen Zeugen vernehmen müsse. Der Arzt wurde also nicht gleich hingerichtet. Aber Bormann hatte einen neuen Stein im Brett: der Chirurg Dr. Stumpfegger, sein Günstling, würde künftig der Arzt des Bunkers sein.

Mit der Abfahrt der Sekretärinnen und des Dr. Morell wurden im Bunker Zimmer frei. So ließ Hitler am 23. April 1945 morgens Frau Goebbels und ihre Kinder holen. Der Propagandaminister und Bevollmächtigte für den totalen Krieg und seine Familie hatten bis dahin in einem eigenen Haus im Regierungsviertel oder im Bunker des Ministeriums gewohnt. Die Stadt Berlin lag jetzt unter dem Beschuß russischer Artillerie und russischer Panzer, so daß es angebracht war, die letzten Getreuen zusammenzuholen.

Magdas Einzug in den Bunker erregte Aufsehen. Sie sollte dort bis zum Ende bleiben.

Hitler besteht darauf, daß sie mit ihren Kindern Berlin auf dem Luftwege verläßt, wobei er betont, daß dieser Weg nicht mehr lange offen sein wird, aber sie erwidert mit unerschütterlicher Festigkeit: »Unser Entschluß ist gefaßt, mein Führer. Wir bleiben hier.«

Am Abend dieses 23. April findet sich ein neuer Besucher im Bunker ein: Albert Speer. Er berichtet: »In der Nacht vom 23. zum 24. April bin ich zum letzten Mal in Berlin gewesen und habe im Bunker von Hitler Abschied genommen. Bei dieser Gelegenheit habe ich auch Eva Braun zum letzten Mal gesehen.«

Speer und Eva Braun sprechen über die letzten Ereignisse. Erschüttert berichtet sie ihm über den Fall Brandt. »Das beunruhigte mich sehr«, sagt er, »denn meine Familie war am 6. April aus der Großstadt an den Ostseestrand geflüchtet, auf einen Besitz bei Kappeln in Schleswig-Holstein. Und nun war das ein Verbrechen geworden! Als Hitler also über Eva Braun anfragte, wo meine Familie sich aufhalte, log ich, indem ich sagen ließ, sie sei auf dem Besitz eines Freundes in der Nähe von Berlin. Diese Erklärung befriedigte Hitler, aber er vergewisserte sich doch, daß wir ihm auf den Obersalzberg folgen würden, falls er sich dorthin zurückzöge.«

Mit Evas Hilfe läßt Speer Brandt befreien, der zu Breker nach Jäckelsbruch flüchtet. »Er kam bleich vor Aufregung bei uns an«, berichtet Breker, »und sagte: ›Heute abend werde ich tot sein. Ich habe Hitler nicht gehorcht. Jetzt komme ich zu dir, um mein Testament zu machen, daß du meiner Frau übergeben sollst . . . Ich bin sicher, daß ich noch heute erschossen werde. Die Atmosphäre im Bunker ist aufs äußerste gespannt. Ich werde nicht fliehen. Ich ergebe mich in mein Schicksal . . .‹ Entsetzt sah ich seinen Wagen in Richtung Berlin verschwinden.«

Brandt wurde nicht erschossen. Himmler und Fegelein ließen ihn nach Norddeutschland verschwinden. Sein Schicksal erfüllte sich am 30. Mai 1948 in Landsberg, wo die Amerikaner ihn henkten, weil er das Euthanasiegesetz gegengezeichnet hatte. Annie Brandt lebt noch immer und muß seit dreißig Jahren teuer dafür bezahlen, daß sie die Ehefrau eines »Kriegsverbrechers« gewesen ist. Sie arbeitet als Fahrerin eines Arztes im Ruhrgebiet.

Frau Speer kam glücklich davon.

Wie sah das Leben dieses auf einen Bunker beschränkten Dritten Reiches aus? »Ich kann nicht sagen, daß wir in einer Atmosphäre der Katastrophe lebten«, versichert Gerda Christian. »Es war gewiß nicht heiter. Der Vormarsch der Russen auf Berlin gab uns immer neuen Gesprächsstoff. Wir bemühten uns, Hitler zu zerstreuen und ihm noch ein wenig Entspannung zu verschaffen.«

Mittags speiste Hitler täglich mit Eva Braun und seinen Sekretärinnen. Er sprach von der Vergangenheit. Und man muß feststellen, daß in diesem Reich ohne Frauen nur Frauen ohne Eigennutz und Ehrgeiz bei ihm blieben und ihre bedingungslose Treue bewiesen: Eva Braun und Gerda Christian, Magda Goebbels und Traudl Junge, ferner Bormanns Sekretärin Else Krüger, heute die würdige Gattin eines Professors von Cambridge, und Hitlers österreichische Köchin Fräulein Manzialy.

Speer hatte daran gedacht, Hitler zu entführen. Angesichts des apokalyptischen Schauspiels »seiner« Stück für Stück unter den Schlägen der sowjetischen Artillerie zusammenbrechenden Reichskanzlei verzichtete er darauf. Die übriggebliebenen Steine wurden später zum Bau des Ehrenmals der Sowjetarmee in Berlin-Treptow verwendet.

Als Hitler ihn dann fragte: »Soll ich hier bleiben oder mich im Flugzeug nach Berchtesgaden begeben?«, riet ihm Speer, in Berlin zu bleiben. Ein Held stirbt nicht in einem Landhaus. Beide betrachteten noch einmal das große Modell des neuen Linz, das der Architekt Giesler geschaffen und Hitler im Bunker hatte aufstellen lassen. »Für alle Fragen des Geschäftsviertels, der Gartenanlagen, der Fußgängerpromenaden«, schloß Hitler diesen Ausflug in seine Traumwelt, »ist Fräulein Braun zuständig, die ich heiraten werde.«

Vielleicht zeigt diese Szene den ganzen Zwiespalt der plutonischen Persönlichkeit Hitlers, die zu schöpferischer Leistung oder zur Selbstzerstörung bestimmt war. Sobald er nicht mehr schöpferisch wirken kann, denkt er nur noch an Zerstörung. Solche plutonischen Menschen waren oft ohne Vater aufgewachsen und hatten von ihrer Mutter nicht alles empfangen, was sie erwarteten. Linz, das war für Hitler das Ende eines Kreises, das Ende seines Lebens.

Die Eheschließung

In diesen letzten Tagen gibt es immer wieder dramatische Augenblicke, die den Führer manchmal aus seiner Apathie reißen. Am 23. April nachmittags empfängt Bormann folgenden für den Führer bestimmten Funkspruch von Göring:

»Mein Führer, sind Sie einverstanden, daß ich nach Ihrem Entschluß, im Gefechtsstand und in der Festung Berlin zu verbleiben, gemäß Ihres Erlasses vom 29. Juni 1941 als Ihr Stellvertreter sofort die Gesamtführung des Reiches übernehme, mit voller Handlungsfreiheit nach innen und außen? Falls bis 22 Uhr keine Antwort erfolgt, nehme ich an, daß Sie Ihrer Handlungsfreiheit beraubt sind. Ich werde dann die Voraussetzung Ihres Erlasses als gegeben ansehen und zum Wohle von Volk und Vaterland handeln ...«

Absetzung Görings

Bormann, der seit mehreren Tagen nicht mehr nüchtern geworden ist, bringt dieses Dokument zu Hitler und gibt ihm zu verstehen: »Das ist ein Ultimatum!« Tatsächlich hat Göring den Text mit Hilfe von Bouhler und Lammers abgefaßt und glaubt, daß er bald mit General Eisenhower sprechen wird.

Er erwartet keine Antwort, aber er erhält sie doch gegen 17 Uhr in Form eines Telegramms, das Bormann aufgesetzt hat: »Der Erlaß vom 29. Juni 1941 kann nicht ohne meine ausdrückliche Genehmigung in Kraft treten. Es gibt keinen Grund anzunehmen, daß ich keine Handlungsfreiheit habe. Ich untersage daher jede von Ihnen beabsichtigte Handlung. Adolf Hitler.«

Genau um 22 Uhr dringt eine SS-Abteilung in Görings Villa auf dem Obersalzberg ein und verhaftet den Reichsmarschall. Speer, der immer noch im Bunker ist, erinnert sich an Hitlers Reaktion: »Mit rotem Gesicht und flammenden Augen scheint Hitler seine Umgebung vergessen zu haben, als er ruft: ›Göring ist verfault. Ich weiß es schon lange. Er hat die Luftwaffe zugrundegerichtet. Er war korrumpiert. Sein Beispiel hat dazu geführt, daß die Korruption unseren Staat zersetzte. Und dazu hat er sich seit Jahren mit Morphium berauscht. Auch das weiß ich schon lange.‹«

Und wieder einer, muß Bormann gedacht haben.

Der Tod Fegeleins

Im Laufe dieses Nachmittags des 23. April trifft sich Himmler, immer noch von Schellenberg gesteuert, im schwedischen Konsulat zu Flensburg mit dem Grafen Bernadotte und bittet ihn, ein Angebot zur Kapitulation der deutschen Streitkräfte gegenüber den Westmächten weiterzuleiten.

Seit dem 19. April fürchtet der Reichsführer nicht so sehr Kaltenbrunner, den er mit allen Vollmachten für Österreich nach Linz geschickt hat, während Berger in München für Bayern bevollmächtigt ist. Beide sind mit den Anordnungen zur Räumung der Konzentrationslager beschäftigt, die nicht ohne Blutvergießen verlaufen sollte.

Aber die Chefs des Reichssicherheitshauptamtes bekämpfen sich weiter aus der Ferne. Himmlers Vertreter beim Duce, General Wolf, führt selbst mit Allan Dulles Verhandlungen über die Kapitulation der Armeen im Süden, aber der Reichsführer verlangt von ihm, daß er seine Aktion mit den Schritten Kaltenbrunners koordiniert. Kaltenbrunner wiederum enthebt Schellenberg von seinem Amt mit der Absicht, ihn durch Skorzeny zu ersetzen, was aber nicht mehr wirksam wird.

Während dieses Intrigenspiel hinter den Kulissen betrieben wird, kommt es am 27. April zu einem dramatischen Ereignis:

Fegelein, Himmlers Vertreter im Bunker, hat die Flucht ergriffen. Nachdem er seine schwangere Frau, Gretl Braun, nach Berchtesgaden in Sicherheit gebracht hatte, wollte dieser widerwärtige Mann nur noch mit Gewinn aus dem Geschäft aussteigen. Er hatte sich am 26. April heimlich verdrückt und aus seiner Berliner Wohnung seine Schwägerin angerufen: »Eva, ich bin in Sicherheit. Du mußt den Bunker verlassen, bevor es zu spät ist. Es geht um Leben oder Tod. Ich selbst fahre zu Gretl.« – »Komm sofort hierher zurück!« erwiderte Eva entsetzt, »sonst wird der Führer glauben, daß du ihn verraten hast!«

Eva sagte Hitler nichts, aber die Gestapo hatte das Gespräch abgehört, und der Führer wurde von Bormann sofort unterrichtet. »Schafft ihn mir her!« befahl er dem Sicherheitschef der Leibwache, Rattenhuber.

Dessen Adjutant Hoegl fährt sofort los. Er findet Fegelein in seiner Wohnung in der Bleibtreustraße am Kurfürstendamm. Der SS-General ist in Zivil, reisefertig. Bei ihm befindet sich eine junge Ungarin, die Frau eines internierten Diplomaten, die ihn in die Schweiz begleiten will, wo er ein neues Leben zu beginnen denkt. In seinem Gepäck findet man viel Gold, 500 725 Mark, 3186 Schweizer Franken und sogar Schmucksachen, die Eva Braun gehören.

Diese junge Ungarin haben wir im März 1946 in Berlin entdeckt. Sie war Nackttänzerin in einem Nachtlokal, das sich im Luftschutzkeller eines zerstörten Hauses befand. Dieses Lokal nannte sich »Bar and Dancing zur Aphrodite«. Eintrittspreis 200 Mark oder 100 Gramm Kaffee. Sie tanzte unter dem Namen Elvire de Malmassy und sprach französisch, aber kein Wort ungarisch. Sie enthüllte ihre außergewöhnlichen Reize, an denen sich die Kenner begeisterten. Wenn Gretl Braun dieses Buch liest, soll sie erfahren, daß diese Frau noch immer in der Wohnung in der Bleibtreustraße lebt.

Zurück zu Fegelein: Man brachte ihn sofort in den Bunker zurück, wo er degradiert und unter Bewachung gestellt wurde. In den Händen von Bormann, dessen bester Freund er gewesen war, hatte er nichts mehr zu hoffen. Der Sekretär war von einer durch nichts zu erschütternden Gefühllosigkeit. Vielleicht mußte er an diesem Tage die doppelte Menge Alkohol zu sich nehmen.

Hatte Eva Braun sich für ihren Schwager eingesetzt? Ja, sagt Nerin Gun, der sich bei der Familie Braun erkundigt hat. Cornelius Ryan und Trevor-Roper, die genau nachgeforscht haben, behaupten das Gegenteil. Wir schließen uns dieser Meinung an. Die Entdeckung der ungarischen Geliebten und ihrer eigenen gestohlenen Schmucksachen hat wohl auch kaum dazu beigetragen, sie milder zu stimmen.

Am 28. April um 21 Uhr wird Hitler eine Reuter-Meldung über die Ablehnung des Kapitulationsangebotes des Reichsführers vorgelegt. Für ihn ist jetzt alles klar: Fegelein gehört zu dieser Verschwörung, und er sollte als Abgesandter Himmlers in die Schweiz fahren. Mit Bormann und Goebbels fällt Hitler als Kriegsgericht das Urteil über Fegelein. Um 23 Uhr wird er erschossen.

Die am 5. Mai 1945 geborene Tochter Fegeleins und Gretls wird Gretl benannt. Auch sie hat ein tragisches Schicksal: nach einer unglücklichen Ehe endet sie 1977 durch Selbstmord.

Nach Himmlers Abfall hat Bormann nun freie Bahn.

Hanna Reitsch

Ein anderes Paar war, von Bormann herbeigerufen, am 25. April im Bunker eingetroffen. Es war der Luftwaffengeneral von Greim mit seiner Flugzeugführerin Hanna Reitsch, der berühmten Versuchsfliegerin und ehemaligen Weltmeisterin im Segelflug.

Greim, der während der Landung durch Beschuß am Bein verwundet worden war, verließ Berlin als neuer Oberbefehlshaber der Luftwaffe unter gleichzeitiger Beförderung zum Feldmarschall.

Hanna Reitsch ist eine der Getreuen. Diese kleine Portion von einer Frau mit der Figur eines Jockeis, katholisch, nationalsozialistisch, ist fanatisch wie der Teufel und hatte sogar die Aufstellung eines deutschen Kamikaze-Korps vorgeschlagen. Sie hatte niemals Zweifel gehabt. Als sie im Oktober 1944 von einem Freund eine in Schweden veröffentlichte Broschüre über Gaskammern in gewissen Lagern erhielt, hatte sie sich bei Himmler angemeldet und war auch sofort empfangen worden. Sie zeigte ihm die Broschüre und fragte ihn: »Was sagen Sie dazu, Reichsführer?« – »Glauben Sie das etwa, Frau Reitsch?« – »Nein, aber dann müssen Sie solche Veröffentlichungen verhindern.« – »Sie haben recht.«

Am nächsten Tag ließ Himmler in der deutschen Presse ein Dementi veröffentlichen, das auch von der schwedischen Presse übernommen wurde. Das genügte, um die Fliegerin zu überzeugen.

Hanna Reitsch hat uns die Vorgänge im Bunker am 26., 27. und 28. April genau geschildert. Noch im Jahre 1945, also bald nach den Ereignissen, aber bevor sie noch ihre ausführlicheren Erinnerungen schrieb, hat sie dabei folgendes festgestellt: »Bormann gönnte sich nicht viel Bewegung. Er saß fast immer an seinem Schreibtisch und notierte alle wichtigen Ereignisse für die Nachwelt. Jede Handlung, jedes Wort wurde in seinen Heften festgehalten. Manchmal stand er auf, um sich in mürrischem Ton nach dem genauen Sinn dieser oder jener Bemerkung des Führers zu erkundigen.«

Im übrigen wußte Bormann, daß der Obersalzberg am 25. April um 9.30 Uhr von der amerikanischen Luftwaffe bombardiert worden war. Der Berghof sowie die Häuser Görings und Bormanns wurden zerstört. Die Bewohner, insgesamt 3500 Personen, blieben verschont, da sich fast alle in die unterirdischen Schutzräume zurückgezogen hatten. Man hat nur sechs Tote und einige Verletzte festgestellt.

Frau Bormann und ihre Kinder sind unversehrt und gesund. In Begleitung des Sekretärs ihres Mannes, Dr. Hummel, und ihrer Schwägerin ist sie mit neun ihrer Kinder im Alter von einem bis dreizehn Jahren zu Fuß über Gebirgsstraßen nach Italien aufgebrochen. Der Älteste, der fünfzehnjährige Patensohn Hitlers Martin-Adolf, ist in Matrei bei Bad Gastein in einer Parteischule.

Gerda Bormann hat die letzten wertvollen Zusendungen ihres Mannes mitgenommen: seine Briefe, Hitlers Tischgespräche und seine letzten politischen Bemerkungen. Sie sollte nicht weit kommen. In einem kleinen Gebirgshaus in Groben quartiert sie sich ein. Dort entdecken sie zwei Wochen später die Amerikaner. Sie nehmen sie fest und bringen sie nach Südtirol in das Gefangenenlager von Meran, wo sie als Opfer der schlechten Behandlung stirbt, nachdem sie sich zum Katholizismus bekehrt hat. Die Kinder sind in Groben geblieben, von den gleichgültigen Amerikanern sich selbst überlassen. Gute Menschen nahmen sich ihrer an.

Bormanns »zweite Ehefrau«, Manja Behrens, hat mehr Glück. Sie wohnt in Dresden im Sanatorium Weißer Hirsch, wo sie unter den Geretteten der furchtbaren Bombardierung der Stadt überlebt und auf bessere Tage wartet.

Von all dem weiß Bormann im Bunker nichts. Die telefonischen Verbindungen mit Dresden und dem Obersalzberg sind unterbrochen. Er weiß, daß die Schutzräume des Berghofes Vorräte für Jahrzehnte enthalten. Er selbst verbringt seine Tage, indem er mit den Offizieren der Leibwache trinkt.

Doch zurück zu Hanna Reitsch und ihrer Beschreibung der Bewohner des Bunkers.

»Goebbels«, so sagt sie, »hielt Göring für den einzigen Schuldigen an der Niederlage. Er hielt ihn für unfähig, feige, ehrgeizig, für einen Verräter und sogar für einen Lumpen, einen Mann, der große Gesten machte und sich in historischen Posen gefiel, einen grotesken Angeber . . .«

Man kann sich hier Goebbels vorstellen, in seiner gewohnten merkwürdigen Haltung mit dem vorgestreckten Klumpfuß und dem entspannten linken Bein, leicht zurückgelehnt, die linke Hand an der Hüfte.

Um diese Stunde hatte Göring, immer noch als Gefangener in seinem Haus, die Bombardierung des Obersalzberges erlebt. Emmy und Edda Göring hatten sich in den Schutzraum des Berghofes begeben. Der Reichsmarschall folgte ihnen etwas später unter scharfer Bewachung.

In diesem Schutzraum erhielt Göring folgenden Funkspruch des Führers: »In Anbetracht der früheren Verdienste des Reichsmarschalls wird er nicht zum Tode verurteilt, aber aus der Partei ausgestoßen und degradiert. Man wird bekanntgeben, daß er aus Gesundheitsgründen zurücktritt.«

Am nächsten Morgen, dem 26. April, läßt Göring zurückfunken: »Wenn Adolf Hitler an meine Untreue glaubt, muß er mich erschießen lassen. Aber er muß meine Familie und meine Leute freilassen.«

Emmy Göring ist darüber unterrichtet und bittet den Funker, mit der Absendung zu warten. »Kommt nicht in Frage«, sagt der Leiter der Funkstelle. »Dann fügen Sie, von mir unterzeichnet, folgendes hinzu: ›Wenn Adolf Hitler es für möglich hält, daß mein Mann ihm gegenüber illoyal gewesen ist, dann soll er uns, Edda und mich, mit ihm erschießen lassen!‹«

Gegen Mittag kommt endlich die Antwort: »Die Görings sind des Hochverrats schuldig und werden alle erschossen, mit allen ihren Leuten.«

Man kann sich Bormanns Freude vorstellen, als er diese Todesbotschaft formulierte.

Göring wird nun mit Emmy und Edda in das Schloß von Mauterndorf, hinter Salzburg in den Radstädter Tauern, gebracht, das Epsteins Witwe, Lily von Schandrowitz, ihm vermacht hatte, als sie 1937 im Alter von 74 Jahren starb. Dagegen wurden Philipp Bouhler und seine Frau, die schöne Deutsche der Neapel-Reise von 1938, die seit einigen Jahren die Sekretärin von Frau Göring war, sowie der Adjutant Berndt von Brauchitsch in das Gefängnis von Salzburg gebracht.

Die einen wie die anderen sollten erst freigelassen werden, nachdem am 1. Mai der Tod des Führers gemeldet worden war. Aber damit greifen wir vor.

In dem Bunker sah Hanna Reitsch auch Frau Goebbels: »Sie war überzeugt, daß nach der Niederlage das Leben für einen Deutschen nicht mehr lebenswert sein würde. Sie bedauerte diejenigen, die ohne Ehre weiterleben müßten.«

Das sagte sie auch den Sekretärinnen, vor allem Gerda Christian, die sie gebeten hatte, ihr drei ihrer Kinder anzuvertrauen.

Flüchtig bemerkte die Fliegerin auch Eva Braun: »Ruhig erfüllte sie ihre kleinen weiblichen Aufgaben, dazwischen polierte sie ihre Nägel und wechselte das Kleid. Sie hatte sich damit abgefunden, mit dem von allen verlassenen und verratenen Führer zu sterben . . .«

Tatsächlich war Hanna Reitsch, wie viele deutsche Frauen, dem Führer fanatisch zugetan und auf Eva eifersüchtig. Vor ihrem Rückflug im Morgengrauen des 29. April hatte sie im Bunker von Bormann, Goebbels, Eva Braun und Frau Goebbels Briefe zur Weiterbeförderung entgegengenommen. Sie konnte sich nicht versagen, Eva Brauns Brief zu öffnen und zu lesen. Schließlich zerriß sie ihn, weil sie den Ton »vulgär und theatralisch« fand.

Dieses Bild von Eva, wie es Hanna Reitsch zeichnet, entspricht nicht im geringsten der Darstellung aller anderen Zeugen. Alle haben sie ausgeglichen gesehen, mehr Herrin des Hauses denn je, gefällig gegenüber allen, schöner als sonst. So berichtet zum Beispiel der Rittmeister Gerhard Boldt, der sie am 27. April zum ersten Mal sah: »Sie saß mit Hitler und mehreren Personen seiner Umgebung an einem Tisch im Vorzimmer und plauderte lebhaft. Hitler hörte ihr zu. Sie hatte die Beine übereinandergeschlagen und sah jeden frei an, mit dem sie sprach. Mir fiel sofort ihr ovales Gesicht auf, die klassische Form ihrer Nase und ihr schönes blondes Haar. Sie trug ein sehr gut geschnittenes graues Kostüm, das ihre hübsche Figur betonte. Auch ihre Schuhe waren geschmackvoll, und an ihrem feinen Handgelenk trug sie eine Armbanduhr mit Brillanten. Sie war zweifellos eine hübsche Frau.«

Als Greim, der inzwischen Feldmarschall geworden ist und

den Auftrag erhalten hat, die Luftwaffe um Berlin zu versammeln, mit Hanna Reitsch abfliegt, ist der Bunker völlig isoliert.

Bis dahin wurden alle Botschaften an einen Turm der Luftverteidigung telefonisch durchgegeben und von dort mit Hilfe einer an einem Ballon befestigten Antenne durch Funk weitergeleitet. Aber in der Nacht vom 28. zum 29. April wird der Ballon abgeschossen, und nun ist jede Verbindung abgeschnitten.

Hitler kann die Schlacht, die er immer noch zu schlagen glaubt, nicht mehr leiten. Seine Operationskarten sind nicht mehr auf dem laufenden, und er hat weder einen Schlachtplan noch Funkverbindungen. Er verliert alle Illusionen. Die Nachricht von Himmlers Verrat hat ihn vollkommen niedergeschmettert.

Hitler heiratet

»Hitler war in den letzten Tagen ziemlich ruhig«, sagt Gerda Christian. »Er war sogar heiter, aber wenn man ein Gespräch begann, fiel es ihm schwer, zu antworten. Er dachte über das nach, was geschehen war und was er weder gewollt noch gewünscht hatte. Und im Laufe der Nacht wurde ein Standesbeamter, Walter Wagner, geholt, um Hitler und Eva Braun zu trauen. Ein richtiger Trauschein wurde ausgefertigt. Das paßte zu Hitler. Er wollte alles klar und legalisiert haben. Dann wurden wir zu einer Mahlzeit eingeladen. Wir waren acht Personen, Hitler und Eva saßen nebeneinander in der Mitte, und Eva schien sehr, sehr glücklich zu sein. Sie war wie verwandelt und strahlte. Er hatte ihr seine Hand gegeben – mehr konnte sie sich nicht wünschen.«

Richard Schulze-Kossens folgert daraus: »Ich glaube, daß er sie für ihre Treue vor der Geschichte belohnen und auch das Gerücht widerlegen wollte, daß er nur eine Geliebte gehabt habe.«

Die sechs Gäste, die an der Hochzeitstafel teilnahmen, waren: Goebbels und seine Frau, Bormann, der Generalstabschef General Krebs, der Wehrmachtsadjutant General Burgdorf und Gerda Christian.

An diesem Abend wurde Eva Hitler, geborene Braun, die
erste Dame des Dritten Reiches. Sie hat übrigens bei der Unterzeichnung der Heiratsurkunde vor Aufregung »Eva B . . .«
geschrieben, dann das B durchgestrichen und hinzugefügt:
» . . . Hitler, geb. Braun«.

Zum ersten Mal ziehen sich die beiden Eheleute gegen Morgen in dasselbe Schlafzimmer zurück.

Die Testamente

Während der Mahlzeit verläßt Hitler, der ein wenig ungarischen Wein getrunken hat, mehrmals den Raum und geht zu
Traudl Junge, um nachzusehen, wie weit sie mit der Nieder-
schrift seiner Testamente gekommen ist, die er ihr abends
diktiert hatte.

Eva bedauert am Tisch diese arme Traudl, die um diese Zeit
noch Maschine schreiben muß. Sie läßt ihr ein Glas Sekt und
belegte Schnitten bringen.

Nach dem Essen geht Hitler zu Frau Junge zurück. Um 4
Uhr morgens unterzeichnet er die beiden Dokumente. Goebbels und Bormann unterschreiben als Zeugen. Es handelt sich
um ein persönliches und ein politisches Testament.

In seinem persönlichen Testament erklärt Hitler, daß er sich
entschlossen habe, »jenes Mädchen zur Frau zu nehmen, das
nach langen Jahren treuer Freundschaft aus freiem Willen in
die schon fast belagerte Stadt hereinkam, um ihr Schicksal mit
dem meinen zu teilen. Sie geht auf ihren Wunsch als meine
Gattin mit mir in den Tod.« Alles, was er besitzt, fällt an die
Partei, und Bormann ist der einzige Testamentsvollstrecker.
Er wird mit der Abwicklung aller Legate aus dem Testament
von 1938 beauftragt. Ein Name wird der Liste hinzugefügt:

der Name von Evas Mutter. Hitler hat also den schlechten Charakter Bormanns noch immer nicht erkannt.

Das politische Testament enthält eine letzte Verurteilung der für diese Katastrophe verantwortlichen Juden, die Absetzung Görings und die Einsetzung einer neuen Regierung unter Großadmiral Dönitz als Reichspräsident.

Die Liste der Minister ist aufschlußreich. Es ist ein Verzeichnis der Getreuen:

Reichskanzler: Dr. Goebbels

Parteiminister: Bormann

Reichsaußenminister: Seyß-Inquart (ein Gemäßigter)

Reichsinnenminister: Paul Giesler, der letzte Gauleiter von München, ein Bruder des Architekten. (Gauleiter Wagner war am 15. April gestorben. Paul Giesler beging Anfang Mai in Berchtesgaden Selbstmord.)

Reichsfinanzminister: Von Schwerin-Krosigk (ein Gemäßigter)

SS- und Polizeiminister: Hanke, der Gauleiter von Niederschlesien.

Zu dieser Stunde wußte niemand, wo Hanke, der nunmehrige Nachfolger von Himmler, geblieben war. Über sein weiteres Schicksal gibt es verschiedene Darstellungen. Die einen wollen wissen, daß er Breslau mit einem Flugzeug verlassen hat, aber zum Nachtanken auf dem bereits von tschechischen Widerstandskämpfern besetzten Flugplatz von Prag gelandet und dort erschlagen worden ist. Die anderen sagen, er habe in Breslau in seiner Dienststelle Selbstmord begangen.

Die Stunden vor dem Ende

Als Goebbels von dem Testament des Führers Kenntnis genommen hatte, hielt er es für richtig, das politische Testament Hitlers durch einen Aufruf an das deutsche Volk zu ergänzen. Er beendete diese Arbeit um 5.30 Uhr früh.

Bormann, Krebs und Burgdorf hatten sich in dieser Zeit

betrunken und waren schließlich in verschiedenen Räumen eingeschlafen.

Goebbels sagte, daß er auf seine Ernennung zum Reichskanzler verzichten und in Berlin bleiben wolle, um dort mit seiner Frau und seinen Kindern an der Seite des Führers zu sterben. Mit einem Wort, er wollte, zur Rechten des Vaters, in die Geschichte eingehen. Aber er teilte es dem Führer nicht mit.

Im Laufe des 29. April wurden die Testamente drei Abgesandten übergeben, die ihr Ziel nie erreichen sollten.

Die Russen waren nur noch 800 Meter vom Bunker entfernt. Am Nachmittag gelangte eine Nachricht in den Bunker: Mussolini und Clara Petacci waren am Comer See getötet worden. Die Meldung ist bestimmt, aber knapp, ohne nähere Angaben über die Erschießung und die nachfolgenden Ausschreitungen. Diese Nachricht bestärkt Hitler und seine Frau in ihrem Entschluß, Selbstmord zu begehen, bevor man gefangengenommen wird. Der Führer läßt seinen Hund Blondi durch Zyankali töten. Die anderen Hunde im Bunker erleiden das gleiche Schicksal. Der Adjutant Tarnow erschießt Evas Scotch-Terrier und Gerda Christians Cockerspaniel.

Dann kommt der letzte Abend, und gegen 2.30 Uhr früh nehmen Hitler und Eva Abschied. Sie drücken den letzten Getreuen die Hand. Ein letzter Befehl wird dem Kommandanten der SS-Wache, Sturmbannführer Otto Günsche, leise ins Ohr geflüstert. Günsche gibt den Auftrag an Kempka weiter, dem die Kraftfahrzeuge unterstehen: er soll auf irgendeine Weise zweihundert Liter Benzin requirieren und sie in den Hof bringen.

Hitler und Eva gehen gegen 3.15 Uhr schlafen. Sie erscheinen wieder am 30. April gegen 10 Uhr vormittags. Der Führer trägt eine neue Uniform mit dem Eisernen Kreuz und dem Goldenen Parteiabzeichen, Eva ihr Hochzeitskleid.

Gegen 14 Uhr setzt sich Hitler mit den beiden Sekretärinnen Gerda Christian und Traudl Junge sowie der Köchin Fräulein Manzialy an die Mittagstafel. Eva ist in ihr Zimmer zurückgegangen.

Hitler ist ruhig und spricht über dies und jenes. Die Mahlzeit dauert eine halbe Stunde.

»Ich ging dann in mein Zimmer«, berichtet Frau Christian, »um Verschiedenes zu erledigen, als der Kammerdiener Linge mich anrief. Er forderte mich auf, zum Führer zu kommen. Wir waren sechs oder sieben Männer und Frauen, und jeder von uns gab Eva die Hand und dann dem Führer. Man konnte nichts mehr sagen. Er sagte auch nichts mehr, und wir fühlten, daß alles zu Ende war.«

Es ist ungefähr 15.15 Uhr. Magda Goebbels, die mit ihren Kindern beschäftigt war, hatte an diesem letzten Abschied nicht teilnehmen können. Da sie fast ohne Gepäck in den Bunker gekommen war, mußte sie dauernd etwas waschen, nähen, ausbessern oder kochen. Die Kenntnisse, die sie vor dem Ersten Weltkrieg bei den Ursulinerinnen in Vilvorde erworben hatte, waren ihr noch nie so nützlich gewesen.

Günsche läßt dem Führer durch Linge sagen, daß Frau Goebbels ihre Abwesenheit zu entschuldigen und um ein letztes Gespräch bittet. »Ich komme sofort«, sagt Hitler.

Der Führer verabschiedet sich allein, unter vier Augen, von Frau Goebbels, die mit Stolz das Goldene Parteiabzeichen trägt, das ihr Hitler am 28. April verliehen hatte.

Das Ehepaar Goebbels ist also offiziell auf den Thron erhoben: Er ist Reichskanzler, sie die erste Dame des Dritten Reiches – nach Eva Braun.

Hitlers und Evas Tod

»Ich war in mein Zimmer zurückgekehrt«, fährt Gerda Christian fort, »und ich konnte nicht beobachten, wie es zu Ende ging. Nach einer Weile rief mich Linge an, um mir mitzuteilen, daß Hitler sich erschossen hatte und daß ich hinaufkommen könne. Einige Tage vor dem Ende hatte Hitler seinem Adjutanten Günsche und seinem Fahrer Kempka befohlen, seine und Evas Leiche nach oben, in den Garten der Reichskanzlei, zu bringen, mit viel Benzin zu übergießen und zu verbrennen.«

So geschah es auch. Trotz anderer Behauptungen konnte festgestellt werden, daß Hitler sich mit einem Pistolenschuß tötete, während Eva sich mit einer Zyankalikapsel das Leben nahm. Es war 15.30 Uhr.

»Ich glaube an den Tod Hitlers und Eva Brauns«, erklärt Schulze-Kossens. »Es besteht kein Zweifel, da diejenigen, die den Auftrag erhielten, beide hinauszuschaffen und zu verbrennen, noch leben und es bezeugen.« (Günsche, Linge und Kempka, der erst 1975 gestorben ist.)

Hitlers verkohlte Überreste wurden am 8. Mai 1945 von den Sowjets aufgefunden. Eine Autopsie ließ den Verdacht aufkommen, daß auch Hitler sich mit Zyankali vergiftet haben könnte. Aber man muß es bezweifeln.

Die Russen haben jedenfalls Hitlers Selbstmord und die Identität der untersuchten Überreste bestätigt. Widersprüche zwischen den Zeugenaussagen bestehen höchstens in der Frage »Gift oder Pistole« und darüber, ob die Leiche vollständig oder nur teilweise verbrannt war.

Der Tod der Familie Goebbels

Der Führer und seine Gattin sind verschwunden, und nun schlägt die Stunde für Goebbels, der offizieller Nachfolger als Reichskanzler geworden ist. Wir kennen seine Absicht: Sterben wie Hitler, um an seiner Seite in die Geschichte einzugehen.

Am Abend des 30. April 1945, als die militärische Lage in Berlin verzweifelt ist, hoffen Goebbels und Bormann einen Augenblick, mit den Russen verhandeln zu können. Zuerst aber schickt Bormann einen Funkspruch an Dönitz mit der Mitteilung, daß der Führer ihn zu seinem Nachfolger bestimmt habe. Die Dokumente seien unterwegs. Dönitz möge sofort die Maßnahmen ergreifen, die die Lage erfordere.

Die Dokumente, nämlich die Testamente, haben Dönitz nie erreicht. Der Sekretär, der nun Parteiminister geworden war, wollte jetzt vor allem verhindern, daß die Ministerämter in seiner Abwesenheit verteilt wurden. Deshalb wollte er möglichst schnell das Hauptquartier von Dönitz erreichen.

Im übrigen scheinen Bormann und Goebbels damals tatsächlich die ganz unbegründete Hoffnung gehabt zu haben, sie könnten mit den Sowjets verhandeln. Sie einigten sich darauf, die Rote Armee um einen Waffenstillstand zu bitten: für die Bereitschaft zu einer örtlichen Kapitulation glaubten sie, einen Waffenstillstand zu erreichen, der es ihnen ermöglichen würde, zu Dönitz zu gelangen. General Krebs wird als Parlamentär zu General Tschuikow geschickt. Ihr Gespräch dauert neun Stunden, aber die Russen lehnen einen Waffenstillstand kategorisch ab und verlangen die bedingungslose Kapitulation.

Goebbels entschließt sich nun zu sterben. Als erste sterben seine Kinder. Dr. Kunz schläfert sie durch eine Morphiumspritze ein, dann gibt Magda ihnen die tödlichen Zyankalikapseln. Die sowjetische Autopsie hat das alles bestätigt.

Zehn Minuten später steigen Joseph und Magda Goebbels die Treppe zum Garten der Reichskanzlei hinauf. Goebbels schießt sich mit einer Pistole in die Schläfe, nachdem Magda ihre Zyankalikapsel zerbissen hatte. Auch ihre Leichen wurden auf dem Hof verbrannt. Die Sowjets konnten sie aber noch identifizieren. Die Leichen der Kinder wurden unversehrt im Bunker gefunden.

Bormanns Tod

Vor seinem Tod schickt Goebbels am 1. Mai um 15.15 Uhr noch einen letzten Funkspruch an Dönitz ab: »Der Führer ist gestern um 15.15 Uhr gestorben. Das Testament des Führers ist zu Ihnen unterwegs. Reichsleiter Bormann gedenkt heute aufzubrechen, um Sie über die Lage zu unterrichten...«

Bormann ist jetzt Alleinherrscher im Bunker. Aber niemand hört mehr auf ihn. Die allgemeine Auflösung hat begonnen.

Die einen werden von den Sowjets gefangengenommen, andere haben Glück und können nach Westen entkommen. Die Köchin Constanze Manzialy fällt den Russen in die Hände und schluckt ihre Zyankalikapsel. Die Sekretärinnen Christian, Junge und Krüger verschwinden im U-Bahnschacht in der Menschenmenge.

Am 7. Dezember 1972 entdeckten zwei Arbeiter, die zwischen der Invalidenstraße und dem Lehrter Bahnhof die Straße aufrissen, zwei Skelette, die als die Überreste von Bormann und Dr. Stumpfegger identifiziert wurden.

Goebbels und St. Paulus

Wenn man die Schriften von Hitler und Goebbels noch einmal liest, wundert sich der nicht darauf vorbereitete Leser darüber, daß zwei Namen häufig zitiert werden: Jesus und Paulus. Von diesem historischen Zweigespann waren beide fasziniert.

Auf der einen Seite steht der denkende Meister, der sein philosophisches Ideal durch das Wort verbreitet. Aber dieses Ideal ist ziemlich schwer genau zu erfassen, weil die Berichte der Apostel sich widersprechen. Lukas, Matthäus und Markus berichten oft aus dritter Hand. Johannes dagegen, der Jesus am nächsten stand, vertritt die Idee am klarsten, ist aber als Zeuge am wenigsten genau.

Andererseits erscheint ein apostolischer Propagandist ersten Ranges, Paulus von Tarsus. Er bringt die Idee Jesu in ein System, verwandelt sie, radikalisiert sie und macht sie so verständlich, daß so verschiedene Völker wie die Korinther, die Thessalier, die Römer und andere sie verdauen können.

Das Christentum stammt mehr von Paulus als von Jesus, der kein Christ war. Tatsächlich hat Paulus die von Jesus verkündete Idee vereinfacht und durch bemerkenswerte Propagandamethoden verbreitet. »Die endgültige Verfälschung der Lehre Jesu war das Werk von Paulus«, sagte Hitler am 21. Oktober 1941.

In der Geschichte gibt es mehrere ähnliche Fälle eines Meisters, dessen schematische Idee von einem für Propaganda begabten Schüler gemeinverständlich gemacht wurde: Marx, dessen philosophisches Werk Engels vollendete, um es dann verständlicher zu machen. Engels war der erste Marxist. Lenin hatte kaum die Zeit gehabt, das Gebäude seiner neuen Gesellschaft zu errichten, als Stalin sich seines doktrinären Erbes bemächtigte, um dessen Anwendung zu radikalisieren. Stalin war der erste Vertreter des Marxismus-Leninismus, der bekanntesten Abweichung vom Marxismus.

Die Kraftlinien des Nationalsozialismus findet man in »Mein Kampf« und nicht in den verworrenen Schriften von Rosenberg. Der Paulus Joseph Goebbels wußte sie herauszuarbeiten und auf einen für alle verständlichen Nenner zu bringen.

Auffällig sind die Anleihen, die Adolf Hitler und sein Paulus, dieser Schüler der Jesuiten, bei der katholischen Religion gemacht haben:

– Das *Führerprinzip:* Alle Wahrheit kommt von oben. Der *Führer* hat, wie der Papst, als einziger die Verbindung zum Himmel. Er ist also unfehlbar.

– Die *Liturgie* und ihre Riten: In Nürnberg hat es Prozessionen gegeben, das Hakenkreuz wurde getragen wie die Monstranz.

– Die *Mysterien:* Der Chef versieht jeden Befehl, der schwer zu verstehen oder zu rechtfertigen ist, mit dem Siegel der Geheimhaltung.

– Die *Wunder:* Die Beseitigung der Arbeitslosigkeit und vieles andere wird als Wunder dargestellt.

– Die *ständige Ermahnung* und die Wiederholung der wesentlichen doktrinären Themen gehören zum Werkzeug der Redner sowohl bei den Jesuiten wie bei Adolf und seinem Paulus.

Von 1919 bis 1939 begründet Hitler alles mit dem »Diktat von Versailles«. Dann nimmt Goebbels die Propaganda in die Hand. Die Analyse seiner Schriften, die hier nicht untersucht werden sollen, zeigt, daß er in der Suche nach dem Sündenbock schwankt. Er ist sehr antiklerikal und aus vielen Gründen gegen die Kirche eingestellt; im Jahre 1937 dachte er daran, sie verächtlich zu machen, indem er die sittliche Verderbnis des Klerus zeigte. Er hatte sich ein falsches Ziel ausgesucht, da immerhin 40 v. H. der Deutschen katholisch waren und sein eigener Lebenswandel öffentlich bekannt war.

Er kam also auf Hitlers bevorzugtes Angriffsobjekt zurück: auf die jüdische Minderheit, von der alles Übel kam. Das Angriffssignal war die Kristallnacht (vom 9. zum 10. November 1938), die von Goebbels geplant und durchgeführt wurde und die – so behauptet Speer – »Hitler angesichts der vollendeten Tatsachen zögernd billigte«.

Künftig sollte alles von Goebbels auf dieses einzige Feindbild zurückgeführt werden: das Judentum, den jüdischen Marxismus, den jüdischen Bolschewismus und die jüdische Plutokratie. Und Hitler mit dem ganzen Dritten Reich sollte von dieser vereinfachenden und teuflischen Propaganda mitgerissen werden. Denn nur Goebbels hatte, wie Paulus, wie Engels, wie Stalin die Methode der Massenbeeinflussung entdeckt. Hitler hörte nicht auf Goebbels, und nach jeder Begegnung verfolgte jeder seine eigenen Pläne: Hitler seine Fernziele, Goebbels die sofortige Radikalisierung.

Im Dezember 1941 stellte Goebbels vor seinem Adjutanten Rudolf Semmler seine eigene Bilanz auf:

1. Der Nationalsozialismus in Bayern interessierte nur die Mittelklasse. Ich habe daraus die Partei der Arbeiterklasse gemacht.
2. Ich habe die Schlacht um Berlin gewonnen und die Machtergreifung vorbereitet. Ohne Berlin wäre die Partei eine provinzielle Bewegung geblieben.
3. Der Stil und die technische Abwicklung der Parteiveranstaltungen sind mein Werk.

4. Ich habe den Mythos des unfehlbaren Führers geschaffen.

Man denkt an Jesus, den Gegner der Pharisäer, der dann Jerusalem erobert, und schließlich an die Reisen von Paulus, dessen Ausstrahlung die ganze damalige Menschheit erfaßte.

Man weiß, daß Goebbels nicht die Zeit hatte, Europa geistig zu erobern. Der Fehler lag in Hitlers Entschlossenheit zur Eroberung mit Waffengewalt und in der nur durch die Rote Armee bewirkte Niederlage dieser Gewalt.

Da entstand der Gedanke der Verbrannten Erde und der Erlösung. Sogar unter den Theologen bezweifelt heute niemand mehr, daß Paulus die Lehre Christi gröblich entstellt hat: einen »schrecklichen Verführer« nennt ihn Nietzsche, als den »ersten Scharlatan des Christentums« bezeichnet ihn Alain Daniéou, der Bruder eines Kardinals; »verführerische Rede, falsche Meinung«, versichert Émile Gillabert.

»Die ganze paulinische Ära geht zum Glück zu Ende«, schrieb Emanuel Berl. – Man kommt allmählich auf die wahre Botschaft des Galiläers zurück.

So muß die Propaganda von Goebbels von der wirklichen Botschaft des Mannes aus Braunau in ihren positiven und negativen Erscheinungen getrennt werden. Künftige Historiker werden von dem Damaskus eines Goebbels sprechen, von seinem Kampf gegen Bormann, der an den Kampf des Paulus gegen Petrus erinnert, von seinem Willen, nach dem Tode des Vaters als Märtyrer zu enden.

Und wir denken an die Prophezeiung des Kronprinzen in seinem am 20. Juni 1934 an Lord Rothermere gerichteten Schreiben: »Alles, was man im heutigen Deutschland mit Sorge feststellt, die Radikalisierung der Bewegung, die häufigen Massenaufmärsche, der Kampf gegen die Juden, gegen die katholische Kirche, gegen die Intellektuellen, gegen die ›Reaktion‹ (einschließlich der Monarchisten), das alles ist das Werk des Propagandaministers, eines Mannes von außergewöhnlicher Intelligenz und ehemaligen Jesuitenzöglings, eines Meisters in der Kunst der Demagogie ...

Die politischen Zustände haben sich so entwickelt, daß der Führer durch seine Umgebung von Tag zu Tag mehr isoliert und von Männern mit unabhängiger Meinung ferngehalten wird, die keinen Zugang zu ihm mehr haben ...

Diese Tendenz, die sich in der Person des Propagandaministers konzentriert, beunruhigt uns tief, und alle, die wir aufrichtig um das Wohl des Vaterlandes bemüht sind und fest hinter dem Führer Adolf Hitler stehen.«

Man weiß, was daraus wurde.

Das Verhalten Jesu gegenüber den Frauen wurde von Paulus vollkommen unterschlagen. Dieser Weiberfeind – er litt unter dem Mangel an Mutterliebe – interessierte sich nicht für Frauen. Er wußte übrigens nichts von der Jungfrau Maria.

Nachdem Goebbels seine Leidenschaft zu Lida Baarowa begraben hatte, kümmerte er sich auch nicht mehr um die Frauen. Er wollte sie in den »totalen Krieg« eingliedern, dessen Vorkämpfer er nach der Niederlage von Stalingrad geworden war.

Magda Goebbels nahm eine Beschäftigung bei Telefunken an und fuhr täglich mit der Straßenbahn zur Arbeit. Als die anderen Damen der Prominenten ihrem Beispiel nicht folgten, gab sie es auch wieder auf.

Hitler, dieser für Schönheit, und besonders für die weibliche Schönheit schwärmende Künstler, sah die Dinge anders, und so ermächtigte er Eva Braun, die Verfügungen über die Mobilisierung der Frauen mildern zu lassen. Sein Traum, das waren die Mütter, die Erzeugerinnen der Nation, von denen jeder philosophische Gedanke, jede neue Gesellschaft ausgeht. Es war Goebbels, der sich durchsetzte, indem er die Männer und die Frauen in dasselbe Nichts hineinriß, gleichzeitig aber dem Nationalsozialismus jede Zukunft verschüttete.

Hitler und die Frauen

Die undankbare, etwas lächerliche Rolle, die Eva Braun beim Führer spielte, zeigt deutlich, daß das mit Hilfe der Frauen errichtete und aufrechterhaltene Dritte Reich ihnen bei den wesentlichen Entscheidungen keinen Einfluß einräumte.

Wenn es sich um die Erhaltung menschlichen Lebens, um die Beachtung moralischer und humanitärer Regeln handelte, wurden die auf diesen Gebieten den Männern so weit überlegenen Frauen ausgeschaltet und der Abstieg dadurch beschleunigt.

Schließlich ließ Hitler, der die deutschen Frauen von ihren Kirchen, ihren Küchen und ihren Kindern fortgeholt hatte, sie wieder in die altväterlichen Gewohnheiten der deutschen Familie zurückfallen. Das war sicher sein größter psychologischer Fehler. Vielleicht können wir annehmen, daß es Hitler nicht gelang, seinen Ödipuskomplex zu überwinden.

Im Mai 1945 sind alle Damen der führenden Männer des Dritten Reiches, mit Ausnahme von Eva Braun und Magda Goebbels, auf den Straßen unterwegs: Frau Himmler und Frau Bormann wurden, wie bereits gesagt, verhaftet. Lina Heydrich hat nach Überwindung aller alliierten Sperren Fehmarn erreicht. Sie beginnt ein neues Leben unter ihrem Mädchennamen Lina von Osten. Zuerst betreibt sie einen Fischhandel und eröffnet dann, nachdem sie das nötige Geld verdient hat, ein kleines Gasthaus, das sie immer noch mit ihrer jüngsten Tochter führt. Ihren Sohn Heider hat sie Ingenieur werden lassen, und ihre älteste Tochter Silke ist beim Fernsehen angestellt. Für kurze Zeit war sie noch einmal mit einem Schweden verheiratet.

1948 verlangen die Tschechen die Auslieferung von Frau Heydrich. Die Engländer lehnen es ab. Wie Besucher ihres Gasthauses erzählen, soll sie geäußert haben, daß sie Prag erst dann wieder betreten würde, wenn der Wenzelplatz mit Tschechenschädeln gepflastert wäre. Als aber Skorzeny im

Jahre 1973 in einem Hamburger Krankenhaus operiert werden muß, ist sie die erste, die zu ihm kommt und ihn mütterlich betreut. Ihr bescheidenes Vermögen wurde 1948 von deutschen Behörden beschlagnahmt, aber jetzt erhält sie wieder ihre Pension als Generalswitwe, da Heydrich zu früh starb und daher niemals als Kriegsverbrecher verurteilt wurde.

Luise Jodl hatte weniger Glück. Zusammen mit Frau Keitel wurde sie verhaftet, während ihr Mann die bedingungslose Kapitulation unterzeichnete, dann aber wieder freigelassen. Sie wandte sich schriftlich an General Eisenhower, um das Schicksal des Generalobersten Jodl zu erleichtern, aber das Nürnberger Gericht hatte den Fall bereits aufgenommen. Sie wurde als Assistentin des Verteidigers ihres Mannes, Rechtsanwalt Dr. Exner, zugelassen. Das hinderte das Gericht der Sieger nicht, Jodl zum Tode zu verurteilen. Die Richter berücksichtigten überhaupt nicht, daß er ein Soldat war, der Befehlen gehorchte. Damit hatte dieses Gericht vor der Welt festgelegt, daß ein Soldat sich in Zukunft niemals auf Befehle eines Vorgesetzten berufen kann: er darf nur solche Befehle ausführen, die das Gewissen nach allgemeiner Auffassung zuläßt.

Am 16. Oktober 1946 wurde Alfred Jodl gehenkt. Luise fand erst 1948 beim Institut für öffentliches Recht an der Universität München wieder eine Beschäftigung. Seit zehn Jahren lebt sie im Ruhestand von einer kümmerlichen Rente, denn die Pension als Generalswitwe hatte man ihr abgesprochen, da Jodl als Kriegsverbrecher verurteilt worden war.

Hitlers vier Sekretärinnen hatten das Glück, daß man sie nicht behelligte und daß sie nach dem Kriege bescheidene Tätigkeiten fanden.

Frau Heß wurde von deutschen Behörden von 1946 bis März 1948 eingesperrt und ihr kleines Vermögen beschlagnahmt. Sie konnte sich dann eine kleine Fremdenpension aufbauen und ihrem einzigen Sohn Wolf seine Ausbildung ermöglichen.

Frau von Ribbentrop stammte aus einer reichen Familie,

und ihre Söhne, der Rechtsanwalt Berthold, und Rudolf, derzeitiger Chef der Sektfirma Henkell, konnten trotz Beschlagnahme des väterlichen Vermögens ihre gesellschaftliche Stellung bewahren. Frau von Ribbentrop hat bis zu ihrem Tode Schriften zur Rechtfertigung ihres Mannes veröffentlicht.

Die einzige große Dame des Dritten Reiches, der es gelang, sich ohne zu große Schwierigkeiten zu behaupten, war Emmy Göring. Am 8. Mai 1945 verließen Reichsmarschall Göring, Emmy und ihre Tochter Edda Mauterndorf. Göring hoffte immer noch auf eine Begegnung mit Eisenhower. Aber er wurde am nächsten Tag von den Amerikanern einfach verhaftet. Der Offizier, der ihn verhaftete, ein gewisser Vanderpyl, erzählt, daß Göring und seine Frau sich verhaften ließen, ohne Schwierigkeiten zu machen, die kleine Edda ihn aber kratzte und sogar zu beißen versuchte.

Göring wurde sofort in das erste Gefängnis gebracht, das er kennenlernen sollte, bevor er sich unter den Angeklagten von Nürnberg befand. Um zu wissen, mit was für einem Menschen sie es zu tun hatten, führten die Amerikaner mit ihm einen Intelligenztest durch. Zu ihrer Überraschung erzielte er 149,2 von 150 Punkten.

Emmy Göring und ihre Tochter wurden im Schloß Fischhorn in Bruck bei Zell am See interniert. Herr und Frau Bouhler begleiteten sie die ganze Zeit.

Am 31. Mai holten die Amerikaner Philipp Bouhler ab. Er beging am gleichen Abend Selbstmord. Frau Bouhler sprang in ihrer Verzweiflung aus einem Fenster im vierten Stock und war sofort tot.

Am 31. Mai wurde es Emmy und Edda gestattet, nach Burg Veldenstein, dem Privatbesitz Görings, zurückzukehren. Dort kampierten sie über vier Monate, nachdem die Amerikaner mit Dutzenden von Lastwagen das gesamte Mobiliar entführt hatten. Am 15. Oktober wurden sie in dem Gefängnis von Straubing eingesperrt und blieben dort bis zum 19. Februar 1946. Dann kehrten sie wieder nach Veldenstein zurück.

Emmy sollte ihren Mann und Edda ihren Vater erst nach

siebzehn Monaten der Trennung im Sprechraum des Nürnberger Gerichts wiedersehen. Es war am 7. Oktober 1946. Am 16. Oktober vergiftete sich Göring und konnte nun nicht mehr gehenkt werden.

Emmy Göring mußte nun die Schikanen der Entnazifizierung durchmachen. Sie wurde im Internierungslager Göggingen bei Augsburg bis Juli 1948 festgehalten. Dann lebten Emmy und Edda in München. Für die alten Parteigenossen blieb Emmy Göring, nach Eva Braun und Magda Goebbels, die letzte der großen Damen des Dritten Reiches.

Als sie in den sechziger Jahren mit ihrer Tochter nach Madrid fuhr, wurde sie im Restaurant Horcher, in dem die Görings in Berlin verkehrt hatten, feierlich empfangen. Und es gibt Zeugen, die sich erinnern, daß der Portier beide Flügel der Tür aufriß und ankündigte: »Die Frau Reichsmarschallin!«

Die Tatsache bleibt festzuhalten, daß die noch lebende Winifred Wagner die Flamme der Erinnerung unterhält. Sie, die Schwiegertochter des großen Wagner, der immer mehr als Johannes der Täufer in dieser mystischen Geschichte erscheint, die in der Politik enden sollte.

Anhang

Das Tagebuch von Eva Braun
vom 6. Februar bis zum 28. Mai 1935

6. 2. 35

Heute ist wohl der richtige Tag dieses »Prachtstück« einzu-
weihen.

23 Jahre bin ich nun glücklich alt geworden. Das heißt ob
glücklich ist noch eine andere Frage. Augenblicklich bin ich's
bestimmt nicht. Ich stelle mir halt auch etwas viel vor unter
einem so »wichtigem« Tag. Wenn ich nur ein Hunderl hätte,
dann wäre ich nicht so ganz allein. Aber das ist wohl zu viel
verlangt.

Frau Schaub[1] kam als »Abgesandte« mit Blumen und Telegramm. Mein ganzes Büro sieht aus wie ein Blumenladen und
es riecht wie in einer Aussegnungshalle.

Eigentlich bin ich undankbar. Aber ich habe mir halt so
absolut ein Dackerl gewünscht und nun ists wieder nichts[2].
Vielleicht dann nächstes Jahr. Oder noch später, dann paßt es
auch besser zu einer beginnenden alten Jungfer.

Nur die Hoffnung nicht aufgeben. Geduld müßte ich ja nun
bald gelernt haben.

2 Lose habe ich mir heute gekauft weil ich fest in der Einbildung war jetzt oder nie – Nieten – waren es. Ich werde halt
doch nicht reich, da kann man nichts machen.

Ich wäre noch heute mit Herta, Gretel, Ilse und Mutti auf
die Zugspitze und hätten gelebt in Saus und Braus denn man
hat immer die größte Freude, wenn sich andere mit freuen.
Aber »nix is« mit der Fahrt.

---

1 Die Frau des Chefadjutanten Hitlers, Julius Schaub.
2 Ilse Braun, die Schwester Evas, ist der Ansicht, daß Hitler eher gedanken-
los als geizig war, wenn es sich um Geschenke handelte. Dem Verfasser
erklärte sie, daß Eva, vielleicht ohne es sich einzugestehen, weniger auf einen
Dackel, als auf einen Heiratsantrag Hitlers gehofft hatte.

Heute Abend gehe ich mit Herta[3] zum Essen. Was soll ein einschichtiges Weiberl mit 23 Jahren sonst machen. Und so werde ich denn mein Wiegenfest mit ›Fraß und Völlerei‹ beschließen. Womit ich glaube auch in seinem Sinne gehandelt zu haben.

11. II. 35

Jetzt war er da. Aber nix Hunderl nix Kleiderschrank. Er hat mich nicht einmal gefragt ob ich einen Geburtstagswunsch habe.

Jetzt hab ich mir selber Schmuck gekauft. 1 Kette, Ohrringe und den Ring dazu um 50 M. Sehr hübsch alles. Hoffentlich gefällt's ihm. Wenn nicht so kann er mir ja selbst was aussuchen.

15. II. 1935

Mit Berlin scheint's jetzt Wirklichkeit zu werden. D. h. bis ich nicht in der Reichskanzlei bin glaub ich es noch nicht. Hoffentlich wird es eine erfreuliche Angelegenheit.

Schade, daß statt Charly[4] nicht Hertha mitkommen kann. Sie wäre eine Garantie für ein paar lustige Tage. So wird wahrscheinlich ein großes »Geknauze« sein, denn ich nehme nicht an daß Brückner[5] ausnahmsweise seine liebenswürdige Seite Charly gegenüber hervorkehren wird.

Ich trau mich noch nicht mich richtig zu freuen, aber es kann wundervoll werden, wenn alles klappt. Hoffen wir's!

18. II. 1935

Gestern ist er ganz unvermutet gekommen und es war ein entzückender Abend. Das Schönste aber war, daß er sich mit dem Gedanken trägt mich aus dem Geschäft zu nehmen und . . ., ich will mich aber lieber noch nicht so freuen – mir ein Häuschen zu schenken. Ich darf einfach nicht daran denken, so wunderschön wäre das. Ich müßte nicht mehr unseren »ehrenwerten Kunden« die Türe öffnen und Ladenmädchen machen. Lieber Gott gib, daß es wirklich wahr ist und in absehba-

3 Herta Ostermayr, Evas beste Freundin.
4 Eine Freundin Eva Brauns mit Vornamen Charlotte.
5 Hitlers Chefadjutant.

rer Zeit Wirklichkeit wird[6].

Die arme Charly ist krank und kann nicht mit nach Berlin.
Sie hat wirklich Pech. Aber, vielleicht ist es besser so. Unter
Umständen ist Br.[7] recht grob zu ihr und dann wäre sie be-
stimmt noch unglücklicher.

Ich bin so unendlich glücklich, daß er mich so lieb hat und
bete, daß es immer so bleibt. Ich will nie Schuld haben, wenn
er mich einmal nicht mehr gern hat.

4. 3. 1935
Ich bin schon wieder totunglücklich da ich ihm nicht schreiben kann muß eben dieses Buch dazu dasein meine Klagelie-
der aufzunehmen.

Am Samstag ist er gekommen. Samstag Abend war der Ball
d. Stadt M. Frau Schwarz hat mir nun ein Logenk. dazu geschenkt, also mußte ich doch unbedingt hin, nachdem ich bereits zugesagt hatte. Ich habe nun bei ihm bis 12 Uhr ein paar
wundervoll schöne Stunden zugebracht und bin dann mit seiner Erlaubnis noch 2 Std. auf den Ball gegangen.

Am Sonntag hat er mir versprochen, daß ich ihn sehen
werde. Aber trotzdem ich in der Osteria[8] angerufen habe und
durch Werlin[9] sagen ließ ich warte auf Nachricht, ist er einfach
nach Feldafing gefahren und hat sogar Hoffmanns Einladung
zum Kaffee und Abendessen ausgeschlagen.

Man kann ja nun alles von 2 Seiten betrachten. Vielleicht
wollte er mit Dr. G.[10] der hier war, allein sein aber dann kann
er mich doch verständigen lassen. Ich bin bei Hoffmann wie
auf glühenden Kohlen gesessen und dachte jeden Moment
jetzt müßte er kommen.

Wir sind dann noch zum Zug, denn er hat sich plötzlich zur

6 Ilse Braun, die dem Verfasser bei der Kommentierung des Tagebuchs behilflich war, ist der Ansicht, daß Eva nie gern bei Hoffmann gearbeitet hat.
7 Mit dem abgekürzten »Br« meint Eva Braun wahrscheinlich Hitlers Chefadjutanten Brückner. Siehe ihre Eintragung vom 15. 2. 1935.
8 Die Osteria war ein Stammlokal Hitlers in Münchens Vergnügungs- und
Künstlerviertel Schwabing. Es heißt heute »Osteria Bavaria«.
9 Direktor der deutschen Automobilwerke Daimler-Benz.
10 Dr. Goebbels, Reichsminister für Volksaufklärung und Propaganda.

Abreise entschlossen, und sahen gerade noch die Schlußlichter davon.

Hoffmann war wieder einmal zu spät von zu Hause mit uns fort und so konnte ich mich nicht einmal mehr verabschieden.

Vielleicht sehe ich wieder einmal zu schwarz hoffentlich tu ich das, aber er kommt nun 14 Tage nicht mehr und ich bin bis dahin unglücklich und habe keine Ruhe.

Ich weiß zwar nicht weshalb er mir böse sein sollte, vielleicht wegen dem Ball aber er hat es mir ja erlaubt.

Ich zerbreche mir vergeblich den Kopf über den Grund so früh ohne Abschied zu fahren.

Hoffmann's haben mir für heute Abend eine Karte für die venezianische Nacht gegeben, ich gehe aber nicht hin. Ich bin viel zu traurig dazu.

11. 3. 1935

Ich wünsche mir nur eines, schwer krank zu sein und wenigstens 8 Tage von ihm nichts mehr zu wissen. Warum passiert mir nichts, warum muß ich alles das durchmachen.

Hätte ich ihn doch nie gesehen.

Ich bin verzweifelt. Jetzt kaufe ich mir wieder Schlafpulver, dann befinde ich mich in einem halben Trancezustand und denke nicht mehr so viel darüber nach. Warum holt mich der Teufel nicht. Bei ihm ist es bestimmt schöner als hier[11].

Drei Stunden habe ich vor dem Carlton gewartet und mußte zusehen, wie er der Ondra[12] Blumen kaufte und sie zum Abendessen eingeladen hat. (Verrückte Einbildung, geschrieben am 16. 3.)

Er braucht mich nur zu bestimmten Zwecken es ist nicht anders möglich. (Blödsinn[13])

---

11 Ilse Braun erklärt hierzu, daß die Einsamkeit Eva stark belastete. Da Hitler meist ohne Ankündigung kam, war sie stets gezwungen, entweder im Büro oder zu Hause auf ihn zu warten. Dieses aufreibende Warten erklärt, warum Eva mehr und mehr Schlafmittel nahm.

12 Die Filmschauspielerin Anny Ondra, Frau des Ex-Boxweltmeisters Max Schmeling.

13 Die Bemerkungen in Klammern hat Eva anscheinend nachgetragen, als sie das Tagebuch am 16. 3. 1935 wieder in die Hand nahm.

Wenn er sagt er hat mich lieb, so meint er nur in diesem
Augenblick. Genauso wie seine Versprechungen, die er nie
hält[14]. Warum quält er mich so und macht nicht gleich ein
Ende?

16. 3. 1935
Er ist wieder nach Berlin[15]. Wenn ich nur nicht immer gleich
so aus dem Häuschen wäre wenn ich ihn weniger als sonst
sehen kann. Eigentlich ist es ja selbstverständlich daß er für
mich jetzt kein großes Interesse hat nachdem sich jetzt politisch soviel tut.

Ich fahre heute mit Gretl auf die Zugspitze und denke daß
sich dann meine Verrücktheit legen wird. Es ist immer noch
alles gut geworden und wird diesmal nicht anders sein. Nur
ruhig abwarten muß mann's halt können.

1. April 1935
Gestern war wir zum Abendessen von ihm in die Vier Jah-
reszeiten eingeladen. Ich mußte 3 Stunden neben ihm sitzen
und konnte kein einziges Wort mit ihm sprechen. Zum Abschied reichte er mir, wie schon einmal, einen Umschlag mit
Geld. Wie schön wäre es gewesen, wenn er mir einen Gruß od.
ein liebes Wort dazugeschrieben hätte, ich hätte mich so ge-
freut. Aber an so was denkt er nicht.

Warum geht er nicht zu Hoffmanns zum Essen, da hätte ich
ihn wenigstens ein paar Minuten für mich? Ich wünschte nur,
daß er vor seine Wohnung fertig ist nicht mehr kommt.

29. April 1935
Es geht mir mies. Sehr sogar. In jeglicher Hinsicht. Ich singe
mir immer vor »es wird schon wieder besser« frei nach Coue,
aber es hilft wenig. Die Wohnung ist fertig, ich darf aber nicht
zu ihm. Liebe scheint momentan aus seinem Programm gestri-
chen. Jetzt nachdem er wieder in Berlin ist, taue ich wieder
etwas auf. Aber es gab Tage in der letzten Woche, wo ich jede

14 Die politisch unerfahrene Eva hatte eine Entdeckung gemacht, die die
meisten Staatsmänner erst sehr viel später machten.
15 Am 16. März 1935 wurde die Allgemeine Wehrpflicht in Deutschland
eingeführt.

Nacht mein Pensum runter geheult habe. Sitimentalen ich an Ostern allein zu Hause weilte.

Ich spare, spare. Allen gehe ich schon auf die Nerven, weil ich jegliches verkaufen will. Angefangen vom Kostüm, Photoapparat bis zum Theaterbillet. Na es wird schon wieder besser werden. So groß sind ja die Schulden nicht.

10. 5. 1935

Wie mir Frau Hoffmann liebevoll und ebenso taktlos mitteilte hat er jetzt einen Ersatz für mich. Er heißt Walküre[16] und sieht so aus die Beine mit eingeschlossen. Aber diese Dimensionen hat er ja gerne. D. h. wenn das stimmt, wird er sie bald ganz mager geärgert haben, wenn sie nicht das Talent hat durch Kummer dick zu werden wie Charly. Bei ihr ist Ärger appetitanregend.

Sollte aber die mir mitgeteilte Beobachtung von Frau H. stimmen fände ich es bodenlos von ihm mir das nicht zu sagen.

Schließlich könnte er mich doch so weit kennen, daß ich ihm nie etwas in den Weg legen würde wenn er plötzlich sein Herz für eine andere entdeckt. Was aus mir wird kann ihm ja gleich sein. Ich warte nun noch bis zum 3ten Juni dann ist ein viertel Jahr seit unserer letzten Zusammenkunft vergangen und bitte um Aufklärung. Nun sag mir einer nach, daß ich nicht bescheiden bin.

Das Wetter ist so herrlich u. ich, die Geliebte des größten Mannes Deutschlands und der Erde sitze und kann mir die Sonne durchs Fenster begucken.

Daß er so wenig Einsicht hat und mich immer noch vor Freunden katzbuckeln läßt. Aber »des Menschen Wille« usw. Oder wie man sich bettet . . .

Schließlich ist es ja meine Schuld aber sowas schiebt man halt gerne auf andere. Diese Fastenzeit wird auch mal ihr Ende haben und dann schmeckts umso besser. Nur schade ists, daß halt grad Frühling ist.

---

16 Wahrscheinlich Lady Unity Valkyrie Mitford, die man in München die britannische Walküre nannte. Ilse Braun meint, daß es sich auch um Winifred Wagner gehandelt haben könne.

28. 5. 35

Eben habe ich einen, für mich entscheidenden, Brief an ihn gesandt. Ob er ihn für so wichtig hält?

Na, wir werden sehen.

Habe ich bis heute Abend 10 Uhr keine Antwort werde ich einfach meine 25 Pillen nehmen und sanft hinüber schlummern.

Ist das seine wahnsinnige Liebe die er mir schon so oft versichert hat, wenn er mir 3 Monate kein gutes Wort gibt?

Gut er hat den Kopf voll gehabt in dieser Zeit mit politischen Problemen aber ist jetzt nicht eine Entspannung da? und wie war es im letzten Jahr? Hat ihm da nicht Röhm u. Italien auch viel zu schaffen gemacht und trotzdem hatte er Zeit für mich gefunden. Ich kann zwar schwer beurteilen, ob nicht die jetzige Situation ungleich schwerer für ihn ist, trotzdem würden ihn ein paar liebe Worte bei Hoffmanns oder sonstwo nicht sehr abgelenkt haben.

Ich fürchte es steckt was anderes dahinter. Ich bin nicht Schuld. Bestimmt nicht.

Vielleicht eine andere Frau zwar nicht das Mädchen Walküre das dürfte ein bißchen unmöglich sein, aber es gibt ja soviele andere. Was gäbe es sonst noch für Gründe? Ich finde keinen!

Unter dem gleichen Datum 28. 5. 1935 findet sich die letzte Eintragung Eva Brauns:

Herrgott, ich habe Angst, daß er heute keine Antwort gibt.

Wenn mir nur ein Mensch helfen würde es ist alles so schrecklich trostlos.

Vielleicht hat ihn mein Brief in einer ungeeigneten Stunde erreicht. Vielleicht hätte ich auch nicht schreiben sollen. Wie es auch sein wird, die Ungewißheit ist furchtbarer zu ertragen als ein plötzliches Ende.

Lieber Gott hilf mir daß ich ihn heute noch sprechen kann morgen ist es zu spät.

Ich habe mich für 35 Stück entschlossen es soll diesmal wirklich eine »totsichere« Angelegenheit werden.

Wenn er wenigstens anrufen lassen würde . . .

Aus den Nürnberger Prozeßakten
Vernehmung der Zeugin Fath,
Sekretärin von Rudolf Heß

Dokument Heß-13
Undatierte eidesstattliche Versicherung der Sekretärin von Heß,
Hildegard Fath: Heß' Flug nach England im Mai 1941 habe
nicht den Zweck gehabt, durch Sonderfrieden mit England
Deutschland für einen Krieg mit der Sowjetunion den Rücken
frei zu lassen; die allgemeine Haltung von Heß mache es un-
wahrscheinlich, daß er den Vorschlag gebilligt hätte, für polni-
sche Staatsangehörige Körperstrafen einzuführen (Beweisstück
Heß-13)

Beschreibung:
U Kop
Eidesstattliche Versicherung

Belehrt über die Folgen einer falschen eidesstattlichen Versicherung erkläre ich zum Zwecke der Vorlage beim Internationalen Militärgerichtshof in Nürnberg an Eidesstatt was folgt:
1. *Zur Person:*
   Fath Hildegard, geb. 19. 2. 1909 in Pforzheim, zur Zeit im
   Untersuchungsgefängnis Nürnberg.
2. *Zur Sache:*
   Ich war vom 17. Oktober 1933 bis zu seinem Flug nach
   England am 10. Mai 1941 als Sekretärin des Stellvertreters
   des Führers Rudolf *Heß* in München tätig.
Vom Sommer 1940 an – den genauen Zeitpunkt kann ich nicht
mehr angeben – mußte ich im Auftrag von Heß geheim Wet-
termeldungen über die Wetterlage über der britischen Insel
und über der Nordsee einholen und an Heß weiterleiten. Die
Meldungen bekam ich von einem Hauptmann Busch. Teilweise bekam ich auch Meldungen von Fräulein Sperr, der
Sekretärin von Heß, bei dessen Verbindungsstab in Berlin.
Herr Heß hat bei seinem Abflug nach England einen Brief

hinterlassen, der dem Führer zu einer Zeit ausgehändigt wurde, als Heß bereits in England gelandet war. Ich habe eine Abschrift dieses Briefes gelesen. Der Brief begann etwa mit den Worten: »Mein Führer, wenn Sie diesen Brief erhalten, bin ich in England.« Den genauen Wortlaut des Briefes habe ich nicht mehr im Gedächtnis. In der Hauptsache beschäftigte sich Heß in dem Brief mit den Vorschlägen, die er in England unterbreiten wollte, um zu einem Frieden zu kommen. An die Einzelheiten der vorgeschlagenen Regelung kann ich mich nicht mehr entsinnen. Ich kann jedoch mit aller Bestimmtheit versichern, daß von der Sowjetunion oder davon, daß mit England ein Friedensvertrag geschlossen werden sollte, um an

– Seite 2 –

einer anderen Front den Rücken frei zu haben, mit keinem Wort gesprochen wurde. Wäre davon in dem Brief die Rede gewesen, dann hätte sich das bestimmt in mein Gedächtnis eingeprägt. Aus dem Inhalt des Briefes mußte man den bestimmten Eindruck gewinnen, daß Heß diesen außergewöhnlichen Flug unternahm, um weiteres Blutvergießen zu vermeiden und für einen Friedensschluß günstige Voraussetzungen zu schaffen.

Ich habe in meiner Eigenschaft als langjährige Sekretärin Rudolf Heß und seine Einstellung zu bestimmten Fragen ziemlich genau kennen gelernt. Wenn mir nun gesagt wird, daß in einem Brief des Reichsministers der Justiz an den Reichsminister und Chef der Reichskanzlei Dr. Lammers vom 17. 4. 1941 davon gesprochen wird, daß der Stellvertreter des Führers die Einführung von Körperstrafen gegen Polen in den eingegliederten polnischen Gebieten zur Erörterung gestellt habe, so kann ich nicht glauben, daß diese Stellungnahme des Amtes, dem Rudolf Heß vorstand, auf dessen persönliche Entscheidung zurückging. Ein derartiger Vorschlag würde völlig der Haltung und der Einstellung widersprechen, die der Stellvertreter des Führers bei anderen Gelegenheiten in derartigen Fragen an den Tag gelegt hat.   *Hildegard Fath*

233

Aus den Nürnberger Prozeßakten
Vernehmung der Zeugin Blank, Sekretärin des Reichsaußenministers von Ribbentrop

VORSITZENDER: Der Gerichtshof beschließt, daß die Zeugin sofort aufgerufen werden muß.

DR. HORN: Dann bitte ich, Fräulein Blank als Zeugin zu rufen.

[Die Zeugin Margarete Blank betritt den Zeugenstand.]

VORSITZENDER: Wollen Sie mir bitte Ihren Namen sagen?

ZEUGIN MARGARETE BLANK: Mein Name ist Margarete Blank.

VORSITZENDER: Wollen Sie mir diesen Eid nachsprechen?

Ich schwöre bei Gott, dem Allmächtigen und Allwissenden, daß ich die reine Wahrheit sagen, nichts verschweigen und nichts hinzusetzen werde.

[Die Zeugin spricht die Eidesformel nach.]

VORSITZENDER: Sie können sich setzen, wenn Sie es wünschen.

DR. HORN: Seit wann kennen Sie Herrn von Ribbentrop?

BLANK: Ich lernte den damaligen Beauftragten für Abrüstungsfragen Anfang November 1934 in Berlin kennen.

DR. HORN: Seit wann waren Sie die Sekretärin des ehemaligen Reichsaußenministers von Rippentrop?

BLANK: Am 1. November 1934 wurde ich Sekretärin in der Dienststelle Ribbentrops. Als die persönliche Sekretärin Herrn von Ribbentrops kündigte und die Nachfolgerin nicht eintraf, fragte mich Herr von Ribbentrop, ob ich diese Stellung übernehmen wolle. Ich sagte zu und trat die Stelle als seine persönliche Sekretärin am 1. Februar 1935 an.

DR. HORN: Wie war von Ribbentrops Einstellung zu Hitler?

BLANK: Soweit ich es beurteilen kann, hat Herr von Ribbentrop immer größte Bewunderung und Verehrung für Adolf Hitler gehegt. Das Vertrauen des Führers zu genießen und durch Haltung und Leistung zu rechtfertigen, war sein größtes Ziel, dem er sich mit restloser Hingabe widmete. Um dieses Ziel zu erreichen, war ihm kein Einsatz zu groß. Gegen sich selbst war er in der Durchführung der ihm vom Führer gestellten Aufgaben absolut rücksichts- und schonungslos. Seinen Untergebenen gegenüber sprach er von Adolf Hitler nur in Form größter Bewunderung; Anerkennungen, die ihm durch den Führer zuteil wurden, wie zum Beispiel die Verleihung des Goldenen Ehrenzeichens der Partei, die Anerkennung seiner Verdienste in einer Reichstagsrede, ein Brief zu seinem 50. Geburtstag, der voller Lob und Anerkennung war, bedeuteten für ihn den schönsten Lohn für seine restlose Hingabe.

DR. HORN: Ist es richtig, daß von Ribbentrop auch dann zu Hitlers Ansicht stand, wenn er selbst anderer Meinung war?

BLANK: Aus dem soeben Gesagten ergibt sich schon, daß im Falle von Meinungsverschiedenheiten mit dem Führer Herr von Ribbentrop seine Meinung der des Führers unterordnete. War einmal eine Entscheidung Adolf Hitlers gefallen, wurde nachträglich keine Kritik mehr daran geübt. Herr von Ribbentrop vertrat vor seinen Untergebenen die Meinung des Führers als ob es seine eigene wäre. Eine Willensäußerung des Führers kam in jedem Falle einem militärischen Befehl gleich.

DR. HORN: Welcher Auffassung schreiben Sie diese Einstellung zu?

BLANK: Ich schreibe diese Auffassung einmal der Einstellung Herrn von Ribbentrops zu, nach dem der Führer der einzige war, treffende politische Entscheidungen zu fällen, zum anderen der Tatsache, daß für Herrn von Ribbentrop als ehemaligen Offizier und Offizierssohn die Treue dem Führer gegenüber gemäß dem einmal gegebenen Treueid unverrückbar war, und daß er sich gewissermaßen als Soldat betrachtete, der seinerseits empfangene Befehle durchzuführen, aber nicht zu kritisieren oder abzuändern hatte.

DR. HORN: Ist Ihnen etwas darüber bekannt, daß von Ribbentrop mehrmals seinen Rücktritt angeboten hat?

BLANK: Ja, es ist dies mehrmals der Fall gewesen; allerdings pflegte Ribbentrop über alle derartigen persönlichen Angelegenheiten mit seinen Untergebenen nicht zu sprechen. Ich erinnere mich im einzelnen nur noch an das Rücktrittsgesuch im Jahre 1941. Dieses Rücktrittsgesuch wurde wohl, wie auch die späteren, durch eigenhändiges Schreiben unterbreitet. Der Anlaß zu diesem Rücktrittsgesuch waren Kompetenzschwierigkeiten mit anderen Ressorts, durch deren Übergriffe in die Kompetenz des Auswärtigen Amtes Herr von Ribbentrop die Verantwortung für die Außenpolitik des Reiches nicht mehr tragen zu können glaubte.

DR. HORN: Wie wurden diese Rücktrittsgesuche entschieden?

BLANK: Diese Rücktrittsgesuche wurden negativ entschieden.

DR. HORN: Waren Sie während von Ribbentrops Botschaftertätigkeit mit ihm in England?

BLANK: Ja.

DR. HORN: Ist es richtig, daß Ribbentrop sich jahrelang um ein enges Bündnis zwischen Deutschland und England bemühte?

BLANK: Ja. Aus diesem Grunde bat von Ribbentrop im Sommer 1936 den Führer, ihn als Botschafter nach London zu schicken. Das Flottenabkommen vom Jahre 1935 war erst ein Anfang gewesen; später wurde ein Luftpakt geplant, der aus mir unbekannten Gründen nicht zum Abschluß kam.

DR. HORN: Ist Ihnen vielleicht etwas darüber bekannt, wie von Ribbentrop zur englischen Gleichgewichtstheorie auf dem Kontinent stand?

BLANK: Aus zahlreichen Äußerungen von Ribbentrops ist mir bekannt, daß er die Auffassung vertrat, daß England auch heute noch an der traditionellen Gleichgewichtspolitik festhalte. Hier stand seine Auffassung im Gegensatz zu der des Führers, der der Meinung war, daß durch die Entwicklung Rußlands im Osten ein Faktor entstanden war, der eine Revision der alten Gleichgewichtspolitik erforderlich mache; mit

236

anderen Worten, daß England nun ein ureigenstes Interesse an einem ständig stärker werdenden Deutschland habe. Aus der Auffassung von Ribbentrops ergab sich, daß er bei der polnischen Krise mit einem Effektivwerden der englischen Garantie für Polen rechnete.

DR. HORN: Welche politischen Ziele verfolgte von Ribbentrop mit dem Abschluß des Dreimächtepaktes?

BLANK: Der Dreimächtepakt sollte ein Kriegsbegrenzungspakt sein.

DR. HORN: Ist Ihnen etwas darüber bekannt, ob von Ribbentrop bestrebt war, die Vereinigten Staaten aus dem Kriege herauszuhalten?

BLANK: Ja, dieses Streben lag dem Abschluß des Dreimächtepaktes zugrunde.

DR. HORN: Zu einem anderen Fragenkomplex: Wie war von Ribbentrops Einstellung in kirchlichen Angelegenheiten?

BLANK: Soweit ich es beurteilen kann, war Herrn von Ribbentrops Einstellung in kirchlichen Angelegenheiten sehr tolerant.

Meines Wissens ist er bereits in den zwanziger Jahren aus der Kirche ausgetreten, aber er hat in dieser Beziehung auf seine Umgebung keinerlei Druck oder gar Einfluß ausgeübt beziehungsweise interessierte sich gar nicht dafür. Seine Toleranz ging sogar so weit, daß er seinen beiden ältesten Kindern etwa im Jahre 1935 Gelegenheit gab, auf eigenen Wunsch wieder in die Kirche einzutreten. Seine Toleranz in persönlichen Glaubensfragen entsprach seiner Haltung in der Kirchenpolitik. Ich erinnere mich in diesem Zusammenhang an eine grundsätzliche Notiz für den Führer, in der von Ribbentrop für eine tolerante Kirchenpolitik eintrat. Er selbst hatte im Winter 1944 den Bischof Heckel empfangen, um mit ihm die Kirchenfrage zu besprechen. Anläßlich einer Romreise im Jahre 1941 oder 1942 stattete er auch dem Papst einen längeren Besuch ab.

DR. HORN: War Ribbentrop mehr ein in sich gekehrter und abgeschlossen lebender Mensch, oder nicht?

BLANK: Ja. Obwohl ich 10 Jahre seine persönliche Sekretärin war, habe ich es selten oder nie erlebt, daß er aus sich herauskam. Seine Arbeit, der er sich restlos verschrieben hatte, füllte ihn zeitlich und gedanklich und so restlos aus, daß für private Dinge gar kein Raum blieb. So konnte es zum Beispiel außerhalb seiner nächsten Familie keinen Menschen geben, der mit von Ribbentrop in wirklich naher menschlicher Freundschaft verbunden war. Das schließt aber nicht aus, daß er an dem Wohl und Wehe seiner Untergebenen bewußt Anteil nahm und sich besonders in Notzeiten großzügig für diese einsetzte.

DR. HORN: Ist es richtig, daß Sie wiederholt gespürt haben, daß zwischen Ribbentrop und Hitler manchmal gewisse Divergenzen zwischen den Auffassungen bestanden?

BLANK: Ja. Entsprechend seiner früher erwähnten Einstellung hat von Ribbentrop mit uns und seinen Untergebenen zwar über solche Divergenzen nicht gesprochen, aber ich erinnere mich deutlich an Zeiten, wo solche Divergenzen sicherlich vorgelegen haben. In solchen Zeiten lehnte der Führer es wochenlang ab, Herrn von Ribbentrop zu empfangen. Unter solchem Zustand litt Herr von Ribbentrop physisch und psychisch.

DR. HORN: War von Ribbentrop in der Durchsetzung seiner außenpolitischen Ziele selbständig, oder war er mehr auf Richtlinien und Befehle Hitlers angewiesen?

BLANK: Ribbentrop hat selbst oft die Formulierung gebraucht, daß er nur der für die Durchführung der Außenpolitik des Führers verantwortliche Minister sei und hat damit schon zum Ausdruck gebracht, daß er in seiner politischen Zielsetzung nicht selbständig war. Darüber hinaus war er aber auch in der Ausführung seiner ihm vom Führer gegebenen Richtlinien weitgehend an Anweisungen Hitlers gebunden. So gingen zum Beispiel mit den täglichen rein informativen Vorlagen, die durch den Verbindungsmann des Reichsaußenministers zum Führer, Botschafter Hewel, vorgelegt wurden, sehr häufig Bitten um Führerentscheidung in irgendwelchen Einzelfragen oder auch Entwürfe für Instruktionstelegramme an die Missionschefs im Auslande mit.

DR. HORN: Hat Ribbentrop darunter gelitten, daß er zwar die Verantwortung für die Außenpolitik trug, aber nicht deren Richtlinien bestimmen durfte?

BLANK: Ribbentrop hat sich darüber in meiner Gegenwart nie geäußert, aber ich hatte das Empfinden.

DR. HORN: Wie war Hitlers Einstellung zum Auswärtigen Amt?

BLANK: Der Führer sah im Auswärtigen Amt einen alten verknöcherten Beamtenapparat, der vom Nationalsozialismus mehr oder weniger unberührt war. Er hat sich, wie ich aus Erzählungen von Männern seiner Umgebung weiß, oft über das Auswärtige Amt lustig gemacht. Er sah im Auswärtigen Amt eine Heimstätte von Reaktion und Defaitismus.

DR. HORN: Auf welche Art und Weise hat Ribbentrop versucht, Hitler das Auswärtige Amt näherzubringen?

BLANK: Bei der Übernahme des Auswärtigen Amtes im Februar 1938 beabsichtigte Herr von Ribbentrop ein großzügiges Revirement in der gesamten deutschen Diplomatie. Außerdem beabsichtigte er grundlegende Änderungen in der Heranbildung des Nachwuchses. Diese Bestrebungen blieben durch den Ausbruch des Krieges in den ersten Anfängen stecken. Sie wurden später im Verlauf des Krieges wieder aufgenommen als die Nachwuchsfrage im Auswärtigen Amt akut wurde. Die Besetzung von einigen Missionschefposten im Auslande mit Nicht-Routine-Diplomaten, sondern mit alten SA- und SS-Führern, ist auch auf das Bestreben Ribbentrops zurückzuführen, der Animosität des Führers gegenüber dem Auswärtigen Amt zu begegnen.

DR. HORN: Welches waren Ribbentrops Ansichten und Absichten gegenüber Rußland?

BLANK: Die Absichten von Ribbentrops gegenüber Rußland fanden ihren Ausdruck in dem von ihm abgeschlossenen Nichtangriffs- und Freundschaftsvertrag vom August 1939 und dem Handelsvertrag vom September 1939.

DR. HORN: Ist Ihnen bekannt, daß in Moskau noch mehr als ein Nichtangriffspakt und ein Handelsvertrag abgeschlossen wurde?

BLANK: Ja, es bestand noch ein zusätzliches Geheimabkommen.

GENERAL RUDENKO: Meine Herren Richter! Ich glaube, daß die Zeugin, die zu dieser Sitzung geladen wurde, in ihrer Eigenschaft als Sekretärin des ehemaligen Reichsaußenministers von Ribbentrop nur Aussagen über die Persönlichkeit des Angeklagten, seine Lebensweise, über die Verschlossenheit oder Offenheit seines Charakters und so weiter machen darf. Die Zeugin ist jedoch in ihren Erwägungen über die Frage der Pakte, der Außenpolitik und so weiter absolut unzuständig. Ich halte die Fragen der Verteidigung in diesem Sinne für völlig unzulässig und bitte, daß sie zurückgezogen werden.

VORSITZENDER: Dr. Horn! Das ist dieselbe Sache, die schon bezüglich des Affidavits von Dr. Gaus vorgebracht wurde. Stimmt das nicht? Ich meine, Sie sagten, daß Sie ein Affidavit von Dr. Gaus vorlegen würden, das sich mit einem Geheimabkommen zwischen ... Können Sie mich nicht hören? Verzeihung, ich hätte sagen sollen, Dr. Seidl wollte ein Affidavit von Dr. Gaus über dieses angebliche Abkommen vorlegen. Das stimmt doch, nicht wahr?

DR. HORN: Ich nehme an.

VORSITZENDER: Der sowjetische Anklagevertreter hat damals dagegen Einspruch erhoben, daß dieses Abkommen erwähnt wird, bis dieses Affidavit, sollte es zugelassen werden, eingesehen worden ist. Ist dieses Abkommen schriftlich getroffen worden?

DR. HORN: Nein.

VORSITZENDER: Ist das angebliche Abkommen zwischen der Sowjetregierung und Deutschland schriftlich niedergelegt worden?

DR. HORN: Jawohl, das ist schriftlich niedergelegt, ich bin aber nicht im Besitze einer Abschrift des Abkommens, und ich möchte daher das Gericht bitten, falls von dem Affidavit des Botschafters Gaus die Entscheidung abhängt, daß ich meinerseits mir dann von Fräulein Blank, die das Original gesehen hat, zu gegebener Zeit ein Affidavit geben lasse. Sind Euer Lordschaft damit einverstanden?

VORSITZENDER: Dr. Seidl, haben Sie ein Exemplar des Abkommens selbst?

DR. SEIDL: Herr Präsident! Es gibt über die Vereinbarung nur zwei Exemplare. Die eine Ausfertigung verblieb am 23. August 1939 in Moskau, die andere Ausfertigung wurde von Ribbentrop nach Berlin mitgebracht. Nach einer in der Presse veröffentlichten Bekanntmachung wurden die gesamten Archive des Auswärtigen Amtes von den Truppen der Sowjetunion beschlagnahmt. Ich stelle daher den Antrag, der Sowjetregierung beziehungsweise der Sowjet-Delegation aufzugeben, das Original des Vertrags dem Gericht vorzulegen.

VORSITZENDER: Ich hatte eine Frage an Sie gerichtet, Dr. Seidl. Ich habe Sie nicht um eine Diskussion gebeten. Ich habe Sie nur gefragt, ob Sie ein Exemplar verfügbar haben.

DR. SEIDL: Ich habe keine Abschrift des Vertrags. Das Affidavit des Botschafters Gaus gibt lediglich den Inhalt des Geheimvertrags wieder. Er ist dazu in der Lage, weil von ihm der Entwurf des Geheimvertrags stammt. Der Geheimvertrag wurde so unterschrieben, und zwar von Außenkommissar Molotow und durch Herrn von Ribbentrop, wie er von Botschafter Gaus entworfen worden ist. Das ist alles, was ich zu sagen habe.

VORSITZENDER: Bitte, General Rudenko?

GENERAL RUDENKO: Herr Vorsitzender! Ich möchte folgendes dazu erklären: Was der Verteidiger Seidl hier über das Abkommen, das angeblich von der Sowjetarmee bei der Beschlagnahme des Archivs des Auswärtigen Amtes erbeutet wurde, das heißt über den in Moskau im August 1939 abgeschlossenen Vertrag gesagt hat, so kann ich ihn auf die Presse, die diesen Vertrag veröffentlicht hat, oder besser gesagt, auf den deutsch-sowjetrussischen Nichtangriffspakt vom 23. August 1939, verweisen. Dies ist allbekannt.

Was andere Abkommen betrifft, so ist die Sowjet-Anklage-behörde der Meinung, daß der Antrag Dr. Seidls, das Affidavit Friedrich Gaus' zu Protokoll zu nehmen, aus folgenden Gründen zu verwerfen ist:

Gaus' Aussagen über die Besprechungen und die Vorgeschichte des deutsch-sowjetrussischen Paktes von 1939 sind nicht beweiserheblich. Die Vorlage solcher Aussagen, die außerdem die Geschehnisse falsch beleuchten, könnte nur als Provokation angesehen werden. Das kann man offensichtlich daraus ersehen, daß Ribbentrop diesen Zeugen abgelehnt hat, obwohl in seinen Aussagen die Tätigkeit Ribbentrops beschrieben wird, und daraus, daß der Verteidiger von Heß das Affidavit dieses Zeugen annahm und beantragte, die Aussagen ins Protokoll aufzunehmen, obgleich sie keine Tatsachen enthalten, die mit Heß zusammenhängen.

Aus diesen Gründen bitte ich den Gerichtshof, den Antrag des Verteidigers Seidl abzulehnen und die Frage, die von dem Verteidiger Horn aufgeworfen wurde, als zu der hier behandelten Sache in keinem Zusammenhang stehend, zu verneinen.

VORSITZENDER: Bitte, Dr. Seidl, wollten Sie dazu etwas sagen?

DR. SEIDL: Darf ich noch kurz etwas hinzufügen?

Die Ausführungen des Herrn Sowjet-Anklagevertreters sind in der Übersetzung nur bruchstückweise durchgekommen. Ich bin mir nicht klar geworden, ob General Rudenko überhaupt bestreiten will, daß der Geheimvertrag abgeschlossen wurde oder ob er lediglich behaupten will, daß der Inhalt dieses Geheimvertrags nicht beweiserheblich ist.

Sollte das erstere der Fall sein, so wiederhole ich meinen Antrag auf Ladung und Vernehmung des Sowjet-Außenkommissars Molotow. Sollte das zweite aber der Fall sein, dann bitte ich mir Gelegenheit zu geben, und zwar jetzt sofort, die Argumente über die Beweiserheblichkeit dieses Geheimvertrags dem Gericht zu unterbreiten.

VORSITZENDER: Im Augenblick prüfen wir eine Einwendung

gegen die Aussage dieser Zeugin, daher werden wir uns damit nicht abgeben.

Der Gerichtshof wird sich für ein paar Minuten vertagen.

[Pause von 10 Minuten.]

VORSITZENDER: Der Gerichtshof möchte die Verteidigung darauf aufmerksam machen, daß keine Erwähnung dieses angeblichen Abkommens in dem Antrag für die Aussage der Zeugin, die sich jetzt hier im Zeugenstand befindet, enthalten war. Da die Sache aber zur Sprache gekommen ist, entscheidet der Gerichtshof, daß die Zeugin über diese Angelegenheit befragt werden darf.

DR. HORN: Sie sprachen jetzt von diesem geheimen Abkommen. Wie haben Sie vom Abschluß dieses Vertrags Kenntnis?

VORSITZENDER: Mir wird mitgeteilt, daß das, was ich sagte, in die russische Sprache nicht richtig übersetzt worden ist. Jedenfalls weiß ich nicht, ob es richtig in die deutsche Sprache übersetzt wurde. Was ich sagte, war jedenfalls, daß die Zeugin darüber befragt werden kann, nicht, daß die Zeugin nicht befragt werden kann. Ist Ihnen das klar?

DR. HORN: Ich danke Euer Lordschaft, ich habe die Frage auch so durchbekommen.

[Zur Zeugin gewandt:]

Ich darf Sie im Anschluß an Ihre Aussage über dieses Geheimabkommen fragen, wie Sie vom Abschluß dieses Vertrags Kenntnis bekommen haben?

BLANK: Infolge von Krankheit konnte ich von Ribbentrop auf seinen beiden Rußlandreisen nicht begleiten. Ich war auch bei den Vorarbeiten für die Verträge abwesend. Von der Existenz dieses geheimen Abkommens habe ich Kenntnis erhalten durch einen besonderen extra versiegelten Umschlag, der weisungsgemäß besonders sekretiert aufbewahrt wurde und die Überschrift etwa trug: Deutsch-russisches Geheim- oder zusätzliches Abkommen.

DR. HORN: Sie waren für die Sekretierung dieser Geheimsachen mitverantwortlich. Ist das richtig?

BLANK: Jawohl.

DR. HORN: Ich will nun zu einem anderen Gebiet übergehen und Sie fragen: War von Ribbentrop bestrebt, das Bündnis mit Rußland unter allen Umständen zu halten?

BLANK: Als Unterzeichner der deutsch-russischen Verträge war Ribbentrop selbstverständlich an der Aufrechterhaltung der Verträge interessiert. Darüber hinaus war er von der großen Gefahr erfüllt, die ein deutsch-russischer Krieg für Deutschland bedeuten würde. In diesem Sinne unterrichtete und warnte er den Führer. Soweit ich mich erinnern kann, ließ er eigens zu diesem Zweck Botschaftsrat Hilger aus Moskau und Gesandten Schnurre zur Berichterstattung nach Berchtesgaden kommen. Zum gleichen Zweck wurde im Frühjahr 1941 der Botschafter Graf von der Schulenburg noch einmal zur Berichterstattung befohlen, um die Warnungen des Herrn von Ribbentrop an den Führer zu untermauern und zu erhärten.

DR. HORN: Ist Ihnen bekannt, ob von Ribbentrop von Hitlers Absichten eines Anschlusses Österreichs an das Reich vorher unterrichtet worden ist?

BLANK: Zur Zeit des deutschen Einmarsches in Österreich war der im Februar zum Außenminister ernannte Botschafter von Ribbentrop zu seinem Abschiedsbesuch in London. Dort hörte er überraschend vom Anschluß Österreichs. Ihm selber hatte eine andere Lösung der österreichischen Frage vorgeschwebt, und zwar auf Grund einer Wirtschaftsunion.

DR. HORN: Ist Ihnen darüber etwas bekanntgeworden, ob sich von Ribbentrop wiederholt bemüht hat, den Krieg auf diplomatischem Wege zu beenden?

BLANK: Ja, einer dieser Schritte war die Entsendung des Gesandten Professor Berber in die Schweiz im Winter 1943/44. Später wurden diese Schritte intensiviert, und zwar durch die Entsendung des Herrn von Schmieden nach Bern und Dr. Hesse nach Stockholm. Da keine offizielle Autorisierung des Führers zur Einleitung von Verhandlungen vorlag, konnte es sich lediglich darum handeln, hier die Bedingungen festzustellen, unter denen Deutschland eventuell mit den Alliierten in ein Gespräch kommen könnte. Ähnliche Aufträge erhielten der deutsche Geschäftsträger in Madrid, Gesandter von Bibra, Generalkonsul Möllhausen in Lissabon und der Botschafter beim Vatikan, von Weizsäcker. Ein früheres Mitglied der Dienststelle Ribbentrop, das in Madrid lebte, bekam den Auftrag, einen ähnlichen Versuch bei der Englischen Regierung zu machen.

Am 20. April diktierte mir von Ribbentrop noch einmal eine ausführliche Führernotiz, in der er nunmehr um die offizielle Genehmigung zur Einleitung von Verhandlungen bat. Die Entscheidung dieser Bitte habe ich infolge Verlassens von Berlin nicht mehr miterlebt.

DR. HORN: Ist Ihnen dienstlich bekanntgeworden, wie Hitlers grundsätzliche Auffassung zu dieser Frage war?

BLANK: Ich weiß aus Erzählungen von Männern aus seiner Umgebung, daß der Führer sich davon nichts versprach, beziehungsweise daß er für die Einleitung von Verhandlungen erst in dem Augenblick gewesen wäre, wenn wieder militärische Erfolge vorgelegen hätten. Wenn aber militärische Erfolge vorlagen, war er auch gegen die diplomatische Initiative. In Bezug auf die Mission von Dr. Hesse soll er sich nach dem Scheitern gemäß einer Indiskretion geäußert haben, daß er sich davon sowieso nichts versprochen hätte.

DR. HORN: Noch eine Frage: Ist es richtig, daß von Ribbentrop erst ganz kurze Zeit vor dem Einmarsch in Norwegen und Dänemark über diese bevorstehende Handlung Kenntnis erhalten hat?

BLANK: Ja, es waren ganz wenige Tage.

DR. HORN: Ist Ihnen darüber etwas bekanntgeworden, daß von Ribbentrop den Standpunkt vertreten hat, daß England für Polen marschieren würde?

BLANK: Ja. Entsprechend seiner Auffassung, daß England an der alten Gleichgewichtspolitik festhalten würde, war er auch der Ansicht, daß England an der Garantie für Polen festhalten würde.

Dr. Horn: Ich habe keine weiteren Fragen an die Zeugin mehr.

Vorsitzender: Wünscht ein anderer Verteidiger einige Fragen an die Zeugin zu stellen? Oder die Anklagevertretung?

Sir David Maxwell-Fyfe: Die Anklagevertretung hat diese Angelegenheit sorgfältig geprüft und hofft, daß der Gerichtshof es nicht zu ihren Ungunsten auslegen wird, wenn sie alles hinnimmt, was diese Zeugin gesagt hat. Sie hält es jedoch für besser, den Angeklagten selbst über all diese Dinge zu befragen und wird daher die Zeugin nicht ins Kreuzverhör nehmen.

Vorsitzender: Die Zeugin kann sich zurückziehen.

[Die Zeugin verläßt den Zeugenstand.]

Aus den Nürnberger Prozeßakten
Vernehmung der Zeugin Höpken,
Sekretärin des Reichsjugendführers
Baldur von Schirach

Dokument Schirach-3

Eidesstattliche Versicherung der früheren Sekretärin Schirachs Maria Höpken vom 29. Januar 1946: Schirach habe mit der Verschickung der Juden aus Wien nichts zu tun gehabt und nicht gewußt, daß diese umgebracht werden sollten; er habe sich öfters für Juden eingesetzt und sei darüber bei Hitler in Ungnade gefallen; Schirach habe sich um ein korrektes Verhältnis zu den kirchlichen Stellen bemüht; er habe es meist abgelehnt, Parteiveranstaltungen zu besuchen; er habe sich mit Colin Ross bemüht, den Krieg mit Amerika zu verhüten usw. (Beweisstück Schirach-3)

Beschreibung:
U Ti I unter U notarielle Begl derselben, nicht wdgb

Ich heiße Maria *Höpken*, geb. Madersbacher, geboren am 19. Februar 1913 in München und wohne z. Zt. in Jachenau/Oberbayern.

Ich bin über das Wesen einer eidesstattlichen Versicherung, über meine Verpflichtung zur wahrheitsgemäßen Angabe und über die strafrechtlichen Folgen einer falschen eidesstattlichen Versicherung belehrt.

Ich versichere an Eides statt folgendes:

1.) Am 1. Mai 1938 wurde ich von der Reichsjugendführung Berlin angestellt und als Sekretärin dem damaligen Reichsjugendführer Baldur von Schirach zugeteilt. Ich arbeitete in dieser Eigenschaft in Kochel/Obby, München und Berlin. Vorher war ich 6 Jahre lang Sekretärin in einer Chemischen Fabrik in Berlin und 2 Jahre in einem Buchverlag in Berlin. In diesem Verlag gab es zu Anfang 1938 größere Personalveränderungen, aus diesem Grunde suchte ich mir damals eine andere Stellung. Durch Vermittlung eines Herrn Kaufmann, mit dem ich bekannt war, kam ich dann am 1. Mai 1938 als Sekretärin zur Reichsjugendführung. Ich habe damals weder der Partei, noch irgendeiner Parteiorganisation angehört. Im Sommer 1940 wurde ich Parteimitglied und zwar deshalb, weil mir das von verschiedenen Kollegen nahegelegt wurde. Ich verhielt mich gegenüber diesem Verlangen verschiedener Kollegen zunächst ablehnend, dann haben sich aber mehrere bei Herrn von Schirach über mich beschwert, weil ich seine Sekretärin sei, obwohl ich niemals

– Seite 2 –

der HJ angehört hätte und auch nicht Parteimitglied sei. Herr von Schirach hat aber dieser Beschwerde keinerlei Bedeutung beigelegt, sondern erklärt, er könne es verstehen, daß ich nicht bei der Partei sei, weil ich mich doch nie um Politik gekümmert hätte. Schirach hat mich auch niemals aufgefordert, der Partei beizutreten. Ich tat dies aber dann doch, und zwar im Sommer 1940, um des lieben Friedens willen und um seitens meiner Kollegen nicht mehr angegriffen werden zu können.

Vom 1. Oktober 1940 bis 1. April 1945 war ich Angestellte der Reichsstatthalterei in Wien und weiterhin Sekretärin des nunmehrigen Reichsstatthalters in Wien, Baldur von Schirach. Während dieser langjährigen Tätigkeit lernte ich die gesamte Korrespondenz Schirachs kennen, er unterhielt sich oft mit mir über seine amtliche Tätigkeit, über die Verhältnisse in der Partei und seine eigene Einstellung zu den verschiedensten Problemen, so daß ich auch hieraus genauestens Einblick in die ganzen Verhältnisse gewonnen habe.

2.) Auf Grund dieses meines Wissens bestätige ich, daß Schirach mit der *Judenverschickung* aus Wien nichts zu tun hatte, daß vielmehr die Exmittierung der Juden aus Wien auf Grund eines unmittelbaren Befehls Hitlers (vermutlich an den Reichsführer SS) erfolgte und daß sie allein von der SS in Wien auf Weisung des dortigen höheren SS-Führers *bezw. des Reichssicherheitshauptamtes*[1] durchgeführt wurde, ohne daß Schirach als damaliger Gauleiter von

– Seite 3 –

Wien irgendwie mitzuwirken oder etwas darein zu reden gehabt hätte, und ohne, daß er diese Maßnahmen hätte verhindern können.

3.) Bei der Durchführung der Judenverschickung aus Wien war die allgemeine Meinung in Wien und auch bei uns die, daß die Wiener Juden lediglich irgendwo im Osten Europas *angesiedelt*, werden. Schirach war jedoch sicherlich nichts davon bekannt, daß Wiener Juden umgebracht werden sollten, denn sonst hätte er sicher im Laufe der Zeit mir gegenüber etwas davon erwähnt, zumal er sich nach seiner ganzen Einstellung über Judenprogrome kolossal entsetzt hätte.

4.) Schirach übte auf seine Mitarbeiter in Wien gerade auch hinsichtlich der Judenfrage stets einen durchaus mäßigenden Einfluß aus und hielt sie bei Ausführung der von Hitler ergangenen Befehle gegen die Juden zu möglichster Rücksichtnahme an, z. B. hinsichtlich der Frage der Weiterbeschäfti-

---

1 »bezw. des Reichssicherheitshauptamtes« eingefügt (Ti)

gung von Juden in Theater, Wirtschaft, städt. Betrieben; bei Bewilligung von Ausnahmen hinsichtlich des Tragens des Davidsternes oder hinsichtlich des Belassens von Juden in ihren Wohnungen usw.

Ich erinnere mich z. B. an einen Fall, wo sich Schirach für die Weiterbeschäftigung und Weiterbezahlung von zwei städtischen Gärtnerinnen, die Halbjuden waren, sehr energisch und mit

– Seite 4 –

Erfolg bei der Stadtverwaltung Wien einsetzte, als er von dem Garteninspektor hörte, daß die beiden Gärtnerinnen nur wegen ihrer jüdischen Abstammung entlassen werden sollten; oder ein anderes Beispiel, er bewirkte, daß der mit einer Jüdin verheiratete Sohn des Komponisten Dr. Richard Strauss in seiner Wohnung verbleiben durfe; oder z. B. die jüdische Ehefrau des Wiener Filmschauspielers Hans Moser wurde auf Initiative Schirachs vom Tragen des Judensterns befreit; als einmal der Kulturreferent der Stadt Wien Baldur von Schirach davon verständigte, daß zwei Tänzerinnen der Wiener Staatsoper (die Namen sind mir entfallen) wegen ihrer jüdischen oder halbjüdischen Abstammung entlassen werden sollen, bewirkte Schirach auch wieder, daß sie im Amte bleiben durften. Das sind nur einige Beispiele, die mir momentan einfallen.

5.) Ich glaube, im Frühjahr oder Sommer 1943 hat mir *Frau Henriette von Schirach* folgendes erzählt: Sie sei in Amsterdam gewesen und habe dort vom Hotel aus gesehen, wie nachts hunderte von Judenfrauen abtransportiert worden seien, die fürchterlich geschrien hätten. Es sei ihr dieser Auftritt sehr auf die Nerven gegangen, sie habe sich darüber sehr aufgeregt und habe den Vorfall auch ihrem Mann erzählt. Dieser habe ihr dann geraten, sie solle doch bei Gelegenheit auf dem Obersalzberg Hitler das erzählen, damit Hitler eingreifen und solche Mißstände abstellen könne. Sie habe nun kürzlich, als sie mit ihrem Mann und einigen Begleitern Hitlers abends beisammen saß, diesen Vorfall Hitler erzählt. Hitler habe aber diese Erzählung sehr ungnädig aufgenommen, habe sie in der Rede

– Seite 5 –

unterbrochen und habe zu ihr gesagt, sie solle nicht so sentimental sein. Der ganze Vorfall sei äußerst peinlich empfunden worden, kein Mensch habe an diesem Abend noch etwas gesprochen und die Situation sei so peinlich gewesen, daß die Eheleute Schirach bald darauf sich in ihr Zimmer hätten zurückziehen müssen. Ein Herr aus der Umgebung Hitlers (wenn ich nicht irre, sein Adjutant Schaub) hätte dann den Eheleuten Schirach den dringenden Rat gegeben, am nächsten Tag sofort in aller Frühe abzureisen, weil Schirach befürchten müsse, daß Hitler ihn wegen dieses Vorfalles in das KZ bringen lasse. Daraufhin sei sie mit ihrem Mann am nächsten Morgen sehr früh vom Obersalzberg weggefahren, ohne sich von Hitler irgendwie zu verabschieden. Auf – diese Angelegenheit kamen wir auch später noch öfters zu sprechen und Frau von Schirach hat mir die Sache auch wiederholt in der gleichen Weise erzählt. Auch Herr von Schirach hat mir später öfters den Vorfall erzählt und hat sich dahin ausgesprochen, ihm sei das Ganze sehr peinlich gewesen, denn er habe doch angenommen, daß Hitler eingreifen würde, wenn ihm von einem Augenzeugen derartige Vorfälle gegen Juden berichtet werden.

In diesem Zusammenhang hat dann Schirach sich auch dahin geäußert, er werde die ihm zu seinem Schutz beigegebene Polizei-Mannschaft (ca. 6 Beamte) bei Gelegenheit entlassen und dafür Leute von der Wehrmacht mit seinem persönlichen Schutz beauftragen. Er hat dann auch mit dem Polizeichef von Wien Gotzmann gesprochen und diesem vorgeschlagen, er – Schirach – verzichte auf den Polizeischutz durch Polizeibeamte, weil er mit Rücksicht auf den Personalmangel der Polizei keine Kräfte entziehen wolle. Statt dessen hat dann Schirach sich Leute vom *Heer*,[2] vom Regiment Großdeutschland, zu seinem persönlichen Schutz geben lassen. Ich nahm an, er tat dies deshalb, weil die Polizeibeamten unter dem Befehl des Reichsführers SS/Himmler standen, während die Soldaten des *Heeres*[3] dem Reichsführer SS nicht unterstanden.

Von diesem Zeitpunkt an wurde dann Schirach von Hitler grundsätzlich nicht mehr empfangen, und Schirach hat mit Hitler nicht mehr persönlich gesprochen. Das weiß ich von Schirach selbst, der sich oft darüber auch bei mir beklagte, daß er von Hitler nicht mehr empfangen werde, sondern offensichtlich bei ihm vollständig in Ungnade gefallen sei. M. W. kam Schirach nach diesem Zeitpunkt nur noch ein einziges Mal mit Hitler zusammen, nämlich bei einer Gauleiter-Versammlung, etwa im Februar 1944, bei der aber Schirach, wie er mir nachher sagte, keine Gelegenheit bekommen habe, persönlich mit Hitler zu reden.

6.) Im Bezirk des Gaues Wien befand sich m. W. niemals ein *KZ-Lager*. Ich habe von Gauleiter Schirach einmal gehört, daß er im KZ-Lager Mauthausen gewesen sei. Soviel ich mich erinnere, erfolgte der Besuch in Mauthausen anläßlich einer Tagung, auf der verschiedene Gauleiter und ihre Wirtschaftsberater, also auch Gauleiter von Schirach, zusammentrafen, und zwar, wenn ich nicht irre, in Linz. Schirach hat damals am nächsten oder

übernächsten Tag einem seiner Mitarbeiter, ich glaube Herrn Scharitzer, und mir davon erzählt, daß er zusammen mit den anderen Herren in Mauthausen gewesen sei. Was er dort alles gesehen hat, das weiß ich nicht, weil ich dann bei dem weite-

2 urspr: »von der Wehrmacht« (verb Ti)
3 urspr. »der Wehrmacht« (verb Ti)

ren Gespräch zwischen Schirach und Herrn Scharitzer nicht mehr zugegen war. Das war der einzige Fall, wo ich jemals etwas davon hörte, daß Schirach ein KZ-Lager gesehen habe. Ich habe, solange ich bei Schirach tätig war, von den in den KZ-Lagern vorgekommenen Greueltaten nichts gewußt; auch in Wien habe ich von anderen Leuten hierüber nichts erfahren. Ich nehme deshalb an, daß auch in Wien diese Greueltaten nicht bekannt waren; denn sonst hätte ich nach meiner Auffassung sicherlich von dem einen oder anderen dies oder jenes erfahren. Diese Greueltaten kamen mir vielmehr erst zur Kenntnis, als die feindlichen Truppen einmarschiert waren. Wir selbst, ich und mein Mann, haben niemals ausländische Sender gehört. Mein Mann hat sich auf den Standpunkt gestellt, das sei bei schwerer Strafe verboten und deshalb darf man es nicht tun.

Ob Herr von Schirach oder seine Familie ausländische Sender gehört hat, weiß ich nicht. Ich habe aber weder von ihm noch von seiner Frau jemals gehört, daß er ausländische Sender höre. Für die Zeit vom 5. November 1944 bis 1. April 1945, während der ich mit meinem Mann vollständig bei der Familie wohnte, kann ich mit Bestimmtheit sagen, daß im Hause Schirachs

– Seite 8 –

kein ausländischer Sender gehört wurde, denn das hätte ich wahrgenommen, weil ich Tag und Nacht in der Wohnung anwesend gewesen bin.

7.) Während seiner ganzen Amtszeit hat sich Schirach auf *kirchenpolitischem* Gebiet mit Erfolg um eine Befriedung des Gaues Wien in dieser Hinsicht und um die Herstellung und Aufrechterhaltung eines korrekten Verhältnisses zu den dortigen kirchlichen Stellen im Gegensatz zu seinem Vorgänger Bürckel bemüht. Er hat den christlichen Kirchen gegenüber insofern eine völlig andere Haltung angenommen, als er alle seine politischen Mitarbeiter mehrfach anwies, mit den Kirchen Frieden zu halten, stets im Einvernehmen mit den Kirchen zu arbeiten und auf die religiösen Wünsche aller Rücksicht zu nehmen. So hat er selbst dafür gesorgt, daß die Wünsche des Wiener Kardinals Innitzer laufend erfüllt werden, daß die in katholischen Gegenden üblichen Kruzifixe auch in den Schulheimen der Kinderlandverschickung verbleiben müssen etc. etc.

Daß Schirach solche Anweisungen an seine Unterführer gegeben hat, weiß ich deshalb, weil Schirach nach Besprechungen mit seinen Unterführern vielfach hierüber Aktennotizen teils selbst machte, die ich dann wieder zu lesen bekam, teils mir als seiner Sekretärin diktierte. Oft hat Schirach solche Anweisungen, nachdem er sie seinen Unterführern zunächst mündlich

– Seite 9 –

gemacht hatte, nachher auch noch schriftlich ihnen erteilt und sie bestätigt; auch auf diese Weise erhielt ich hiervon Kenntnis.

8.) Nicht nur während meiner dienstlichen Tätigkeit, auch während meines Aufenthaltes im Hause Schirachs, in dem ich mit meinem Gatten wohnte, und zwar in der Zeit vom 5. Nov. 1944 (an welchem Tag meine Wohnung durch Fliegerangriff zerstört wurde) bis 1. April 1945, hatte ich genügend Gelegenheit, die persönliche positive Einstellung Schirachs zum *Christentum* kennenzulernen, da ich in dieser Zeit mit Schirach und seiner Familie auch die Mahlzeiten gemeinsam einnahm und das Dienstbüro Schirachs in seine Wohnung verlegt worden war. Schirach hat oftmals aus einem Buche, das den Titel trägt »Worte Christi«, Abschnitte aus dem Neuen Testament im Familienkreise vorgelesen, wobei oft auch Mitarbeiter Schirachs, wie z. B. sein Adjutant Wieshofer, anwesend waren. Schirach hat sich dabei öfter dahin geäußert, daß die Worte Christi maßgebend seien für uns alle und für alle Zeiten. Es bedauerte oft lebhaft, daß die meisten unserer Mitmenschen an den Lehren Christi achtlos vorbeigingen.

Sein Ausspruch »Alle wahre Erziehung ist im Grunde religiöse Erziehung, weil sie Erziehung zur Ehrfurcht sein muß«,

253

ließ mich auch wieder seine positive Einstellung zum Christentum erkennen. Den vorgenannten Ausspruch tat Schirach m. W. erstmalig gelegentlich einer Ansprache in der Garnisonkirche in Potsdam im Januar 1939.

– Seite 10 –

9.) Schirach hat sich während seiner Tätigkeit in Wien mit Erfolg ganz besonders um das *Kunstleben* bemüht. Er hat alles getan, um Wien wieder die kulturelle Bedeutung zu verleihen, die dieser Stadt und seiner Bevölkerung entsprach. Er geriet dabei oft in Widerspruch mit dem Propaganda-Ministerium und mit Minister Dr. Goebbels. Ich bekam von diesen Widersprüchen oft durch meine dienstliche Tätigkeit im Büro Schirachs Kenntnis, wenn der Ministerial-Dirig. Schlösser, der im Propaganda-Ministerium tätig war, telefonisch oder schriftlich Herrn von Schirach mitteilte, daß diese oder jene Äußerung oder Handlung Schirachs dem Herrn Minister (Dr. Goebbels) sehr mißfallen habe, auch war der Kulturreferent der Stadt Wien, ein gewisser Walter Thomas, öfters dienstlich in Berlin und brachte dann regelmäßig verschiedene Fälle mit, wo der Minister Anstoß an Äußerungen Schirachs nahm.

So griff Schirach z. B. in seiner Rede anläßlich des 100jährigen Bestehens der Wiener Philharmoniker Ende 1942 oder Anfang 1943 die Musikpflege des Reichspropagandaministeriums an, das in »Heinzelmännchens Wachtparade« oder anderen von Schirach als minderwertig betrachteten Weisen von Lincke scheinbar den Höhepunkt einer musikalischen Leistung sah. Er feierte Gerhart Hauptmann anläßlich seines 80. Geburtstages durch besonders ehrenvolle Auszeichnungen, er ehrte Richard Strauss und unterstützte ihn in jeder Beziehung etc. etc. Dies war alles erschwert durch die entgegengesetzte Einstellung der Berliner Stellen.

Schirach hat in Wien sehr viel das Theater, Konzerte oder wissenschaftliche Veranstaltungen und dergleichen besucht und hat hauptsächlich Schauspieler, Dichter, Künstler und Gelehrte in sein Haus eingeladen. Bei solchen geselligen Veranstaltungen in seinem Haus, die bis zum Einsetzen der Luftangriffe auf Wien sehr häufig stattfanden, hat er meist ausgesprochene Parteileute überhaupt nicht eingeladen außer höchstens den einen oder anderen seiner engsten Mitarbeiter. Leute, die in der Partei eine Rolle spielten, pflegte er nur zu offiziellen Veranstaltungen einzuladen. Ich hatte den Eindruck, daß er dies nur deshalb tat, weil er bei offiziellen Veranstaltungen nicht gut anders konnte. Jedenfalls hatte Schirach weit mehr Kontakt mit solchen Persönlichkeiten, die für das kulturelle Leben Wiens von Bedeutung waren, und ich hatte immer den Eindruck, daß er sich im Kreise solcher Personen viel wohler fühlte.

10.) Mir ist bekannt, daß Schirach während seiner Tätigkeit in Wien häufig aus Parteikreisen angegriffen wurde, weil er nur selten *politische Versammlungen* besuchte und insbesondere deshalb, weil er sehr wenig *politische*[4] Reden hielt. Dieserhalb wurde er des öfteren in der Parteikanzlei angeschwärzt und von dort unablässig angegriffen.

Aus meiner Tätigkeit als Sekretärin Schirachs weiß ich, daß er bei offiziellen Veranstaltungen der Partei nur höchst ungern sprach und dies immer zu vermeiden suchte. Von Schirach selbst, von seinem Adjutanten und von anderen Mitarbeitern habe ich oft gehört, daß diese ihn zu veranlassen suchten, offizielle Parteiveranstaltungen zu besuchen, um dabei das Wort zu ergreifen, daß aber Schirach meist ablehnte, weil

ihm derartige Veranstaltungen unsympathisch waren. Aus meiner Tätigkeit bei Schirach weiß ich auch, daß öfters von Beamten der Parteikanzlei, die dienstlich nach Wien kamen, darüber gesprochen wurde, daß man in der Parteikanzlei, die

4 »politische« eingefügt (Ti)

von Bormann geleitet war, mit Schirach deshalb unzufrieden war und von ihm erwartete und verlangte, er solle doch mehr offizielle Parteiveranstaltungen besuchen und bei ihnen öfters das Wort ergreifen.

11.) Aus meiner Tätigkeit im Büro der Gauleitung Wien weiß ich, daß Hitler laufend darauf hingewiesen hat, und zwar in den von der Parteikanzlei versandten Anweisungsblättern, daß alle Angelegenheiten, die von den Gauleitern mit Hitler besprochen werden sollen, vorher Bormann vorzulegen sind, der dann entscheidet, ob sie Hitler vorgelegt werden müssen, falls er, Bormann, diese Angelegenheit nicht selbst erledigen kann. Außerdem hat Hitler wiederholt in den Anweisungsblättern darauf hingewiesen, daß Bormann als sein Sekretär und als Leiter der Parteikanzlei sein volles Vertrauen besitzt, und niemand gegen Bormann etwas unternehmen könne; so ungefähr haben diese Äußerungen gelautet.

12.) Ich weiß auch folgendes:
Kurz, nachdem Schirach sein Amt als Gauleiter von Wien angetreten hatte, hat er dort in seiner Eigenschaft als Gauleiter »*Volkssprechtage*« eingeführt. Er hielt also Sprechstunden ab,

– Seite 12 –

in denen er für jedermann zu sprechen war, der ihn sprechen wollte. Die Leute mußten sich bei der Gau-Kanzlei anmelden und mitteilen, in welcher Angelegenheit sie den Gauleiter sprechen wollten. An einem der nächsten *Volkssprechtage*,[5] die meist jede Woche stattfanden, konnten dann die Leute den Gauleiter persönlich sprechen und ihm ihr Anliegen vortragen. Dabei war ich selbst oft im Zimmer des Gauleiters von Schirach anwesend, wenn irgendetwas Schriftliches aufzunehmen war. Solche Gau-Sprechtage begannen meist in der Früh 7 oder 8 Uhr und zogen sich bis gegen 6 oder 8 Uhr abends hin. Aus meiner Tätigkeit in der Gauleitung weiß ich, daß sich

---

5 »Volkssprechtage« eingefügt (Ti)

der Gauleiter von Schirach meist Mühe gab, den Leuten zu helfen oder die von ihnen vorgebrachten Mißstände abzustellen. Ich hörte immer wieder, daß die Bevölkerung von Wien diese Volkssprechtage dankbar anerkannte und von dieser Einrichtung sehr begeistert war.

13.) Mir ist bekannt, daß Schirach mit Hilfe von Dr. Colin Ross, und zwar nach meiner Erinnerung 1941 und 1942, sich sehr bemühte, unter allen Umständen einen *Krieg mit Amerika* zu verhindern. Diese Bemühungen wurden jedoch durch Bormann vereitelt, der ein diesbezügliches Zusammentreffen Schirachs und Colin Ross' mit Hitler nicht zustande kommen ließ, wie ich von Schirach seinerzeit wieder erfahren habe. Von Schirach habe ich s. Zt. gehört, daß es ihm zunächst gelungen war, eine Aussprache zwischen Dr. Colin Ross und Hitler zu erreichen,

– Seite 14 –

daß aber dann die von den beiden geplante weitere Aussprache deshalb unterblieb, weil sie entweder von Bormann oder von Ribbentrop hintertrieben wurde. Schirach hat dann in der Folgezeit sich wiederholt dahin ausgesprochen, sein Plan wäre gewesen, von Hitler als Sonderbotschafter nach Amerika geschickt zu werden; er glaube bestimmt, daß es ihm in Amerika gelungen wäre, mit den dortigen Staatsmännern in ein gutes Einvernehmen zu kommen, und daß dies sicherlich im Interesse der Erhaltung des Friedens gelungen wäre. Man hätte nichts versäumen dürfen, was zur Aufrechterhaltung des Friedens mit Amerika hätte beitragen können.

14.) Schirach war jederzeit bemüht, über die *Jugend* den internationalen *Frieden* zu gewährleisten. Ein Beweis hierfür sah ich in den vielen Austauschlagern, die auf seine Initiative hin in großer Zahl zustande gekommen sind und in denen bald englische, bald französische, bald amerikanische oder japanische Jugend jeweils für mehrere Wochen in deutsche Jugendlager kamen, um sich hier mit der deutschen Jugend gegenseitig kennenzulernen und sich mit ihr anzufreunden. Umgekehrt kamen deutsche Jugendabordnungen in Jugendlager des Auslandes zu dem gleichen Zweck, so z. B. nach Frankreich, nach England und nach Japan; ob auch nach Amerika, kann ich momentan nicht mehr mit Bestimmtheit sagen.

Schirach hat oft, wenn er zur Jugend sprach, Ausdrücke gebraucht wie z. B.: »Die Jugend ist die Brücke zum Frieden« und hat dann solche Ausdrücke in längeren Ausführungen gegenüber

– Seite 15 –

der Jugend klargestellt. Ich habe so zumal alle Reden kennengelernt, die Schirach gehalten hat, die meisten habe ich ja selbst geschrieben; daraus weiß ich, daß er immer wieder die Jugend anhielt, möglichst enge Fühlung mit der Jugend anderer Länder, z. B. mit der von Frankreich und England, anzustreben und die Jugend dieser anderen Länder und ihre Verhältnisse durch persönliche Fühlungnahme kennenzulernen. Schirach hat immer wieder seine Überzeugung dahin dargelegt, daß es nie mehr zu einem Kriege kommen dürfe und daß nach seiner Auffassung die beste Garantie für die Aufrechterhaltung des Friedens es sei, wenn die Jugend sich gegenseitig kennen und schätzen lerne.

15.) Ich werde gefragt, ob Schirach in seiner Eigenschaft als Reichsjugendführer aktive *Offiziere* oder frühere aktive Offiziere zu Führern in der Hitlerjugend berufen hat. Zu dieser Frage kann ich auf Grund meiner Kenntnis der Verhältnisse folgendes erklären: Schirach stand grundsätzlich auf dem Standpunkt, die Jugend müsse wieder durch Jugend geführt werden, also durch Personen, die aus der Hitlerjugend selbst hervorgegangen waren. Soweit ich mich momentan erinnere, war selbst unter den hauptamtlichen Führern der HJ wie auch unter den Angestellten nicht ein einziger, der aktiver Offizier war, oder es früher gewesen wäre. Aus dem Munde Schirachs habe ich wiederholt gehört, daß er Offiziere nicht für geeignet halte, die Jugend zu führen. Das war auch die allgemeine Auffassung bei den Angestellten innerhalb der Reichsjugendführung.

16.) Ich werde gefragt, ob es richtig sei, daß Schirach Ende 1938 in *Heidelberg* gewesen sei und dort eine Rede vor Heidelberger Studenten gehalten habe. Mir wird gesagt, daß ein gewisser *Gregor Ziemer* in einer eidesstattlichen Versicherung erklärt habe, Schirach habe vor 1939 in Heidelberg vor Studenten gesprochen und habe bei dieser Rede auf die Ruinen der Heidelberger Synagoge hingewiesen. Daraus schließe ich, daß die Rede, von der Ziemer spricht, zwischen dem 8. November 1938 und dem 1. Januar 1939 hätte sein müssen. Auf Grund meiner persönlichen Kenntnis kann ich hierzu erklären, daß diese Angabe Ziemers unmöglich stimmen kann. Wie ich bestimmt weiß, war Schirach im Oktober 1938 in Kochel-Oberbayern, wo er damals seine Privatwohnung hatte. Ich weiß das auch deshalb bestimmt, weil seine Ehefrau am Ende Oktober 1938 ihr 3. Kind (namens Wolf Robert) gebar und ich damals ebenfalls in Kochel bei der Familie Schirach wohnte. Ende Oktober 1938, nach meiner Erinnerung am 30. oder 31. Oktober, fuhr dann Schirach mit seinem Adjutanten (Willy Scholz) und mir nach Berlin, wo er verschiedene Angelegenheiten in der Reichsjugendführung zu erledigen hatte, und eine Rede für ein Jugendtreffen in Wien ausarbeitete. Von Berlin fuhr dann im November Schirach mit seinem Adjutanten

nach Wien. Für diese Fahrt besorgte ich s. Zt. für Schirach und seinen Begleiter die Reiseplätze im Schlafwagen. Von Wien kam dann Schirach nach einigen Tagen nach München zurück und blieb dann während des ganzen Restes des Jahres 1938 teils in München, teils in seiner Privatwohnung in Kochel. – Ich selbst war damals zur gleichen Zeit ebenfalls in München. Ich wüßte daher bestimmt, wenn Schirach damals nach Heidelberg gefahren wäre. Ich wußte ja auch sonst immer, wenn

Schirach irgendeine größere Reise unternahm. Nach Heidelberg ist er aber damals bestimmt nicht gefahren.

Mir wird gesagt, daß der genannte Gregor Ziemer in seiner eidesstattlichen Versicherung den Herrn von Schirach als »dicklich« bezeichnet haben soll. Diese Bezeichnung hat aber für die von mir angegebene Zeit sicherlich nicht gestimmt. Als ich im Mai 1938 meine Stellung bei Schirach in der Reichsjugendführung antrat, war Schirach ausgesprochen schlank. Aus Bildern habe ich gewußt, daß er in früheren Jahren stärker gewesen ist. Aus dem Munde Schirachs habe ich aber s. Zt. erfahren, daß er einige Zeit vor meinem Dienstantritt eine *längere Krankheit*[6] durchgemacht und dadurch erheblich an Gewicht verloren habe. Ich schätze, daß Schirach im Jahre 1938 ein Gewicht von höchstens 140 Pfund hatte. Ich kann das deshalb ziemlich genau

– Seite 18 –

schätzen, weil mein Mann etwa die gleiche Figur wie Schirach hat, nur wenig dicker als er ist und durchschnittlich 145 Pfund gewogen hat.

Wenn ich gefragt werde, ob die von dem Zeugen Gregor Ziemer gegebene Körper-Beschreibung eher auf den damaligen Reichsstudentenführer Dr. Scheel paßt, als auf Schirach, so kann ich diese Frage bejahen. Scheel war, soweit ich mich erinnere, kleiner als Schirach, auf jeden Fall aber dicker als er. Die Richtigkeit vorstehender Angaben versichere ich hiermit an Eides statt:

München, den 29. Januar 1946
Maria Höpken

6 urspr: »Kur« (verb Blei)

Inventar des Hauses von Eva Braun
in München, Wasserburger Straße 12

Die amerikanische Besatzungsbehörde entdeckte Evas Villa
im November 1945 und ließ das Inventar aufnehmen. In einem
Panzerschrank fand man:
- 10 Pfund Sterling,
- 1000 US-Dollar,
- über 100 000 Mark in Hunderterscheinen,
- einige Schmucksachen, darunter eine goldene Uhr mit 50
  Diamanten, eine Diamantbrosche und Manschettenknöpfe
  Hitlers.

In einem Kleiderschrank befanden sich die zerfetzten
Kleidungsstücke – Rock und Hose –, die Hitler am 20. Juli
1944 getragen hatte.

In der Bibliothek fand man 33 Alben mit Aufnahmen, die
Eva gemacht hatte.

Alles wurde als Kriegsbeute mitgenommen.

Bibliographische Hinweise

Die Auszüge aus Hitlers Buch: »Mein Kampf« sind der vom Franz-Eher-Verlag herausgegebenen deutschen Originalausgabe entnommen. Sie bestand aus zwei Bänden, die 1925 und 1927 veröffentlicht wurden. Von 1925 bis zur Machtergreifung im Jahre 1933 wurden 287 000 Exemplare verkauft. Ab 1927 erschienen 16 Ausgaben in fremden Sprachen. Insgesamt wurden in allen Sprachen 8 Millionen Exemplare verkauft. Es war also ein Bestseller in der Geschichte der Literatur.

Über Eva Braun haben zwei Verfasser erste Untersuchungen angestellt: Nerin E. Gun: »L'amour mandit d'Hitler et d'Eva Braun.« (R. Laffont, Paris 1968) und Glenn Infield: »Eva and Adolf.« (Grasset & Dunlap, New York 1974 – franzõs. Ausgabe bei Fayard, Paris 1977).

Über Hitler haben wir die Biographien von W. Görlitz, H. Quint, A. Bullock, W. Shirer, W. Maser (1971), D. Irving (1976) und J. Toland (1977) berücksichtigt, außerdem »Die Frühgeschichte der NSDAP« von W. Maser (Frankfurt 1965).

Aus »Hitlers Tischgespräche« von Dr. Picker (Seewald Verlag, Stuttgart 1976) sind Auszüge entnommen.

Zur Affäre Loret, des angeblichen Sohnes Hitlers, vergl. die Veröffentlichungen von W. Maser in der »Bunten« (Offenburg, November/Dezember 1977) und die Erwiderung in »Quick« (München, 17. Nov. 1977). Über Hitlers Aufenthalt in Wavrin, Comines und Ardooie vergl.: »Hitler en Flandres« von J. de Launay (Brüssel 1975).

Über Hitlers Umgebung wurde ausgewertet:
- Über Goebbels sein Tagebuch 1942-1943 (Cheval Ailé, Genf 1948) und 1945 (Hoffmann und Campe, Hamburg 1977), sowie die Biographien von Riess (1956), Manvell & Fraenkel (1960), Heiber (1966), Reimann (1971) und »Magda Goebbels« von H. O. Meißner und E. Ebermayer – nach Erinnerungen von Ello Quandt – (Hoffmann und Campe, Hamburg 1961).
- Über Göring die Biographien von E. Butler und G. Young (1964) und L. Mosley (1974) sowie die Erinnerungen von Emmy Göring (1963).
- Über Bormann die Biographien von J. Wulf (1962) und vor allem von J. von Lang (D.V.A. Stuttgart 1977).
- Über Himmler, Heydrich und Kaltenbrunner:
F. Bayle: »Psychologie et éthique du national-socialisme«, P.U.F., Paris 1953.
R. Manvell et H. Fraenkel: »Himmler«, London 1965.
J. Kessel: »Les Mains du miracle«, Gallimard, Paris 1950.
W. Schellenberg: »Memoirs«, London 1957.

G. Paillard und C. Rougerie: »Heydrich«, Fayard, Paris 1973.
Lina Heydrich: »Leben mit einem Kriegsverbrecher«, Ludwig, Pfaffenhofen 1976.
M. Iwanow: »L'Attentat contre Heydrich«, Laffont, Paris 1974.
A. Bogaert: »Ein Mann allein gegen Hitler«, Laffont, Paris 1972.
G. Deschner: »Heydrich«, Bechtle, Esslingen 1977.
A. W. Dulles: »L'Allemagne souterraine«, Genf 1947.
A. W. Dulles: »Les Secrets d'une reddition«, Paris 1966.
D. Arsenjewic: »Otages volontaires des S. S.«, France-Empire, Paris 1974.
A. Brissaud: »Hitler et l'Ordre noir«, Perrin, Paris 1969.
A. Brissaud: »Histoire du service secret nazi«, Plon, Paris 1972.

Über die Architekten und Künstler:
A. Breker: »Paris, Hitler und ich«, Presses de la Cité, Paris 1970.
H. Giesler: »Ein anderer Hitler«, Druffel, Leoni 1977.
W. Hamsher: »Albert Speer«, France-Empire, Paris 1970.
A. Speer: »Im Herzen des Dritten Reiches«, Ullstein, Berlin 1966.
A. Speer: »Journal de Spandau«, Laffont, Paris 1975.
Film Culture Nr. 56-57, New York 1973: »Tribute to Leni Riefenstahl«.
Modern Photography, Cincinnati, Februar 1974: »Leni.«
W. Meyer: »Götterdämmerung«, Schulz-Percha 1975.
H. J. Syberberg: »Winifred Wagner«, in »Die Zeit«, Hamburg, 25. Juli 1975.
W. S. Wagner: »La famille Wagner et Bayreuth«, Chêne, Paris 1976.

Verschiedene Quellen:
A. Zoller: »Douze ans auprès d'Hitler« (C. Schröder), Julliard, Paris 1949.
E. Dollmann: »Du Capitole à la roche Tarpéienne«, Presses de le Cité, Paris 1957.
J. Paillard: »Règlement de comptes avec saint Paul«, Cerf, Paris 1966.
E. Hanfstaengl: »Hitler, les années obscures«, Trévise, Paris 1967.
I. Heß im »Spiegel«, Hamburg, 20. November 1967.
W. Langer: »The Mind of A. Hitler«, Basic Books, New York 1972.
J. Geiss: »Obersalzberg, Geschichte eines Berges«, Berchtesgaden 1972.
A. Daniélou: »Saint Paul« in »Elle«, Paris, 13. Mai 1974.
E. Gillabert: »Saint Paul ou le colosse aux pieds d'argile«, Metanoia, Montélimar 1974.
I. Heß: »Weder Recht noch Menschlichkeit«, Druffel, Leoni 1974.
H. von Schirach: »Der Preis der Herrlichkeit«, Herbig, München 1975.
Annelies von Ribbentrop: »Die Kriegsschuld des Widerstandes«, Druffel, Leoni 1975.
Luise Jodl: »Jenseits des Endes«, Molden, Wien 1976.
D. Mosley: »A Life of Contrasts«, Hamish Hamilton, London 1977.

Über das Ende des Dritten Reiches und das Leben im Bunker hatten wir bereits berichtet in:
J. de Launay: »Les Grandes Décisions de la II. Guerre mondiale«, Edito-Service, Genf 1975, und:

J. de Launay: »Les Derniers Jours de fascisme en Europe«, Albatros, Paris 1977.

Außerdem wurden noch benutzt:
G. Boldt: »La Fin de Hitler«, Corréa, Paris 1949.
C. Ryan: »La Dernière Bataille«, Laffont, Paris 1966.
R. W. Kempner: »Das Dritte Reich im Kreuzverhör«, Bechtle, Esslingen 1969.
M. C. Vercel: »Les Rescapés de Nuremberg«, A. Michel, Paris 1966.
H. Reitsch: »Fliegen, mein Leben«, Lehmann, München 1972.
R. Delpey: »A. Hitler, l'affaire«, Pensée Moderne, Paris 1975.
E. Kempka: »Die Letzten Tage mit A. Hitler«, Schütz, Pr. Oldendorf 1975.
W. Maser: »Nürnberg«, Econ, Düsseldorf 1977.

Bild- und Dokumentennachweis

Personenregister

(Die in diesem Buch häufig vorkommenden Namen Adolf Hitler und
Eva Braun sind hier nicht verzeichnet.)

Gerhart Binder
Geschichte im Zeitalter der Weltkriege

Unsere Epoche von Bismarck bis heute

DIE WELT: »Was Gerhart Binder dem Leser bietet, ist mehr als nur die registrierte Summe der Ereignisse, die seit 1870 unsere Geschichte bewegten; es ist ein Panorama der letzten hundert Jahre mit dem Blick auf das Wesentliche und dem Mut zum Aktuellen.«

BÜCHERSCHIFF: »Die beiden gewichtigen, in schwarzes Leinen gebundenen Bände werden den Historiker ansprechen, vor allem aber gehören sie in die Bücherei aller historisch-politisch-zeitgeschichtlich interessierten Deutschen und auch in die Hände der jüngeren Generationen, die fragen, was gewesen ist und wie es weitergehen soll.«

KULTUS UND UNTERRICHT: »Aus diesem literarischen Quellengrund Geschichte zu lernen und zu begreifen, ist geistiges Schöpfen, kostbar, faßlich, anschaulich und einprägsam den Wissensdurst vermehrend.«

SÜDKURIER: »Binder hat die Fülle des Stoffs vorbildlich aufbereitet und übersichtlich gegliedert, so daß man sich ohne Schwierigkeiten auch rasch über Einzelheiten informieren kann.«

RHEINPFALZ: »Beste lexikalische Information.«

Seewald Verlag Stuttgart